# Geschichte und Geschehen



Michael Epkenhans
Klaus Helbig†
Gerhard Henke-Bockschatz
Günther Hörenz
Bärbel Kuhn
Michael Sauer
Helge Schröder

**Ernst Klett Schulbuchverlage**
Stuttgart · Leipzig

1. Auflage 1 7 6 5 4 3 | 2013 2012 2011 2010 2009

Alle Drucke dieser Auflage sind unverändert und können im Unterricht nebeneinander verwendet werden. Die letzte Zahl bezeichnet das Jahr des Druckes.


Internetadresse: www.klett.de

Autoren: PD Dr. Michael Epkenhans: S. 128–171; Dr. Klaus Helbig†: S. 24–29; Prof. Dr. Gerhard Henke-Bockschatz: S. 56–95; Günther Hörenz: S. 106–107; PD Dr. Bärbel Kuhn: S. 9, 30–47; Prof. Dr. Michael Sauer: S. 96–103, 108–127; Dr. Helge Schröder: S. 8, 10–23, 48–55, 104–105

Redaktion: Dr. Gabriele Möhring; Dr. Birgit Scholz, Berlin
Herstellung: Kerstin Heisch

Layoutkonzeption und Umschlaggestaltung: Krause Büro, Leipzig
Auftaktdoppelseiten: Schröder Design, Leipzig, Designerin Karen Engelmann
Zeichnungen/Illustrationen: Lutz-Erich Müller, Leipzig; Sandy Schygulla, Leipzig
Kartografien: Kartografisches Büro Borleis & Weis, Leipzig

Reproduktion: Meyle + Müller, Medien-Management, Pforzheim
Druck: Firmengruppe APPL, aprinta druck, Wemding

Printed in Germany

ISBN-13: 978-3-12-411670-3

9 783124 116703

# Liebe Schülerin, lieber Schüler,

ein weiterer Band von „Geschichte und Geschehen“ wird dich ein Schuljahr lang im Geschichtsunterricht begleiten. Er hält auch diesmal wieder viel Interessantes und Spannendes für dich bereit. Er führt dich in eine Zeit, die Historiker oft als „das lange 19. Jahrhundert“ bezeichnen. Wenn du genau hinschaust, wirst du aber schnell bemerken, dass die damit gemeinte Zeitspanne weit mehr als hundert Jahre umfasst. Die Bezeichnung wurde deswegen gewählt, weil sich im Laufe des 19. Jahrhunderts große Teile der Welt in einem bis dahin nicht gekannten Ausmaß veränderten. Das Ergebnis all dieser Veränderungen war eine Gesellschaft, die in ihren Grundzügen bis in die Gegenwart Bestand hat. Man sagt deswegen auch, dass sich in dieser Zeit die Moderne durchgesetzt hat. Dieser Übergang in die moderne Zeit kündigte sich aber bereits im 18. Jahrhundert an und war erst im ersten Viertel des 20. Jahrhunderts abgeschlossen.

Mit deinem „Geschichte und Geschehen“ kannst du den Spuren dieser Entwicklung nachgehen. Dabei kannst du verfolgen, wie Europa nach dem Sturz Napoleons eine neue Ordnung erhielt. Du kannst herausfinden, wann und wo erstmals in Deutschland Menschen- und Bürgerrechte, die für alle gelten sollten, formuliert wurden. Du kannst untersuchen, wie es Mitte des 19. Jahrhunderts in Deutschland zu einer Revolution kam, worum gekämpft wurde und warum sie scheiterte. Und schließlich kannst du der Frage nachgehen, wie die Deutschen um einen Nationalstaat rangen und welchen Charakter das 1871 gegründete Deutsche Kaiserreich trug.

Zum „langen 19. Jahrhundert“ gehört auch ein vollständiger Umbruch der Arbeitswelt und der Wirtschaft durch die industrielle Revolution. Welche Neuerungen sie hervorbrachte und wie diese sich auf das Leben von Frauen, Männern, Kindern und Jugendlichen auswirkten, wie die Menschen darüber dachten und wie sie mit den vielen Veränderungen fertig wurden – all das kannst du in diesem Buch entdecken.
Der Weg in die Moderne war keineswegs eine friedliche Zeit. Die Kriege Napoleons stehen dafür genauso wie der deutsch-französische Krieg, wie die gewaltsame Eroberung von Kolonien und schließlich der Erste Weltkrieg. Mit Hilfe der Materialien im Buch kannst du die Ursachen für diese Auseinandersetzungen erkennen und dir eigene Meinungen dazu bilden.

Natürlich wirst du auch in diesem Band wieder mit Methoden vertraut gemacht, die dir das Lernen erleichtern, und du erhältst Anregungen zum Üben und selbstständigen Weiterarbeiten.

Als Ergänzung und eng abgestimmt auf die Kapitel in diesem Buch gibt es wie auch zu den vorangegangenen Bänden eine CD-ROM mit Videos, Spielen, Rundgängen und vielem anderen mehr.

**Viel Spaß beim Entdecken einer ereignisreichen und spannenden Zeit wünschen dir**

**Die Autorinnen und Autoren**

# Inhaltsverzeichnis



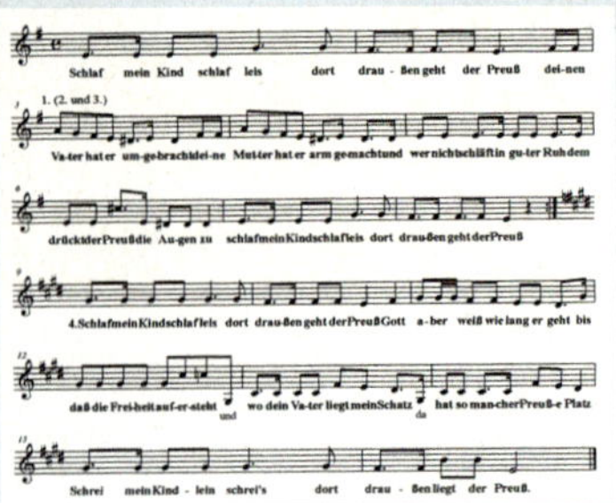


| | Großbrit. | Frankreich | Deutschland | Russland |
|---|---|---|---|---|
| 1800–14 | 248 | 200 | – | 200 |
| 1820–24 | 418 | 150 | 75 | – |
| 1830–34 | 700 | 244 | 111 | 167 |
| 1840–44 | 1465 | 395 | 160 | 184 |
| 1850–54 | 2716 | 561 | 245 | 231 |
| 1860–64 | 4219 | 1065 | 613 | 297 |
| 1870–74 | 6480 | 1211 | 1579 | 375 |
| 1880–84 | 8295 | 1918 | 2893 | 477 |
| 1890–94 | 7402 | 1998 | 4335 | 1096 |
| 1900–04 | 8778 | 2665 | 7925 | 2773 |
| 1910–13 | 9792 | 4664 | 14836 | 3870 |

## Leben im Deutschen Kaiserreich 96

## Imperialismus und Erster Weltkrieg 128

## Liebe Schülerin, lieber Schüler,

„Geschichte und Geschehen“ stellt zahlreiche unterschiedliche Materialien bereit, die dir interessante Einblicke in die Geschichte gewähren und dir zugleich ermöglichen, dir ein eigenes Bild von Geschichte zu machen sowie selbstständig Urteile zu bilden. Die Autorinnen und Autoren haben das Material auf vielfältige Weise für dich aufbereitet und zusammengestellt.

Verschiedenartige Seiten und Elemente verweisen auf unterschiedliche Zugänge und Methoden, mit denen du dir die Geschichte erschließen und deine Kenntnisse anwenden kannst. Damit du dich jederzeit gut zurechtfindest und der Überblick nie verloren geht, erfolgt hier eine kurze Einführung in das Buch und eine Erläuterung der verschiedenen Elemente.

Dieses Buch umfasst vier Themeneinheiten. Jede beginnt mit zwei besonders gestalteten Seiten, den Auftaktdoppelseiten (ADS). Bilder, Karten, Texte oder Grafiken geben dir Hinweise auf den Inhalt der nachfolgenden Kapitel. Sicher wecken diese Materialien dein Interesse an historischen Ereignissen, vielleicht werfen sie auch Fragen auf oder versetzen dich in Erstaunen. Auf jeden Fall sollen sie dich anregen, gemeinsam mit deiner Lehrerin oder deinem Lehrer darüber nachzudenken, womit ihr euch im Unterricht ganz besonders befassen möchtet.

Jede Themeneinheit ist in Kapitel eingeteilt. Einige Kapitel beginnen mit einer Zeittafel. Hier findest du die wichtigsten Daten zum Kapitel auf einen Blick. Geschichte hat ja etwas mit Zeit zu tun. Deshalb braucht man auch die Daten, um zu wissen, was vorher und was nachher war und wie geschichtliche Ereignisse miteinander zusammenhängen. Verfassertexte informieren zusammenhängend über geschichtliche Sachverhalte und werden am Rand durch Marginalien gegliedert. Diese Texte wurden von verschiedenen Autorinnen und Autoren – meist Lehrerinnen und Lehrer – verfasst, deswegen kann auch der Stil unterschiedlich sein. Daran kannst du auch erkennen, wie verschieden Geschichte dargestellt werden kann.

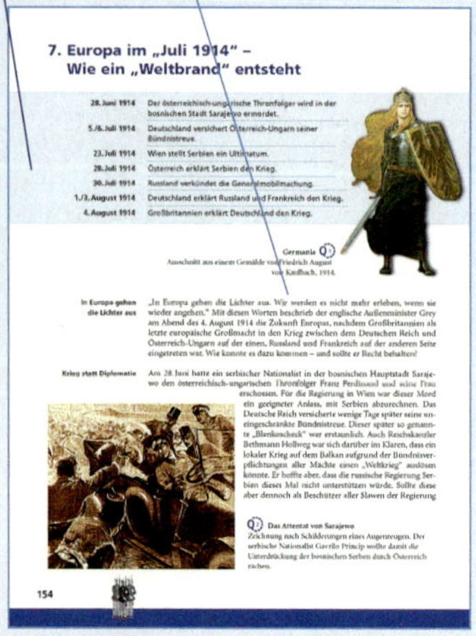


Die Autorinnen und Autoren haben für dich unterschiedliche Materialien zusammengestellt. Mit einem Q sind Quellen (z. B. Texte und Abbildungen) gekennzeichnet, die uns unmittelbar aus der Vergangenheit überliefert sind bzw. bei denen Menschen aus längst vergangenen Zeiten selbst zu Wort kommen. Ein D steht für Darstellungen (z. B. Texte, Schaubilder, Karten), die von heute lebenden Historikern oder von den Autorinnen und Autoren dieses Buches stammen. Zur besseren Orientierung sind die Quellen und Darstellungen in jedem Kapitel durchnummeriert.

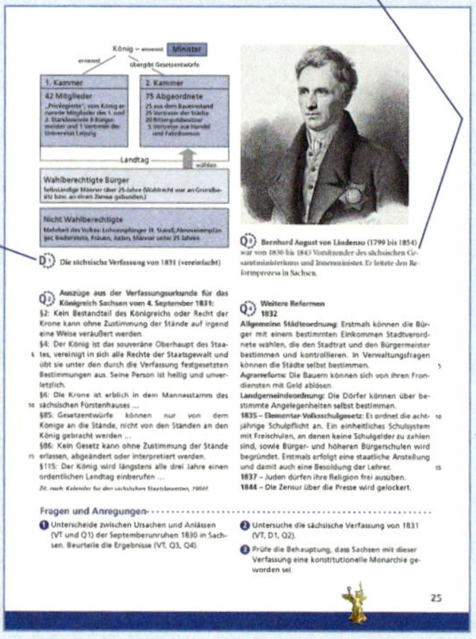

Wenn eine Seite die Überschrift „Gewusst wie“ trägt und oben durch einen breiten farbigen Balken gekennzeichnet ist, weißt du sofort, hier wird eine Methode vorgestellt. Auf diesen Seiten wird gezeigt, wie du an ein bestimmtes Material (Texte, Schaubilder, Karten, Karikaturen usw.) herangehst, um ihm Informationen zu entlocken. Natürlich kannst du diese Methode gleich anwenden und selbst probieren.

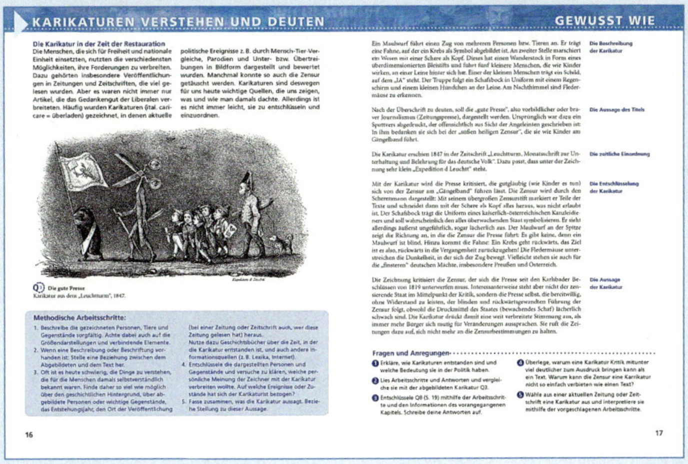
KARIKATUREN VERSTEHEN UND DEUTEN
GEWUSST WIE
Die Karikatur in der Zeit der Restauration
Methodische Arbeitsschritte:
Fragen und Anregungen
16
17

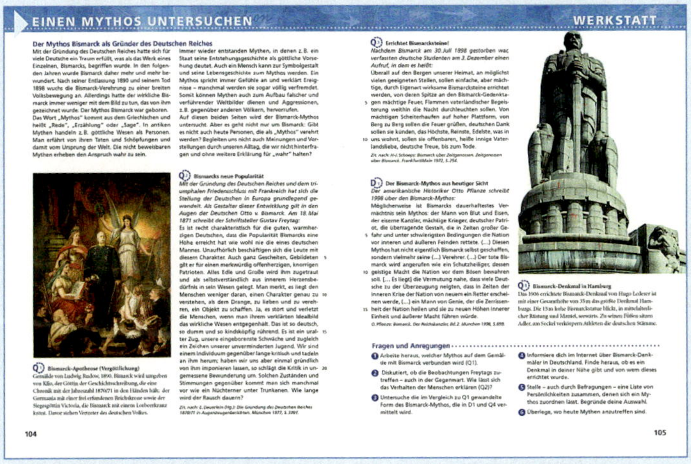
EINEN MYTHOS UNTERSUCHEN
WERKSTATT
Der Mythos Bismarck als Gründer des Deutschen Reiches
Fragen und Anregungen
104
105

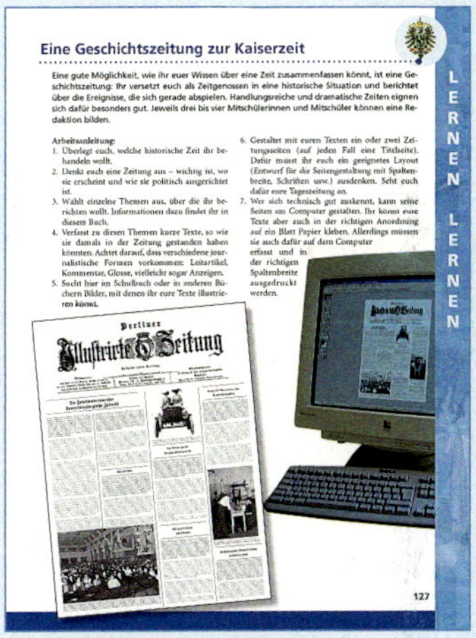
Eine Geschichtszeitung zur Kaiserzeit
LERNEN LERNEN
127

Ebenfalls einen breiten Farbbalken am oberen Seitenrand haben die Werkstattseiten. Dort kannst du, von den Autoren angeleitet, interessante Themen zur Vergangenheit selbst erkunden und erklären. Es bietet sich häufig an, dass ihr die Aufgaben in kleinen Gruppen bearbeitet und löst.

Jede Themeneinheit endet mit einer Seite, die mit „Lernen lernen“ überschrieben ist. Hier bekommst du Tipps, wie du erfolgreich historisches Wissen anwenden und dir einprägen kannst.

Kleine Symbole sollen dir helfen, dich in dem Buch leichter zurechtzufinden:

Über historische Sachverhalte gibt es immer auch voneinander abweichende Auffassungen. Dies kommt besonders in Texten zum Ausdruck, die mit „Kontrovers“ gekennzeichnet sind.

Besondere historische Grundbegriffe sind in einem Kasten erklärt. Du findest sie auch, indem du am Ende des Buches im Verzeichnis der Personen, Sachen und Begriffe nachschlägst. Dort sind sie durch fette Buchstaben besonders hervorgehoben.

Das Buch bietet dir Literaturtipps sowie Ideen und Anleitungen für kleine Projekte an.

Zusätzlich gibt es Empfehlungen für die Nutzung des Internets. Auf der Website www.klett.de/online haben wir weitere Angebote für dich aufbereitet (Gib dazu im Feld „Online-Link“ die Nummer 411050-0000 ein.

Zu welchen Themen es Module auf der Software gibt, erkennst du an der kleinen CD-ROM bei den „Fragen und Anregungen“.

# DEUTSCHE STREBEN NACH FREIHEIT UND EINHEIT

Nach der Niederlage Napoleons wurde auf dem Wiener Kongress über die Zukunft Europas und damit auch Deutschlands verhandelt. In den folgenden Jahren forderten immer mehr Deutsche „Freiheit und Einheit", d. h. einen an demokratischen Ideen orientierten Nationalstaat. Aber erst 1848 griff eine Revolution, die in Frankreich ausgebrochen war, auch auf Deutschland über. Nach ersten Erfolgen scheiterte diese jedoch. Doch mit der Gründung des Deutschen Reiches wurde 1871 ein Nationalstaat geschaffen.
War diese Entwicklung vorgezeichnet? Welchen Weg legten die Deutschen – auch unter Beobachtung des Auslands – seit 1815 zurück und was dachten und empfanden die unterschiedlichen Bevölkerungsgruppen? Warum scheiterte die Revolution 1848 – und wie kam es dennoch zwanzig Jahre später zur Reichsgründung, mit der ein Traum vieler Deutscher in Erfüllung ging?

**Die Göttinger Sieben**

Lithographie von Friedrich Eduard Ritmüller

**Die Grundrechte des deutschen Volkes**
aus dem Jahr 1849

Parlamentssitzung
in der Frankfurter Paulskirche

Auf den Barrikaden von Berlin, 1848

Germania auf der Wacht am Rhein, Schautuch
1864–1870

das Deutsche Volk!

Aufruf vom 17. Januar 1871

Wir Wilhelm,

Gottes Gnaden König von Preussen,

utschen Fürsten und Freien Städte den einmüthigen
richtet haben, mit Herstellung des Deutschen Reiches
nn 60 Jahren ruhende Deutsche Kaiserwürde zu er-
übernehmen, und nachdem in der Verfassung des
des die entsprechenden Bestimmungen vorgesehen sind,
it, daß Wir es als eine Pflicht gegen das gemeinsame
achtet haben, diesem Rufe der verbündeten Deutschen

# 1. Die Neuordnung Europas: Der Wiener Kongress

**1815** Auf dem Wiener Kongress wird das europäische Staatensystem neu geordnet. Dazu gehört die Gründung des Deutschen Bundes.

### Ein großer Kongress in Wien

Im Frühjahr 1814 war es gelungen, den französischen Kaiser Napoleon zu besiegen. Mehr als zwanzig Jahre hatte es ohne Unterbrechung Kriege in Europa gegeben und Napoleon hatte zeitweise fast den ganzen Kontinent beherrscht. Nun versammelten sich in Wien Diplomaten der wichtigsten europäischen Staaten, um über die Zukunft Europas zu beraten – auch das besiegte Frankreich war vertreten. Mit zwei Kaisern, sechs Königen und fast 100 anwesenden Fürsten war der Wiener Kongress ein glanzvolles Ereignis, auf dem fünf Monate lang gleichzeitig verhandelt und gefeiert wurde.

### Wie soll Europa künftig aussehen?

Die beiden beherrschenden Themen auf dem Wiener Kongress waren die zukünftige Machtverteilung zwischen den Staaten Europas und die Sicherung eines dauerhaften Friedens. Dazu gehörte die Frage nach der Zukunft Deutschlands. Einig waren sich die Siegermächte darin, dass ein erneuter Versuch Frankreichs, die Vorherrschaft in Europa zu erlangen, verhindert werden musste. Davon abgesehen, gab es sehr unterschiedliche Ziele: Russland wollte Polen erwerben und sich damit nach Westen ausdehnen. Preußen versuchte Sachsen zu annektieren, dessen König bis zuletzt Napoleons Verbündeter geblieben war. Österreich wiederum wollte eine Vergrößerung von Russland und Preußen möglichst verhindern, um die Macht der beiden Staaten zu begrenzen. Und Großbritannien war daran interessiert, ein Gleichgewicht zwischen allen Kontinentalmächten herzustellen, um seine Seeherrschaft abzusichern.
Nach langen Verhandlungen kam es in Wien schließlich zu einer Einigung: Es konnte ein Gleichgewicht zwischen allen europäischen Großmächten hergestellt werden, so dass niemand die Vorherrschaft besaß. Frankreich wurde einer besonderen Kontrolle unterworfen, indem an seinen Grenzen möglichst große Staaten neu gebildet wurden oder dort Gebiete erhielten. Großbritannien wurde als führende See- und Welthandelsmacht bestätigt.

### Legitimität, Restauration und Solidarität

Auf dem Wiener Kongress ging es aber nicht nur um Grenzveränderungen. Napoleon hatte mit seinen Kriegszügen auch die Ideen der Französischen Revolution weit verbreitet und in den eroberten Gebieten politische Veränderungen durchgesetzt. Diese sollten nach dem Willen der Fürsten wieder rückgängig gemacht und die alten Verhältnisse „restauriert", d.h. wiederhergestellt werden. Das betraf besonders eine Hauptidee der Französischen Revolution, die so genannte „Volkssouveränität": Danach sollten die Völker das Recht haben, ihre Regierung durch Wahlen selbst zu bestimmen. Diesem Gedanken wurde das Prinzip der „Legitimität" entgegengesetzt: Als legitim, also rechtmäßig, sollte nur die von Gott abgeleitete Herrschaft des jeweiligen Fürstenhauses gelten. Besonders der österreichische Kaiser, der russische Zar und der preußische König vertraten dieses Prinzip. Unter anderem deshalb schlossen sie ein Bündnis, die so genannte „Heilige Allianz", in der sie sich unter Berufung auf ihren gemeinsamen christlichen Glauben zu gegenseitiger Solidarität bekannten und sich Unterstützung und Hilfeleistung zusicherten, sollte es zu revolutionären Erhebungen kommen. Darüber hinaus waren sich die vier Siegermächte darin einig geworden, den gewonnenen Frieden in Europa gemeinsam zu erhalten und eine befürchtete erneute Bedrohung durch Frankreich zu verhindern.

**Q1 Der Wiener Kongress tagt**
Der Pariser Hofkünstler Jean Baptiste Isabey war im Gefolge der französischen Delegation nach Wien gereist und hatte dort Porträtzeichnungen der Kongressteilnehmer angefertigt. Von dem später entstandenen Gemälde wurde dieser Stich angefertigt.

**1** der englische Gesandte Herzog von Wellington; **2** der preußische Staatskanzler Hardenberg; **3** Fürst Metternich aus Österreich; **4** Graf Nesselrode, einer der russischen Vertreter; **5** der britische Außenminister Castlereagh; **6** der französische Vertreter Talleyrand; **7** Graf Stachelberg, ein Bevollmächtigter des russischen Zaren

**Der Deutsche Bund wird gegründet**

Auf Grund seiner Größe und seiner geografischen Lage war Deutschland der Schlüssel für die Stabilität Europas. Durch die Neuordnung Deutschlands sollte die Mitte Europas vor Angriffen geschützt und gleichzeitig das Gleichgewicht zwischen den europäischen Großmächten gesichert werden. Aber dort war eine einfache Restauration der alten Ordnung nicht mehr möglich, denn 1806 hatte sich das Heilige Römische Reich Deutscher Nation aufgelöst. Seitdem gab es keinen deutschen Kaiser mehr und auch keinen gemeinsamen deutschen Staat. Man einigte sich in Wien schließlich darauf, einen „Deutschen Bund“ als Zusammenschluss unabhängiger Staaten zu gründen. 37 Fürstentümer und vier freie Reichsstädte wurden Gründungsmitglieder. Dazu gehörten auch die beiden Großmächte Preußen und Österreich. Sogar der niederländische, der dänische und der englische König waren aufgrund ihrer deutschen Besitzungen Bundesmitglieder. Es gab kein gemeinsames Staatsoberhaupt und auch kein Parlament, nur eine Bundesversammlung bestehend aus Abgesandten der einzelnen Mitgliedsstaaten. Sie tagte in Frankfurt, den Vorsitz führte der Vertreter Österreichs. Wichtige Beschlüsse, die für den gesamten Bund gelten sollten, mussten mit einer Zweidrittelmehrheit gefasst werden. Darüber hinaus regelten die Bundesstaaten fast völlig unabhängig voneinander, wie die Menschen in Deutschland leben sollten. Zwar waren in Wien Länderverfassungen erlaubt worden, aber die sahen weder ein gewähltes Parlament noch gesicherte Grundrechte vor, die die Herrschaft der Fürsten hätte einschränken können. In Preußen und Österreich wurden jedoch gar keine Verfassungen eingeführt.

wrm in wien?
2 kaiser sind in wien!!!

**Europa nach dem Wiener Kongress** D1 **1815,** Geschichtskarte

### Q2 Der Deutsche Bund als Friedensstaat Europas

*Der Göttinger Historiker Ludwig Heeren schrieb 1816:*

Der Deutsche Bund macht geografisch den Mittelpunkt des Staatensystems von Europa aus. Er berührt, ganz oder beinahe, die Hauptstaaten des Westens und Ostens; und nicht leicht kann auf der einen oder der anderen Seite unseres Weltheils sich etwas ereignen, was ihm gleichgültig bleiben könnte. Aber auch den fremden Mächten kann es nicht gleichgültig sein, wie der Zentralstaat von Europa geformt ist! Hätte dieser Staat eine gemeinsame Monarchie mit strenger politischer Einheit; ausgerüstet mit allen den materiellen Kräften, die Deutschland besitzt – welch sicherer Ruhestand wäre für die fremden Mächte möglich? (...) Würde ein solcher Staat lange der Versuchung widerstehen können, die Vorherrschaft in Europa sich zuzueignen, wozu seine Lage und seine Kraft ihn zu berechtigen scheinen? (...) Dem Deutschen Bund dagegen fehlen die Mittel zu Eroberungen. Es liegt in seinem Charakter, dass, wie stark er auch in der Verteidigung sein mag, er doch schwach zum Angriff ist. (...) Mit Recht werden wir also den Deutschen Bund den Friedensstaat von Europa nennen können.

*Zit. nach: H. Schulze (Hg.): Europäische Geschichte. Quellen und Materialien. München, Nr. 62. Sprachlich vereinf. d. Verf.*

### Q3 Mein Wunsch für Deutschland

*In einer Denkschrift für das russische Kabinett äußerte sich Freiherr vom und zum Stein:*

Unsere neuen Gesetzgeber haben an die Stelle des alten Deutschen Reiches mit einem Haupte, gesetzgebender Versammlung, Gerichtshöfen, einer inneren Einrichtung, die ein Ganzes bildete – einen Deutschen Bund gesetzt, ohne Haupt, ohne Gerichtshöfe, schwach verbunden für die allgemeine Verteidigung. Die Rechte der Einzelnen sind durch nichts gesichert als die unbestimmte Erklärung, „dass es Landstände [als eine Art von Volksvertretung] geben soll“, ohne dass etwas über deren Rechte festgestellt ist. (...) Das Recht der Bündnisse einzelner Staaten des Deutschen Bundes mit Fremden wird allein durch die Verpflichtung beschränkt, keine Verbindungen einzugehen, welche gegen den Bund oder eines seiner Mitglieder gerichtet sind. Der Deutsche wird sogar verpflichtet sein, seinen Landsmann zu bekämpfen, wenn dessen Fürst sich mit dem Gegner verbunden hat. Von einer so fehlerhaften Verfassung lässt sich nur ein sehr schwacher Einfluss auf das öffentliche Glück Deutschlands erwarten.

*Deutsche Geschichte in Quellen und Darstellung. Band 7. Vom Deutschen Bund zum Kaiserreich 1815–1871. Stuttgart 1997, S. 55 ff. Sprachl. vereinf. durch Verf.*

### Q4 Aus dem „Grundgesetz" des Deutschen Bundes

*In der „Wiener Schlussakte" vom 15. Mai 1820 wurden die Grundsätze des Deutschen Bundes endgültig festgelegt:*

Art. 1. Der Deutsche Bund ist ein völkerrechtlicher Verein der deutschen souveränen Fürsten und freien Städte, zur Bewahrung der Unabhängigkeit und Unverletzbarkeit der Bundesstaaten und zur Erhaltung der inneren und äußeren Sicherheit Deutschlands.

Art. 2. Dieser Verein besteht in seinem Inneren als eine Gemeinschaft selbstständiger unter sich unabhängiger Staaten mit wechselseitigen gleichen Vertragsrechten und Vertragspflichten, in seinen äußeren Verhältnissen aber als eine in politischer Einheit verbundene Gesamtmacht.

Art. 5. Der Bund ist als ein unauflöslicher Verein gegründet, und es kann daher der Austritt aus diesem Verein keinem Mitglied freistehen.

Art. 57. Da der Deutsche Bund, mit Ausnahme der freien Städte, aus souveränen Fürsten besteht, so muss die gesamte Staatsgewalt in dem Oberhaupte des Staats vereinigt bleiben, und der Souverän kann durch eine landständische Verfassung nur in der Ausübung bestimmter Rechte (…) gebunden werden.

*Ebenda. S. 43 ff. Sprachl. vereinf. d. Verf.*

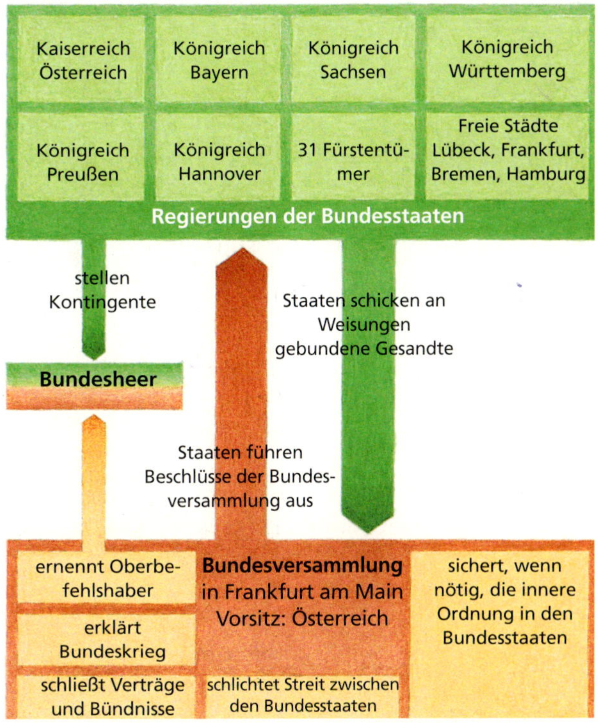


**D2 Der Deutsche Bund**

### Restauration und Legitimität

(lt. restaurare, d. h. wiederherstellen): Ein Ziel des Wiener Kongresses von 1814 bis 1815 war die Wiederherstellung der alten Ordnung aus der Zeit vor der Französischen Revolution. Das galt besonders für die Monarchen, die ihre Herrschaft damit begründeten, dass sie in göttlichem Auftrag regierten. Als „legitime" (lat. legitim, d. h. rechtmäßig, zulässig) Herrscher lehnten sie es daher ab, ihre Macht durch gewählte Parlamente und die Idee der Volkssouveränität einschränken zu lassen. Die europäische Epoche von 1815 bis 1848 bezeichnet man daher auch als Zeitalter der Restauration. Heute wird der Begriff auch für Bestrebungen verwendet, politische und staatliche Ordnungen nach alten Prinzipien wiederherzustellen.

### Fragen und Anregungen

1. Benenne die in Q2 beschriebenen Besonderheiten Deutschlands und deren Folgen.
2. Erläutere die Aussagen des Freiherrn vom Stein zum Deutschen Bund (Q3) und vergleiche diese mit den Argumenten in Q2.
3. Arbeite heraus, welche Aufgaben der Deutsche Bund haben sollte und welche Rechte und Pflichten seine Mitglieder hatten (VT, Q4, D2).
4. Erkläre auf Grundlage der Karte D1, wie durch die territorialen Veränderungen versucht wurde, ein Gleichgewicht in Europa und Schutz vor erneuten Angriffen durch Frankreich zu erreichen.
5. Betrachte das Bild Q1. Überlege, welche abgebildeten Personen für den Maler die Hauptrolle auf dem Wiener Kongress spielten. Suche Informationen über die abgebildeten Personen und stelle diese jeweils in Form einer Ich-Erzählung vor.
6. Diskutiert mit Hilfe der Grafik D2, inwieweit der Deutsche Bund ein einheitlicher Staat war oder nicht. Nutzt für eure Argumentation den Verfassertext sowie die Quellen Q3 und Q4.

# 2. Bürger fordern Freiheit und Einheit

| | |
|---|---|
| **18. und 19. Oktober 1817** | Burschenschaften treffen sich zum Wartburgfest. |
| **März 1819** | August von Kotzebue wird ermordet. |
| **September 1819** | Die Karlsbader Beschlüsse schränken die Lehre und die Pressefreiheit ein. |

**Der österreichische Staatskanzler Fürst Metternich** Q1
Kopie eines Gemäldes von 1818/19.

**Für Freiheit und Gleichberechtigung**

Die restaurativen Kräfte schienen in Wien den Sieg davongetragen zu haben. Jedoch ließen sich die Ideen der Aufklärung und der Französischen Revolution nicht mehr aus den Köpfen der Menschen vertreiben: Auch in Deutschland hatte sich seit dem 18. Jahrhundert ein selbstbewusstes Bürgertum entwickelt, das persönliche Grundrechte und politische Mitbestimmung forderte. Frankreich war dabei seit 1789 Vorbild, aber auch Warnung. In Deutschland sollte es nicht zu gewaltsamen Umstürzen, zu Terror und zu einer Diktatur kommen. Ein größeres Vorbild war England. Dem englischen Beispiel folgend, forderten die Bürger Gleichberechtigung mit den Adligen, Religions-, Meinungs- und Pressefreiheit, Schutz vor willkürlicher Verfolgung und Verhaftung sowie gesicherte Mitbestimmungsrechte durch ein gewähltes Parlament. Alle diese liberalen Forderungen sollten in Verfassungen festgeschrieben werden.

**Ein gemeinsamer Nationalstaat soll es sein**

In einem weiteren Punkt waren England bzw. Frankreich Vorbilder: Viele Bürger fühlten sich nicht mehr nur als Bayern, Sachsen oder Hessen, sondern auch als Angehörige einer gemeinsamen deutschen Nation, die sie durch eine gemeinsame Geschichte, Kultur und Sprache bestimmt sahen. Hinzu kam die Erfahrung der Besatzungszeit unter Napoleon und des von vielen Deutschen gemeinsam geführten Befreiungskrieges. So wollten immer mehr Deutsche in einem Nationalstaat leben. 1815 schien die Gelegenheit dazu günstig zu sein, da mit dem Ende der französischen Vorherrschaft eine neue Staatsordnung für Deutschland gefunden werden musste.

**Enttäuschung durch den Wiener Kongress**

Gegenüber den liberalen und nationalen Zielen erwies sich der neu gegründete Deutsche Bund für viele als eine große Enttäuschung: Es wurde kein gemeinsamer Nationalstaat gegründet und nicht einmal die in der Bundesakte versprochenen ständischen Verfassungen wurden in allen Bundesstaaten eingerichtet. Insbesondere Preußen und Österreich verzichteten darauf. Allerdings gab es auch Lichtblicke: Einige Fürsten, darunter die Herrscher von Bayern, Baden und Württemberg, setzten zwischen 1818 und 1821 Verfassungen in Kraft, in denen wichtige Grundrechte, wie die Gleichheit vor dem Gesetz, gewährt und ein Parlament eingerichtet wurde, das von Bürgern, die einen Mindestsatz an Steuern bezahlten, gewählt wurde.

**Demonstration auf der Wartburg**

Am 18. und 19. Oktober 1817 versammelten sich mehr als 500 Teilnehmer aus elf deutschen Universitäten auf der Wartburg, um mit einem großen Fest an den vierten Jahrestag der Vielvölkerschlacht von Leipzig und an den 300. Jahrestag des Thesenanschlags Luthers zu erinnern. In den Festansprachen ging es aber nicht nur um diese beiden Ereignisse. Vielmehr wurde ein geeintes Deutschland gefordert, in dem Freiheit und Rechte der Bewohner gesichert sein sollten.

**Q2 Bücherverbrennungen auf dem Wartburgfest 1817**
Zeitgenössischer Stich. Zum Abschluss des Wartburgfestes wurde in einem Fackelzug an die Verbrennung der päpstlichen Bulle durch Martin Luther erinnert. Daran angelehnt wurden nun auch symbolisch Gegenstände verbrannt.

Mit dem Wartburgfest hatte sich in Deutschland eine Nationalbewegung gebildet, die nationale und liberale Forderungen bündelte. Eine Keimzelle waren die Burschenschaften, zu denen sich an vielen deutschen Universitäten Studenten zusammengeschlossen hatten, die aus den Befreiungskriegen zurückgekehrt waren. Zu dem Treffen auf der Wartburg hatten die Mitglieder einer Burschenschaft an der Universität Jena eingeladen. Deren Mitglieder wollten die kommende Einheit des deutschen Vaterlandes vorbereiten. Als äußeres Zeichen wählten sie symbolisch die drei Farben Schwarz-Rot-Gold, die später zu den deutschen Nationalfarben wurden.

**Mit Polizei gegen die Studenten: die Karlsbader Beschlüsse**

Der österreichische Kanzler Metternich wollte bereits nach dem Wartburgfest mit allen Mitteln gegen die liberale und nationale Bewegung an den Universitäten und im Bürgertum vorgehen. Im Unterschied zu den anderen Bundesstaaten konnte er sich allerdings noch nicht durchsetzen. Doch da ermordete am 23. März 1819 in Mannheim ein Theologiestudent den Dichter und russischen Staatsrat August von Kotzebue. Dieser hatte von dort dem russischen Zaren über die Zustände an den deutschen Universitäten berichtet. Metternich nahm diesen Mord zum Anlass, zu einer Konferenz in Karlsbad einzuladen, auf der weitreichende Beschlüsse gefasst wurden: Die Burschenschaften wurden verboten. Es wurden staatliche Aufseher für die Studenten und Professoren an den Universitäten eingesetzt. Außerdem wurde eine strenge Zensur von Zeitungen und Zeitschriften beschlossen.

### Nation und Nationalstaat

Als Merkmale einer Nation gelten gemeinsame Abstammung, Sprache, Kultur und Geschichte sowie das Zusammengehörigkeitsgefühl der in einem Gebiet zusammenlebenden Menschen. Während sich in den westeuropäischen Staaten (besonders England, Frankreich und Spanien) bereits im Mittelalter ein Nationalgefühl entwickelte, bildete sich ein vergleichbares Nationalgefühl in Deutschland erst seit dem 18. Jahrhundert heraus und erst Anfang des 19. Jahrhunderts wurden Forderungen nach einem gemeinsamen Nationalstaat für alle Deutschen erhoben.

### Nationalismus

Der Nationalismus ist eine Ideologie, die dem Nationalstaat eine beherrschende Stellung für die Gegenwart und Zukunft eines Gebietes oder Volkes zuweist. In seiner heutigen Prägung ist er während der Französischen Revolution entstanden, als die Abgeordneten des dritten Standes sich zur französischen Nationalversammlung erklärten. In Deutschland bildete sich der Nationalismus durch die Erfahrungen mit der französischen Fremdherrschaft und in den Befreiungskriegen heraus, als die Freiwilligen von 1813 für ein noch gar nicht existierendes geeintes Deutschland kämpften.

### Die Karikatur in der Zeit der Restauration

Die Menschen, die sich für Freiheit und nationale Einheit einsetzten, nutzten die verschiedensten Möglichkeiten, ihre Forderungen zu verbreiten. Dazu gehörten insbesondere Veröffentlichungen in Zeitungen und Zeitschriften, die viel gelesen wurden. Aber es waren nicht immer nur Artikel, die das Gedankengut der Liberalen verbreiteten. Häufig wurden Karikaturen (ital. caricare = überladen) gezeichnet, in denen aktuelle politische Ereignisse z. B. durch Mensch-Tier-Vergleiche, Parodien und Unter- bzw. Übertreibungen in Bildform dargestellt und bewertet wurden. Manchmal konnte so auch die Zensur getäuscht werden. Karikaturen sind deswegen für uns heute wichtige Quellen, die uns zeigen, was und wie man damals dachte. Allerdings ist es nicht immer leicht, sie zu entschlüsseln und einzuordnen.

**Q3 Die gute Presse**
Karikatur aus dem „Leuchtturm“, 1847.

### Methodische Arbeitsschritte:

1. Beschreibe die gezeichneten Personen, Tiere und Gegenstände sorgfältig. Achte dabei auch auf die Größendarstellungen und verbindende Elemente.
2. Wenn eine Beschreibung oder Beschriftung vorhanden ist: Stelle eine Beziehung zwischen dem Abgebildeten und dem Text her.
3. Oft ist es heute schwierig, die Dinge zu verstehen, die für die Menschen damals selbstverständlich bekannt waren. Finde daher so viel wie möglich über den geschichtlichen Hintergrund, über abgebildete Personen oder wichtige Gegenstände, das Entstehungsjahr, den Ort der Veröffentlichung (bei einer Zeitung oder Zeitschrift auch, wer diese Zeitung gelesen hat) heraus.
   Nutze dazu Geschichtsbücher über die Zeit, in der die Karikatur entstanden ist, und auch andere Informationsquellen (z. B. Lexika, Internet).
4. Entschlüssele die dargestellten Personen und Gegenstände und versuche zu klären, welche persönliche Meinung der Zeichner mit der Karikatur verbreiten wollte. Auf welche Ereignisse oder Zustände hat sich der Karikaturist bezogen?
5. Fasse zusammen, was die Karikatur aussagt. Beziehe Stellung zu dieser Aussage.

**Die Beschreibung der Karikatur**

Ein Maulwurf führt einen Zug von mehreren Personen bzw. Tieren an. Er trägt eine Fahne, auf der ein Krebs als Symbol abgebildet ist. An zweiter Stelle marschiert ein Wesen mit einer Schere als Kopf. Dieses hat einen Wanderstock in Form eines überdimensionierten Bleistifts und führt fünf kleinere Menschen, die wie Kinder wirken, an einer Leine hinter sich her. Einer der kleinen Menschen trägt ein Schild, auf dem „IA“ steht. Der Truppe folgt ein Schafsbock in Uniform mit einem Regenschirm und einem kleinen Hündchen an der Leine. Am Nachthimmel sind Fledermäuse zu erkennen.

**Die Aussage des Titels**

Nach der Überschrift zu deuten, soll die „gute Presse“, also vorbildlicher oder braver Journalismus (Zeitungspresse), dargestellt werden. Ursprünglich war dazu ein Spottvers abgedruckt, der offensichtlich aus Sicht der Angeleinten geschrieben ist: In ihm bedanken sie sich bei der „süßen heiligen Zensur“, die sie wie Kinder am Gängelband führt.

**Die zeitliche Einordnung**

Die Karikatur erschien 1847 in der Zeitschrift „Leuchtturm, Monatsschrift zur Unterhaltung und Belehrung für das deutsche Volk“. Dazu passt, dass unter der Zeichnung sehr klein „Expedition d Leuchtt“ steht.

**Die Entschlüsselung der Karikatur**

Mit der Karikatur wird die Presse kritisiert, die gutgläubig (wie Kinder es tun) sich von der Zensur am „Gängelband“ führen lässt. Die Zensur wird durch den Scherenmann dargestellt: Mit seinem übergroßen Zensurstift markiert er Teile der Texte und schneidet dann mit der Schere als Kopf alles heraus, was nicht erlaubt ist. Der Schafsbock trägt die Uniform eines kaiserlich-österreichischen Kanzleidieners und soll wahrscheinlich den alles überwachenden Staat symbolisieren. Er sieht allerdings äußerst ungefährlich, sogar lächerlich aus. Der Maulwurf an der Spitze zeigt die Richtung an, in die die Zensur die Presse führt: Es gibt keine, denn ein Maulwurf ist blind. Hinzu kommt die Fahne: Ein Krebs geht rückwärts, das Ziel ist es also, rückwärts in die Vergangenheit zurückzugehen! Die Fledermäuse unterstreichen die Dunkelheit, in der sich der Zug bewegt. Vielleicht stehen sie auch für die „finsteren“ deutschen Mächte, insbesondere Preußen und Österreich.

**Die Aussage der Karikatur**

Die Zeichnung kritisiert die Zensur, der sich die Presse seit den Karlsbader Beschlüssen von 1819 unterwerfen muss. Interessanterweise steht aber nicht der zensierende Staat im Mittelpunkt der Kritik, sondern die Presse selbst, die bereitwillig, ohne Widerstand zu leisten, der blinden und rückwärtsgewandten Führung der Zensur folgt, obwohl die Druckmittel des Staates (bewachendes Schaf) lächerlich schwach sind. Die Karikatur drückt damit eine weit verbreitete Stimmung aus, als immer mehr Bürger sich mutig für Veränderungen aussprachen. Sie ruft die Zeitungen dazu auf, sich nicht mehr an die Zensurbestimmungen zu halten.

## Fragen und Anregungen

1. Erkläre, wie Karikaturen entstanden sind und welche Bedeutung sie in der Politik haben.
2. Lies Arbeitsschritte und Antworten und vergleiche sie mit der abgebildeten Karikatur Q3.
3. Entschlüssele Q8 (S. 19) mithilfe der Arbeitsschritte und den Informationen des vorangegangenen Kapitels. Schreibe deine Antworten auf.
4. Überlege, warum eine Karikatur Kritik mitunter viel deutlicher zum Ausdruck bringen kann als ein Text. Warum kann die Zensur eine Karrikatur nicht so einfach verbieten wie einen Text?
5. Wähle aus einer aktuellen Zeitung oder Zeitschrift eine Karikatur aus und interpretiere sie mithilfe der vorgeschlagenen Arbeitsschritte.

### Q4 Deutschland als ein Land und das deutsche Volk als ein Volk

*Der Jurastudent Heinrich von Gagern schrieb 1818 in einem Brief an seinen Vater:*

Wir wünschen, dass Deutschland als ein Land und das deutsche Volk als ein Volk angesehen werden könne. So wie wir dies so sehr als möglich in der Wirklichkeit wünschen, so zeigen wir dies in der Form unsres Burschenlebens. Landsmannschaftliche Parteien sind verbannt, und wir leben in einer deutschen Burschenschaft, im Geiste als ein Volk, wie wir es in ganz Deutschland gerne in der Wirklichkeit täten. (...) Wir wünschen eine Verfassung für das Volk und nach dem Zeitgeiste und nach der Aufklärung desselben, nicht dass jeder Fürst seinem Volke gibt, was er Lust hat und wie es seinem Privatinteresse dienlich ist. Überhaupt wünschen wir, dass die Fürsten davon ausgehen und überzeugt sein möchten, dass sie des Landes wegen, nicht aber das Land ihretwegen existiere. Die bestehende Meinung ist auch, dass überhaupt die Verfassung nicht von den einzelnen Staaten ausgehen solle, sondern dass die eigentlichen Grundzüge der deutschen Verfassung gemeinschaftlich sein sollten, ausgesprochen durch die deutsche Bundesverfassung.

*Zit. nach: W. Lautemann/M. Schlenke (Hg.): Geschichte in Quellen. Das bürgerliche Zeitalter 1815–1914. München 1980, S. 83.*

### Q5 Die preußische Regierung zur liberalen und nationalen Bewegung

*Aus einem offiziellen Rundschreiben des preußischen Außenministers Graf von Bernstorff, 1819:*

Ihr Zweck ist: die Gesellschaft umzuschmelzen; die politischen Unterschiede, welche zwischen Deutschlands Völkern bestehen, aufzuheben; die wirkliche Einheit dieses großen Landes an die Stelle des Bundes seiner Glieder [des Deutschen Bundes] zu setzen, und durch den Ruin der gegenwärtigen Ordnung der Dinge zu einer neuen Ordnung zu gelangen; als Mittel zu diesem Zwecke bemächtigen sie sich der heranwachsenden Generation, welcher sie in allen Erziehungsinstitutionen, von den Schulen bis zu den Universitäten, denselben Geist, dieselben Gesinnungen, dieselben Gewohnheiten mitteilen. (...) Die Lehre dieser Sektierer (...) lässt sich auf zwei Maxime [Grundsätze] zurückführen: die erste, ist, dass das Ziel die Mittel heiligt; die zweite, dass die Handlungen an sich gleichgültig sind, dass ihre Verdienstlichkeit von den Ideen abhängt, aus denen sie flossen, und dass diese Ideen immer lobenswert sind, wenn sie Deutschlands Unabhängigkeit und Freiheit zum Gegenstande haben.

*Zit. nach: W. Lautemann/M. Schlenke (Hg.): a. a. O., S. 89.*

### Q6 Aus den Karlsbader Beschlüssen

*Bestimmungen hinsichtlich der Freiheit der Presse:*

§. 1. Solange als der gegenwärtige Beschluss in Kraft bleiben wird, dürfen Schriften, die in der Form täglicher Blätter oder heftweise erscheinen (...) in keinem deutschen Bundesstaate ohne Vorwissen und vorherige Genehmigung der Landesbehörden zum Druck befördert werden. (...)

§. 7. Wenn eine Zeitung oder Zeitschrift durch einen Ausspruch der Bundesversammlung unterdrückt worden ist, so darf der Redakteur derselben binnen fünf Jahren in keinem Bundesstaate bei der Redaktion einer ähnlichen Schrift zugelassen werden. Die Verfasser, Herausgeber, und Verleger (...) bleiben übrigens, wenn sie den Vorschriften dieses Beschlusses gemäß gehandelt haben, von aller weitern Verantwortung frei (...)

§. 9. Alle in Deutschland erscheinenden Druckschriften (...) müssen mit dem Namen des Verlegers und, insofern sie zur Klasse der Zeitungen oder Zeitschriften gehören, auch mit dem Namen des Redakteurs versehen sein. (...)

§. 10. Der gegenwärtige einstweilige Beschluss soll, vom heutigen Tage an, fünf Jahre lang in Wirksamkeit bleiben.

*W. Hardtwig/H. Hinze (Hg.): Deutsche Geschichte in Quellen und Darstellung. Bd. 7. Stuttgart 1997, S. 71 ff., sprachl. vereinf.*

### Q7 Die Praxis der Zensur

*Der Gymnasialdirektor Gerd Eilers schrieb um 1830:*

Beliebte Personen sind Bücher- und Zeitungszensoren nie gewesen, weil ihr Geschäft in die natürliche Freiheit eingreift. (...) Nichts scheint dem lesenden Publikum unberechtigter und anmaßender als eine geistige Nahrungspolizei. In jeder Zeit steigerte sich Unwillen zu einer förmlichen Empörung gegen Zensur und Zensoren; sie wurden mit dem giftigsten Spott, dem Hasse und der Verachtung preisgegeben. Die natürliche Folge war, dass sie teils zu scharf, teils zu stumpf ihr Amt versahen, wenige die Mittelstraße gingen. (...) Ein [Zensor] strich regelmäßig das Wort „Freiheit", weil solche Lehren höchst gefährlich seien. Dagegen ließen andere wirklich Bedenkliches durchschlüpfen, weil ihnen die Vorwürfe der vorgesetzten Behörde weniger unangenehm waren als der Hass der Schriftsteller und ihres Publikums. Die Instruktionen der Zensoren konnten nur unbestimmter Art sein; das meiste musste dem eigenen Urteile derselben überlassen werden, und da diese eigenen Urteile sehr verschieden waren, so waren die Ausführungen es ebenfalls. Die Verwirrung war unsäglich groß (...)

*Zit. nach: W. Lautemann/M. Schlenke (Hg.): a. a. O., S. 123 f.*

**Q8 Der Denkerclub**
Anonyme Karikatur um 1825. Der Text auf der Tafel rechts lautet: „Gesetze des Denker-Klubs: I. Der Präsident eröffnet präzise 8 Uhr die Sitzung. II. Schweigen ist das erste Gesetz dieser gelehrten Gesellschaft. III. Auf dass kein Mitglied in Versuchung geraten möge seiner Zunge freien Lauf zu lassen, so werden beim Eintritt Maulkörbe ausgeteilt. IV. Der Gegenstand, welcher in jedmaliger Sitzung durch ein reifes Nachdenken gründlich erörtert werden soll, befindet sich auf einer Tafel mit großen Buchstaben deutlich geschrieben.“

## Liberalismus

Der Liberalismus bezeichnet eine politische Richtung, bei der der einzelne Mensch und sein Recht auf Freiheit im Vordergrund stehen. Es ist die Weltanschauung des Bürgertums, das sich gegenüber den Vorrechten der priviligierten (bevorzugten) Stände des Adels und der Geistlichkeit behaupten wollte. Der Liberalismus tritt für eine freie wirtschaftliche Betätigung der Unternehmer sowie für Gewaltenteilung, Rechtsstaatlichkeit und Pressefreiheit ein. Seine Wurzeln hat der Liberalismus in der englischen „Bill of Rights" von 1689 sowie den amerikanischen und französischen Erklärungen der Menschenrechte von 1776 bzw. 1789.

## Fragen und Anregungen

1. Verfasse ein Streitgespräch zwischen v. Gagern und Graf von Bernstorff, in dem die beiden ihre Positionen erklären und verteidigen (Q4, Q5).
2. Der Mörder Kotzebues hatte die Idee, dass mit der Ermordung einiger Gegner und seinem eigenen Opfertod eine Veränderung der politischen Lage erreicht werden würde. Beziehe Stellung zu dieser Auffassung (VT, Q6).
3. Überlege mithilfe des VT und der Abbildung Q2, was für Gegenstände auf dem Wartburgfest verbrannt wurden. Welche Wirkung hat das Bild?
4. Schreibe die einzelnen Maßnahmen der Karlsbader Beschlüsse in die linke Spalte einer Tabelle, in die rechte Spalte deine Vermutungen über den Zweck der einzelnen Maßnahme (Q6).
5. Erläutere die Folgen, die sich aus der Praxis der Zensur ergaben (Q7, Q8).
6. Versetze dich in die Lage eines Journalisten des 19. Jahrhunderts und verfasse eine Stellungnahme zu den Karlsbader Beschlüssen (Q6).
7. Diskutiert, ob und in welchen Fällen eine Kontrolle der Medien gerechtfertigt ist.

# 3. Vor der Explosion? Julirevolution und Vormärz

| | |
|---|---|
| **1830** | Der französische König wird durch die Julirevolution gestürzt. |
| **1832** | Auf dem Hambacher Fest versammeln sich mehr als 20 000 Menschen. |
| **1841** | Hoffmann von Fallersleben verfasst die spätere Nationalhymne. |

### Eine neue Welle von Revolutionen – von Frankreich ausgehend

Am 27. Juli 1830 brachen Unruhen in Paris aus. In den Straßen wurden mehr als 4000 Barrikaden errichtet. König Karl X., der versucht hatte, absolutistisch zu regieren und daher die Pressefreiheit eingeschränkt und das neu gewählte Parlament aufgelöst hatte, flüchtete schließlich nach England. Es kam allerdings nicht zur Gründung einer Republik, sondern Herzog Louis Philippe von Orléans wurde zum König der Franzosen erhoben. Der neue König bekannte sich zur Verfassung und arbeitete so eng mit dem französischen Bürgertum zusammen, dass er als „Bürgerkönig" bezeichnet wurde.

Die Revolution in Frankreich hatte weitreichende Folgen. In den südlichen Niederlanden forderten die Bewohner einen unabhängigen Staat. Mit Unterstützung durch England und Frankreich löste sich der neue Staat Belgien von den Niederlanden. Im 1815 gegründeten Kongresspolen kam es zum Aufstand gegen die russische Oberherrschaft. Trotz großer Solidarität des liberalen Bürgertums in ganz Europa konnte der russische Zar den Aufstand militärisch niederwerfen. Polen wurde zu einem Verwaltungsbezirk Russlands herabgestuft.

### Aufbegehren in Deutschland

Auch in Deutschland erhielt die Nationalbewegung starken Auftrieb. Nach dem Pariser Vorbild kam es sogar zu kleineren Unruhen in einigen Bundesstaaten. Verfassungen, Pressefreiheit und eine Reform des Deutschen Bundes wurden gefordert. In Kurhessen, Sachsen, Braunschweig und Hannover gaben die Fürsten nach und führten Verfassungen ein. Jedoch verweigerten sich mit Preußen und Österreich weiterhin die beiden größten Bundesstaaten den liberalen Forderungen.

### Das Hambacher Fest

Eine politische Aufbruchsstimmung ergriff immer größere Teile der Bevölkerung. Vom 27. bis zum 30. Mai 1832 versammelten sich mehr als 20 000 Menschen, neben Studenten auch Bürger und Handwerker, zu einer großen Protestdemonstration auf dem Hambacher Schloss in der bayerischen Pfalz. In Reden wurde ein gemeinsamer Nationalstaat mit einer demokratischen Verfassung gefordert – vielleicht sogar ohne einen König! Diese Ziele sollten in ganz Europa durchgesetzt werden. Dazu sollte es eine gemeinsame Solidarisierung aller Europäer geben.

Als im folgenden Jahr Studenten versuchten, den Frankfurter Bundestag zu stürmen, antworteten die Regierungen mit einer Verschärfung der Zensur und neuen Verfolgungen. Gegen mehr als 1800 Personen wurden Hochverratsprozesse angestrengt, die meisten erhielten langjährige Freiheitsstrafen.

### Rückzug ins Private

Enttäuscht von der Politik, zogen sich aber auch viele Bürger vom politischen Leben zurück und nahmen den Obrigkeitsstaat hin, solange er ihr privates Leben nicht antastete. Es bildete sich ein neues Lebensgefühl heraus: Familie und Kinder standen an erster Stelle, daneben waren die Männer vielleicht noch in einem Schützen-, Turn- oder Gesangverein. Selbstverständlich waren korrekte und saubere Kleidung sowie gute Benimmregeln. In Mode und Kleidung orientierte man sich dabei an

Paris oder London, während Trachten abgelehnt wurden. Häuser und Wohnungen wurden gemütlich, aber nicht protzig eingerichtet. Nach einem treuherzigen Bürger aus einer 1850 erschienenen Gedichtsammlung nennt man heute die so entstandene Form bürgerlichen Lebens „Biedermeier“.

**Das Nationalbewusstsein erwacht**

Im Jahr 1840 erhob die französische Regierung zum ersten Mal seit 1815 die Forderung nach einer Ausdehnung Frankreichs bis zum Rhein: Alle linksrheinischen deutschen Gebiete sollten französisch werden. Während die Regierungen des Deutschen Bundes die französischen Forderungen gelassen nahmen, gab es in der Bevölkerung eine große Welle nationaler Begeisterung. Ziel war die gemeinsame Verteidigung der Rheingrenze und darüber hinaus die Bildung eines deutschen Nationalstaates. Eine Vielzahl von patriotischen Gedichten und Liedern wurde verfasst. Dazu gehörte auch das „Lied der Deutschen“, das später zur deutschen Nationalhymne wurde. Gegenüber der nationalen Frage rückten die Forderungen nach einem liberalen Verfassungsstaat zum ersten Mal in den Hintergrund.

**Politische Forderungen und Hungersnot: Der Vormärz**

Trotz allem war es in Deutschland seit 1815 nicht zum Ausbruch einer Revolution gekommen. Unter der Oberfläche waren jedoch die Spannungen gewachsen: Die Forderungen nach einem Nationalstaat und nach einer liberalen Verfassung mit gesicherten Grundrechten hatten sich weit verbreitet und konnten auch durch Gegenmaßnahmen der Regierungen nicht mehr eingedämmt werden.
Hinzu kam, dass sich das Land in einem tief greifenden sozialem Umbruch befand: Die Bevölkerungszahl wurchs von 1815 bis 1848 von 22 auf 35 Millionen Menschen an und es gab nicht mehr genügend Arbeitsplätze in der Landwirtschaft. Viele Menschen zogen in die Städte, wo aber die Industrie noch nicht weit genug entwickelt war, um genügend Arbeitsplätze zu bieten. Als dann 1846 bis 1848 Missernten die Nahrungsmittel stark verteuerten und zudem eine Wirtschaftskrise ausbrach, wurde die politische Protestbewegung erheblich verstärkt. Ein Funke konnte nun zur Explosion führen. Nachdem im März 1848 tatsächlich eine Revolution in Deutschland ausgebrochen war, wurden die Jahre davor rückblickend als „Vormärz“ bezeichnet.

Q1 **Zug auf die Burgruine Hambach**
Kolorierte Lithografie, 1832.

### Q2 Die Wiedergeburt Europas durch den Sturz der aristokratischen Herrschaft

*Aus der Festrede des demokratischen Publizisten Johann Wirth auf dem Hambacher Schloss:*

So entsteht jener furchtbare Bund, der die Freiheit der Völker bisher immer noch zu töten vermochte. Die Hauptmacht dieses finsteren Bundes besteht immer noch aus deutschen Kräften, da Russland ohne die Allianz mit Preußen und Österreich ohnmächtig wäre (...). So riesenhaft daher die Macht des absoluten Bündnis auch sein mag, so ist ihr Ende doch in dem Augenblicke gekommen, wo in Deutschland (...) die öffentlichen Angelegenheiten nicht mehr nach dem despotischen Willen eines Einzigen, nicht mehr nach den Interessen einer über ganz Europa verzweigten Aristokratenfamilie, sondern nach dem Willen der Gesellschaft selbst und nach den Bedürfnissen des Volkes geleitet werden. (...) Wenn also das deutsche Geld und das deutsche Blut nicht mehr den Befehlen der Herzöge von Österreich und der Kurfürsten von Brandenburg (...) unterworfen sind, so wird Polen, Ungarn und Italien frei. (...) Der Wiederherstellung [...dieser Staaten folgt] der Sturz des unnatürlichen Übergewichts. Europa ist wiedergeboren.

*W. Hardtwig/H. Hinze (Hg.): Deutsche Geschichte in Quellen und Darstellung. Bd. 7. Stuttgart 1997, S. 95 ff.*

### Q3 Die Familie Begas

Gemälde von Karl Joseph Begas aus dem Jahr 1821. Das Bild gehört zur Kunstepoche des Biedermeier (1815–1848).

### Q4 „Friede den Hütten! Krieg den Palästen!"

*Der 21-jährige Student Georg Büchner war Mitverfasser der Flugschrift „Der Hessische Landbote". Ihr Erscheinen löste eine Verfolgungswelle aus. Büchner floh nach Zürich. In der Flugschrift von 1834 heißt es:*

Das Leben der Vornehmen ist ein langer Sonntag, sie wohnen in schönen Häusern, sie tragen zierliche Kleider, sie haben feiste Gesichter und reden eine eigne Sprache (...) Geht einmal nach Darmstadt und seht, wie die Herren sich für euer Geld dort lustig machen, und erzählt euern hungernden Weibern und Kindern, dass ihr Brot an fremden Bäuchen herrlich angeschlagen sei, (...) erzählt von den stattlichen Häusern, die aus den Knochen des Volks gebaut sind. (...) Der Fürst ist der Kopf des Blutegels, der über euch hinkriecht, die Minister sind seine Zähne und die Beamten sein Schwanz. (...) Was sind unsere Wahlgesetze? Nichts als Verletzungen der Bürger- und Menschenrechte der meisten Deutschen. Denkt an das Wahlgesetz im Großherzogtum [Hessen], wonach keiner gewählt werden kann, der nicht hoch begütert ist, wie rechtschaffen und gutgesinnt er auch sei. (...) Nach den Artikeln [der Verfassung] ist der Großherzog unverletzlich, heilig und unverantwortlich. Seine Würde ist erblich in der Familie, er hat das Recht Krieg zu führen und ausschließliche Verfügung über das Militär. (...) Er bleibt im Besitz einer fast unbeschränkten Gewalt, nur darf er keine neuen Gesetze machen und keine neuen Steuern ausschreiben ohne Zustimmung der Stände. Aber teils kehrt er sich nicht an diese Zustimmung, teils genügen ihm die alten Gesetze (...) und er bedarf darum keiner neuen Gesetze.

*G. Büchner: Werke und Briefe. München 1994, S. 40 ff.*

### Q5 Wie der Untertan sich zu verhalten hat

*1837 hob der König von Hannover die erst 1834 eingeführte Landesverfassung auf. Dagegen protestierten sieben Göttinger Professoren, die daraufhin entlassen wurden. Auf ein öffentliches Protestschreiben gegen die Entlassung reagierte der preußische Innenminister:*

Dem Untertan ziemt es nicht, an die Handlungen des Staatsoberhauptes den Maßstab seiner beschränkten Einsicht anzulegen und sich in dünkelhaftem Übermute ein öffentliches Urteil über die Rechtsmäßigkeit derselben anzumaßen; die Unterzeichner der Adresse hätten daher in dem Benehmen der Göttinger Professoren nicht eine Verteidigung der gesetzmäßigen Ordnung, sondern nur ein unziemliches Auflehnen, ein vermessenes Unternehmen erblicken sollen.

*Zit. nach: K. Biedermann: 1840–1870. Dreißig Jahre deutscher Geschichte. Bd. 1. Breslau o. J., S. 21.*

**Q6 Karikatur von 1834**
„Sie sehen, Herr Grenzwächter, dass ich nix zu verzoll'n hab, denn was hinte auf dem Wage is, hat die lippische Grenz noch nit überschritte, in der Mitte is nix, und was vorne drauf is, is schon wieder über die lippische Grenze drübe."

**Q7 Das Lied der Deutschen**
*Heinrich Hoffmann von Fallersleben, der aufgrund seiner kritischen Lieder seine Professur in Breslau verlor, dichtete 1841 ein „Lied der Deutschen". 1922 wurde das Lied zur deutschen Nationalhymne erklärt. Auf Grund des Missbrauchs der ersten Strophe durch die Nationalsozialisten wird seit 1952 nur die dritte Strophe gesungen. Die ersten drei Strophen lauten:*

Deutschland, Deutschland über alles,
Über alles in der Welt,
Wenn es stets zu Schutz und Trutze,
Brüderlich zusammenhält
Von der Maas bis an die Memel,
Von der Etsch bis an den Belt.
Deutschland, Deutschland über alles,
Über alles in der Welt!

Deutsche Frauen, deutsche Treue,
Deutscher Wein und deutscher Sang
Sollen in der Welt behalten
Ihren alten schönen Klang
Und zu edler Tat begeistern
Unser ganzes Leben lang.
Deutsche Frauen, deutsche Treue,
Deutscher Wein und deutscher Sang!

Einigkeit und Recht und Freiheit
Für das deutsche Vaterland,
Danach lasst uns alle streben
Brüderlich mit Herz und Hand!
Einigkeit und Recht und Freiheit
Sind des Glückes Unterpfand:
Blüh im Glanze dieses Glückes,
Blühe, deutsches Vaterland!

## Fragen und Anregungen

1. Erläutere anhand von Q2 die Schlüsselrolle, die Deutschland für Europa hätte haben können.
2. Diskutiert mögliche Chancen und Gefahren der „Zukunftsvision" Wirths (Q2).
3. Zeige am Beispiel von Q3, wie sich Bürger des Biedermeier selbst sahen und was für sie wichtig war.
4. Liste auf, welche Zustände der „Hessische Landbote" anprangert. Wie beurteilst du die Schrift (Q4)?
5. Entwirf einen offiziellen Antwortbrief der Göttinger Professoren an den preußischen Innenminister (Q5).
6. Untersuche den Text des „Liedes der Deutschen". Überlege, was 1841 bei den Regierungen Anstoß erregt haben könnte (Q7).
7. Entschlüssele die Karikatur Q6 mithilfe der Arbeitsschritte S. 16.

# 4. Sachsen auf dem Weg zum Verfassungsstaat

**Der Funke der Julirevolution springt über**

In Sachsen hatte es nach dem Wiener Kongress keinerlei Reformen oder gar eine neue Verfassung gegeben. Stattdessen regierte der greise König Anton mit seinem im Volk verhassten Kabinettsminister Graf von Einsiedel in absolutistischer Manier. Hohe Steuern, fehlendes Mitspracherecht in den Kommunen, unerfüllte Forderungen nach Beseitigung der bäuerlichen Fron- und Dienstleistungen, Polizeiwillkür und Pressezensur ließen den Unmut der Bürgerinnen und Bürger wachsen. Da hörte man im Juli 1830 von den Ereignissen in Paris. „Die Nachricht von der Julirevolution wurde überall vom Volk mit größter Begeisterung aufgenommen. Sie zündete fast allenthalben wie ein elektrischer Schlag", schrieb ein Historiker 1851.

**Von den Septemberunruhen 1830 zur Verfassung 1831**

Ein an sich unbedeutendes Ereignis löste eine Kettenreaktion aus, an deren Ende etwas Neues entstanden war. Am 2. September 1830 verprügelte die Polizei in Leipzig lärmende Schmiedegesellen auf einem Polterabend. Daraufhin entwickelte sich eine bis zum 6. September anschwellende Protestbewegung von Gesellen, Tagelöhnern, Arbeitslosen und Studenten, die den Rücktritt des Polizeipräsidenten erzwang. Die Stimmung griff auf Dresden über und erfasste das ganze Land. In Dresden forderten am 9. September die Zuhörer eines Konzerts im Großen Garten, das französische Revolutionslied, die Marseillaise zu spielen. Nach Anbruch der Dunkelheit zogen viele Besucher zum Altmarkt. Dort hatten sich Tausende versammelt, die immer wieder „Freiheit" und „Leipziger Bürger sollen leben" riefen. Diese Menge stürmte das Rathaus und zerstörte anschließend das Polizeigebäude bis auf die Grundmauern. Der verängstigte König ließ die Truppen aus der Stadt abziehen und stimmte der Bildung einer Kommunalgarde zu. Er musste seinen Kabinettsminister Graf von Einsiedel entlassen und das Amt dem populären liberalen Adligen B. A. von Lindenau übertragen. Unter Lindenaus Leitung begann sofort eine Kommission mit der Ausarbeitung einer Verfassung.

„Wir haben eine Verfassung, die zumindest den Keim zu allem Trefflichen und Guten in sich trägt …", hieß es in der sächsischen Presse. Mit der Einflussnahme des Landtages auf die Regierungsgeschäfte war Sachsen eine konstitutionelle Monarchie geworden. Den Bürgern garantierte die Verfassung die persönliche Freiheit, die freie Berufswahl, das Recht auf Eigentum, Religions- und Gewissensfreiheit und das Recht, über eine Behörde Beschwerde zu führen. Das Wahlrecht war jedoch an Besitz und Steuern gebunden, so dass Frauen und Lohnempfänger von der politischen Mitbestimmung ausgeschlossen blieben. Erstmals wurde zwischen dem Staatshaushalt und der Hofkasse getrennt. Der König erhielt jährlich 500 000 Taler von den Steuergeldern zu seiner Verfügung. Der Reformprozess wurde in den Folgejahren fortgeführt.

Q1 **Das Dresdner Rathaus auf dem Altmarkt** bei Ausbruch der Unruhen am 9. September 1830

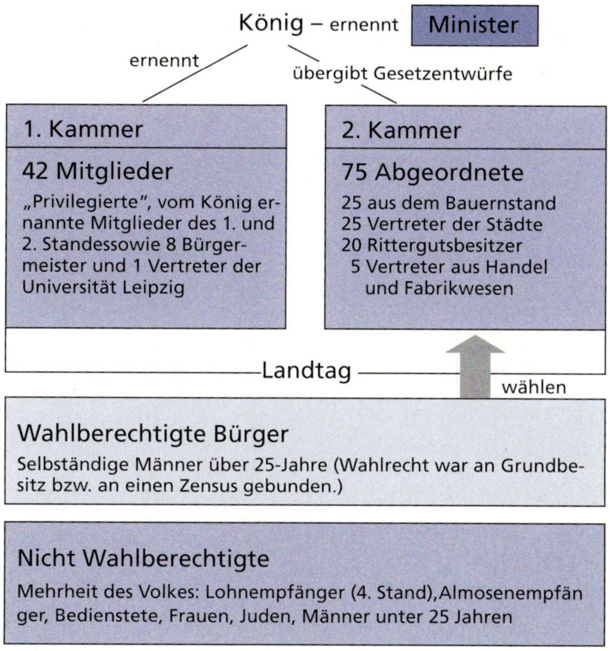


**D1 Die sächsische Verfassung von 1831 (vereinfacht)**

**Q3 Bernhard August von Lindenau (1799 bis 1854)** war von 1830 bis 1843 Vorsitzender des sächsischen Gesamtministeriums und Innenminister. Er leitete den Reformprozess in Sachsen.

**Q2 Auszüge aus der Verfassungsurkunde für das Königreich Sachsen vom 4. September 1831:**

§2: Kein Bestandteil des Königreichs oder Recht der Krone kann ohne Zustimmung der Stände auf irgend eine Weise veräußert werden.

§4: Der König ist das souveräne Oberhaupt des Staates, vereinigt in sich alle Rechte der Staatsgewalt und übt sie unter den durch die Verfassung festgesetzten Bestimmungen aus. Seine Person ist heilig und unverletzlich.

§6: Die Krone ist erblich in dem Mannesstamm des sächsischen Fürstenhauses …

§85: Gesetzentwürfe können nur von dem Könige an die Stände, nicht von den Ständen an den König gebracht werden …

§86: Kein Gesetz kann ohne Zustimmung der Stände erlassen, abgeändert oder interpretiert werden.

§115: Der König wird längstens alle drei Jahre einen ordentlichen Landtag einberufen …

*Zit. nach: Kalender für den sächsischen Staatsbeamten, 1904f.*

**D2 Weitere Reformen**

**1832**

**Allgemeine Städteordnung:** Erstmals können die Bürger mit einem bestimmten Einkommen Stadtverordnete wählen, die den Stadtrat und den Bürgermeister bestimmen und kontrollieren. In Verwaltungsfragen können die Städte selbst bestimmen.

**Agrarreform:** Die Bauern können sich von ihren Frondiensten mit Geld ablösen.

**Landgemeindeordnung:** Die Dörfer können über bestimmte Angelegenheiten selbst bestimmen.

**1835 – Elementar-Volksschulgesetz:** Es ordnet die achtjährige Schulpflicht an. Ein einheitliches Schulsystem mit Freischulen, an denen keine Schulgelder zu zahlen sind, sowie Bürger- und höheren Bürgerschulen wird begründet. Erstmals erfolgt eine staatliche Anstellung und damit auch eine Besoldung der Lehrer.

**1837** – Juden dürfen ihre Religion frei ausüben.

**1844** – Die Zensur über die Presse wird gelockert.

## Fragen und Anregungen

1. Unterscheide zwischen Ursachen und Anlässen (VT und Q1) der Septemberunruhen 1830 in Sachsen. Beurteile die Ergebnisse (VT, Q3, D2).
2. Untersuche die sächsische Verfassung von 1831 (VT, D1, Q2).
3. Prüfe die Behauptung, dass Sachsen mit dieser Verfassung eine konstitutionelle Monarchie geworden sei.

# 5. Romantik und Biedermeier in Sachsen, Thüringen und Sachsen-Anhalt

**„Das Eismeer" oder „Die verunglückte Hoffnung"**, Gemälde von Caspar David Friedrich, 1821. Der Titel spielt auf den Untergang einer Polarexpedition bzw. eines Schiffes namens „Hoffnung" an, gemeint sind aber auch die Hoffnungen vieler Deutscher vor 1815.

**Romantik – eine neue Geistes- und Kunstrichtung**

Schroff und bedrohlich haben sich im Bild oben die Eisplatten zu einem spitzen Berg gegeneinandergeschoben. Dahinter weitet sich das Meer zu einem unendlichen Horizont. Nur ein Lichtschein bringt etwas Wärme in diese kalte und bizarre Natur, in der die Menschen im zerstörten Boot hoffnungslos verloren sind. Der weltberühmte Dresdener Maler Caspar David Friedrich hat in diesem Bild die Perspektive und Geisteshaltung einer neuen Künstlergeneration, die man Romantiker nennt, zum Ausdruck gebracht: Der Mensch steht der Natur gegenüber und erlebt sie als Bedrohung, als Geheimnis und sehnt sich angesichts ihrer Weite und Grenzenlosigkeit danach, in Harmonie und Einheit zu leben. Es waren für die damalige Zeit neue, aus der Sicht der Künstler moderne Themen, die viele Menschen angesprochen haben und heute noch immer oder wieder ansprechen. Das tiefe Empfinden für die Natur, wie es die Romantiker in ihren Bildern zum Ausdruck brachten, stand im Gegensatz zu dem, wie viele Menschen ihre Wirklichkeit seit dem 18. Jahrhundert zunehmend erlebten: Unter dem Einfluss der Aufklärer, Entdecker, Erfinder und Techniker wurde die Welt rational erklärt, entdeckt und entzaubert und zunehmend nüchterner; die Französische Revolution hatte die alte Ordnung in Frage gestellt, Napoleon Europa mit Krieg überzogen und nach dem Wiener Kongress blieben die Bürger in Deutschland weitgehend von politischer Mitbestimmung ausgeschlossen und sahen sich den Unterdrückungsmaßnahmen der Fürsten gegenüber. Alte soziale Bindungen und Sicherheiten, wie die Zünfte, wurden aufgelöst. Deutschland blieb in viele Einzelstaaten zersplittert, obwohl mit den napoleonischen Kriegen ein neues gemeinsames Nationalgefühl besonders unter den Gebildeten erwacht war. Menschen gleicher Sprache fragten und forschten nach ihrer gemeinsamen Geschichte und ihrer gemeinsamen Kultur. Die Künstler der Romantik, Maler, Schriftsteller, Musiker und Architekten wandten sich von dieser ernüchternden und deprimierenden Realität ab und der Innerlichkeit, dem Gefühlsleben des Menschen, der Phantasie- und Märchenwelt zu. Sie suchten hei-

**Das Gotische Haus im Wörlitzer Park** im Baustil der Neogotik. In der Zeit der Romantik wurde der mittelalterliche gotische Baustil nachgeahmt.

lere Welten in einer scheinbar noch intakten Vergangenheit. Vor allem die Epoche des Mittelalters wurde vorbildhaft, weil die Romantiker dort die Einheit von Politik und Religion am optimalsten verwirklicht sahen. Folglich orientierte sich die romantische Kunst und Denkrichtung an den Traditionen des Mittelalters. Dadurch erlebte auch der gotische Stil als Neogotik im 19. Jahrhundert eine Renaissance (siehe Haus aus dem Wörlitzer Park, S. 26).

**Zentren deutscher Romantik**

Zentren der deutschen Romantik waren zunächst Jena, Weimar und Dresden. Hier in den Städten der deutschen Klein- und Mittelstaaten war die Polizei- und Beamtenwillkür des „System Metternichs" nicht so ausgeprägt wie anderswo. Im „Jenaer Kreis" trafen sich die Dichter Novalis und Ludwig Tieck, die Sprachwissenschaftler Gebrüder Schlegel und die Philosophen Schleiermacher, Fichte und Schelling. Sie sahen in der Erneuerung der Literatur gegenüber der Klassik (berühmteste Vertreter Goethe und Schiller) und der Besinnung auf nationale Traditionen die Voraussetzungen zur Erneuerung der Gesellschaft. Im Roman „Heinrich von Ofterdingen" von Novalis wurde mit der „Blauen Blume" das Symbol der Romantik geschaffen. Es soll die Sehnsucht des Menschen nach der Unendlichkeit darstellen. Der aus Sachsen-Anhalt stammende Wilhelm Müller dichtete in Dresden seine noch heute bekannten Volkslieder „Am Brunnen vor dem Tore" und „Das Wandern ist des Müllers Lust", die in allen deutschen Ländern gesungen wurden. Ein zweiter bedeutender Romantikerkreis hatte sich in Heidelberg gebildet, zu dem die Gebrüder Grimm, Clemens Brentano und Joseph von Eichendorff gehörten und der sich besonders dem Sammeln von Volksliedern, deutschen Sagen und Märchen widmete.

**Die Zeit des Biedermeier**

Während die Romantiker ins Abenteuerliche, Phantastische und Grenzenlose entrückten, zogen sich die Künstler des Biedermeier ins Private, die häusliche Enge und die ländliche oder kleinstädtische Idylle zurück, wo sie Geborgenheit suchten. Oftmals verschmolzen die Künstler dieser Zeit in ihren Bildern romantische Motive mit Elementen des Biedermeier. Das Bedrohliche und Geheimnisvolle der Natur wurde mehr oder weniger durch die Idylle verdrängt.

**Bürger unterstützen Künstler und gründen Gesangvereine**

Wie auch in anderen deutschen Städten gründeten 1828 Männer vorwiegend aus dem Bildungs- und Besitzbürgertum in Dresden einen Kunstverein. Dieser so genannte „Sächsische Kunstverein" unterstützte freischaffende Künstler und machte sie damit von adligen, staatlichen oder kirchlichen Geldgebern unabhängig. Lesevereine förderten die allgemeine Bildung und Gesangvereine verbreiteten nationales Liedgut.

### Romantik

Der Name Romantik ist abgeleitet von „romantisch" und bedeutete ursprünglich „wie in einem Roman", „fantastisch", „abenteuerlich", „unwahr". Damit wird eine Lebens-, Kunst- und Naturanschauung in der Zeit von 1790–1830 bezeichnet. Gegen die einseitige Betonung der Vernunft (Aufklärung) beriefen sich die Romantiker auf das Gefühl, die Phantasie und das Unterbewusste im Menschen. Sie verehrten die Volkskultur. Von der Antike, dem Vorbild klassizistischer Kunst, wandten sie sich ab. Zum Leitbild erklärten sie das Mittelalter, das sie als großartige Vergangenheit verehrten.

### Biedermeier

Der Name stammt aus einer Satire, die von zwei Kleinbürgern namens „Biedermann" und „Bummelmeier" handelt. Der Begriff wurde auf die Zeit des Vormärz (1815–1848) übertragen. Viele Menschen reagierten auf die politische Restauration mit dem Rückzug in den privaten Bereich. Häuslichkeit, Geselligkeit, Familie und Freunde sowie die Orientierung am Materiellen wurden zur Grundlage des Lebens. Dabei entstand eine kleinbürgerlich-enge, unpolitische Geisteshaltung, die diese Jahre geprägt haben soll. Diese Lebenseinstellung fand ihren Ausdruck in der Kunst, Mode und Wohnkultur.

Q3 **Das erste Sempersche Opernhaus in Dresden,** entworfen von dem Architekten Gottfried Semper, gebaut 1837 bis 1841. Dresden war schon zuvor durch den Hofkapellmeister Carl Maria von Weber (1786 bis 1826) zu einem Zentrum der Musik geworden. Großen Erfolg hatte er mit der ersten deutschen Oper, dem „Freischütz". Der in ihr als Märchen geschilderte Kampf zwischen Gut und Böse war zugleich Symbol für die damaligen patriotischen und freiheitlichen Bestrebungen. In seinen Werken ließ Weber in romantischer Weise die Sagenwelt und das Volksleben vergangener Zeiten hörbar werden. Später leitete Richard Wagner (1813 bis 1883) eine weitere Blütezeit der Dresdener Oper ein.

**Robert Schumann (1810 bis 1856) und seine Frau Clara geb. Wieck (1819 bis 1896).** Q4
Lithographie 1850. Der in Zwickau geborene und in Sachsen wirkende Komponist und Pianist fand mit seinen romantischen Klavierstücken und Kammermusiken großen Anklang. Seine Frau wurde als virtuose Interpretin berühmter Komponisten am Klavier bejubelt. In der Musik dominierte die romantische Geisteshaltung bis zum Umbruch zur „Neuen Musik" um 1910. Das Klangbild romantischer Sinfonien prägten naturnahe Instrumente wie Waldhorn und Flöte. Zum wichtigsten Soloinstrument wurde das Klavier, weil es den Solisten durch die Polyphonie (Vielstimmigkeit) die größte Möglichkeit bot, unterschiedliche Gefühle auszudrücken. Die Bildungsbürger förderten neben großer Kunst auch im musikalischen Bereich viel Kitsch. Neben der Hausmusik pflegte man die Musik der Salons mit Vorführungen bekannter Musiker.

**Q5 Die Bürgerstunde**
Holzschnitt (Ausschnitt) von Adrian Ludwig Richter (1803 bis 1884). Richter wurde in Dresden geboren und starb auch hier. Die Darstellungen des Stadtlebens haben karikaturistische Züge. Bei seinen Naturdarstellungen vermischen sich romantische Motive mit Elementen des Biedermeier.

**Q6 Frühling im Elbtal.**

*Aus einem Brief des Dresdner Malers Philipp Otto Runge (1777–1810) vom 10. Mai 1802:*

So einen Frühling wie hier habe ich noch nicht gesehen; rund um uns her ist ein wahres Paradies; (…) Ich habe gestern (…) einen Spaziergang gemacht, der für mich sehr überraschend war. Wir gingen in die Fläche eben an den Bergen hinein und ehe wir uns versahen, waren wir doch so hoch gekommen, dass wir ganz Dresden übersehen konnten. Rund um den Hügel lag ein Dorf mit gewaltig schönen Blütenbäumen; hinten kamen wir in ein flaches Tal und ein Dörfchen, das ganz versteckt lag, man konnte nicht weit sehen und es war da ganz wie in Mecklenburg oder Holstein. Nun gingen wir rechts längs einem Bächlein hin, (…) und dann auf einem Fußsteig über den Hügel zurück. Hier war es sehr hoch, ich der erste hinauf und ganz überrascht, Dresden noch viel schöner zu sehen (…) und dazwischen alle die vielen Dörfer, Schlösser, Gärten, Äcker: es war unglaublich schön. – Dann gingen wir noch durch Plauen (…) in den Plauenschen Grund hinunter. Es war ein starker Kontrast, mit einem Mal so von Felsen und rauschendem Wasser eingeschlossen zu sein.

*Zit. nach: Günter Jäckel (Hg.): Dresden vom Biedermeier bis zur Revolution 1848/49. Hanau 1989, S. 70.*

**Q7 Des Biedermanns Abendgemütlichkeit**

*Im Jahr 1848 veröffentlichte Victor von Scheffel in den „Fliegenden Blättern" das folgende Gedicht. Aus dem Namen „Biedermann" wurde später „Biedermeier", die Spottfigur des bürgerlichen Spießers:*

**Des Biedermanns Abendgemütlichkeit**

Vor meiner Haustür steht 'ne Linde,
In ihrem Schatten sitz' ich gern,
Ich dampf' mein Pfeiflein in die Winde
Und lob' durch Nichtstun Gott, den Herrn.
Die Bienen summen froh und friedlich
Und saugen Blütenhonig ein,
Und alles ist so urgemütlich,
Dass ich vor innrer Rührung wein'.
Und hätt in Deutschland jeder Hitzkopf
Wie ich 'ne Linde vor der Tür
Und rauchte seinen Portoriko
Mit so beschaulichem Pläsier:
So gäb es nicht so viel Krakehler
In dieser schönen Gotteswelt.
Die Sonne schien' nicht auf Skandäler,
Und doch wär' alles wohl bestellt.
Amen.

*Victor von Scheffel, Sämtliche Werke, hg. v. Johannes Franke, Leipzig o. J., Bd. 9, S. 49.*

## Fragen und Anregungen

1. a) Beschreibe die Kennzeichen der romantischen Geisteshaltung und des Biedermeier.
   b) Erläutere die Zusammenhänge zwischen beiden Geisteshaltungen einerseits und den politischen und wissenschaftlichen Entwicklungen jener Zeit andererseits (VT, Q1, Q3, Q5). Siehst du Parallelen heute?
2. a) Nenne Passagen des Briefes (Q6), die Runge als Romantiker ausweisen.
   b) Nenne Kennzeichen der biedermeierlichen Haltung in Scheffels Gedicht (Q7). Beachte das Jahr!
3. Stelle ein Bild der Romantik oder des Biedermeier aus deiner Region in der Klasse vor.

# 6. Revolution in Deutschland

| Frankreich | Deutscher Bund | Preußen | Habsburger Monarchie |
|---|---|---|---|
| Februar 1848: Abdankung des Königs. Frankreich wird Republik. | März 1848: Volksversammlungen erreichen Regierungen mit liberalen Ministern. Mai 1848: Gewählte Abgeordnete treten in Frankfurt zur Ausarbeitung einer Verfassung zusammen. | März 1848: Straßenkämpfe in Berlin. Der König bekennt sich zur deutschen Einheit und verspricht eine Verfassung für Preußen. | März 1848: Aufstand in Wien. Flucht Metternichs. Der Kaiser verspricht eine Verfassung. Erhebungen in Mailand, Venedig und Budapest für nationale Selbstbestimmung. |

**Nationale, liberale und soziale Ziele**

Im Jahr 1848 fanden in fast ganz Europa Revolutionen für die Durchsetzung liberaler, demokratischer und nationaler Ziele statt. Vielfach verbanden sich die politischen mit sozialen Forderungen nach Verbesserung der Lebensbedingungen. Die immer zahlreicher werdenden Fabrikarbeiter beklagten unzumutbare Arbeitsverhältnisse und litten unter kaum vorstellbarer Armut. Die Handwerker konnten mit den billigeren Produkten aus den Fabriken nicht konkurrieren. Not und Hunger machten auch vor der Landbevölkerung nicht Halt. In Süddeutschland waren die Bauern noch nicht wie in Preußen von Diensten und Abgaben „befreit", und auch die preußischen Bauern hatten den Grundherren so hohe Entschädigungen zahlen müssen, dass sie sich keine gesicherte Existenz schaffen konnten. Missernten wie 1847 konnten da leicht der Tropfen sein, der das Fass zum Überlaufen brachte.

**Die Februarrevolution in Frankreich**

Doch das Signal war aus Paris gekommen. In Frankreich brauchte zwar keine nationale Einheit mehr erkämpft zu werden, und seit 1830 hatte Frankreich mit Louis Philippe auch einen „Bürgerkönig", der an eine Verfassung gebunden war. Da jedoch das Stimmrecht an das zu versteuernde Einkommen gebunden war, durften nur etwa drei Prozent der Franzosen an den Wahlen teilnehmen. Kleinbürger und Arbeiter blieben von politischen Rechten ausgeschlossen. Im Februar 1848 gingen deshalb Arbeiter und Studenten auf die Straßen, um für ein allgemeines Wahlrecht zu demonstrieren. Der Barrikadenkampf zwischen Aufständischen und Militär forderte Tote und Verwundete. Der König floh nach England. Die Nationalversammlung rief die (Zweite) Republik aus und führte das allgemeine Wahlrecht für alle männlichen Franzosen über 21 Jahre ein. Das Versprechen sozialer Reformen und eines „Rechts auf Arbeit" wurde durch die Einrichtung von „Nationalwerkstätten" eingelöst, eine staatlich finanzierte Maßnahme, durch die Arbeitslose Beschäftigung fanden.

**Q1 Die große Seeschlange, wie sie vielen im Jahre 1848 erschienen ist**

Karikatur aus der Leipziger „Illustrierten Zeitung" vom 30. Dezember 1848.

Märzforderungen – das Beispiel Köln

Die Nachricht von der erfolgreichen Februarrevolution in Paris wirkte wie ein Funke, der in ein Pulverfass fällt. Menschen aus allen Schichten und in fast allen Staaten des Deutschen Bundes wurden ermutigt, dem französischen Vorbild zu folgen. Im Gegensatz zu Süddeutschland, wo die Nachricht von den Ereignissen in Paris schon Ende Februar große Volksversammlungen zur Folge hatte, blieb es im preußischen Rheinland zunächst ruhig. Die grenznahe rheinische Bevölkerung befürchtete, wie 1789 könne auch jetzt die Revolution in Frankreich wieder Krieg bringen. In Köln zum Beispiel begann die Revolution am 3. März 1848, einen Tag nach „Weiberfastnacht" mit einer Demonstration von einigen Hundert Handwerkern und Arbeitern. Sie wurde geführt von dem Armenarzt Andreas Gottschalk, dem Schriftsteller Nikolaus Hocker und den ehemaligen Offizieren Friedrich Anneke und August Willich. Wie anderswo in Deutschland forderten Redner Verfassungen oder Verfassungsreformen, Presse-, Versammlungs- und Vereinsfreiheit, die Einrichtung von Schwurgerichten und die Wahl einer Nationalversammlung. Darüber hinaus formulierten die Kölner auch konkrete soziale Anliegen. Beispielsweise sollte die Arbeit vor der Konkurrenz durch Fremde und durch Maschinen geschützt werden. Als am Abend preußische Soldaten eingesetzt wurden, ergriff Panik die inzwischen auf über 2000 Menschen angewachsene Menge. Einige suchten im Rathaus Schutz. Aus Furcht vor den aufgebrachten Demonstranten stürzten zwei Stadträte aus dem Fenster. Der „Kölner Fenstersturz" und die Arbeiterdemonstration schürte im Bürgertum die Angst vor einem gesellschaftlichen Umsturz.

Reformen zur Rettung der Herrschaft

In vielen kleineren und mittleren deutschen Staaten reagierten die Landesherren auf diese „Märzforderungen", indem sie Politiker der liberalen und nationalen Opposition in die Regierungen beriefen. Mit solchen „Märzministern" wollten sie ihre Reformbereitschaft zeigen und einen völligen Zusammenbruch ihrer Herrschaft verhindern.

Revolution in Österreich

Auch Wien wurde von der Revolutionswelle ergriffen. Hier forderten die demonstrierenden Studenten und Arbeiter ebenfalls Freiheit und Einheit. Der österreichische Staatskanzler Klemens Fürst von Metternich, mit dessen Namen vor allem die

Q2 **Barrikadenbau bei der Rheinbrücke in Mannheim,** kolorierter Holzschnitt der „Illustrierten Zeitung", 1848.

Restauration nach 1815 verbunden war, musste zurücktreten und floh nach London. Die freiheitliche und nationale Bewegung hatte in der Habsburgermonarchie auch die Ungarn, Tschechen, Italiener und andere nationale Minderheiten erfasst. „Freiheit" bedeutete für sie vor allem nationale Selbstbestimmung. Der österreichische Vielvölkerstaat drohte auseinander zu brechen.

**Barrikadenkämpfe in Berlin**

Die Nachricht vom Sturz des französischen Königs hatte auch in Berlin zu lebhaften Diskussionen in Cafés und Gaststätten geführt und im Tiergarten fanden täglich Versammlungen statt. Die Berliner schlossen sich den Märzforderungen an. Am Abend des 13. März kam es nach einer Massenversammlung im Tiergarten zu Zusammenstößen zwischen Demonstranten und Militär. Die Nachricht vom Sturz Metternichs bewog Friedrich Wilhelm IV. zu Zugeständnissen: Das Pressegesetz vom 17. März hob die Zensur auf und am 18. März erklärte der König, für einen deutschen Bundesstaat mit einer Verfassung einzutreten. Für Preußen stellte er eine Verfassung in Aussicht. Eine vor dem Berliner Schloss zusammengeströmte Menschenmenge wollte sich für die Zugeständnisse bedanken. Bei der Räumung des Schlossplatzes durch die Truppen wurden wahrscheinlich versehentlich zwei Schüsse abgegeben. Sie verletzten niemanden, ließen jedoch die Stimmung umschlagen. Die Menge glaubte, vom König verraten worden zu sein und errichtete Barrikaden gegen das Militär. Einige Tausend Menschen aus allen Bevölkerungsschichten trugen Steine, Bretter, Balken, Möbel und Kutschen zusammen und bewaffneten sich mit Knüppeln und Dachziegeln, mit denen man die Soldaten bewarf. Nach einem sechzehnstündigen Kampf versprach der König am 19. März in einer Proklamation „An meine lieben Berliner", die Truppen abzuziehen. Die Niederlage des preußischen Königtums wurde noch deutlicher, als der König sich am folgenden Tag auf Drängen der Menge vor den im Schlosshof aufgebahrten 97 Toten des Aufstandes verbeugen musste.

**Der preußische König reitet am 21. März 1848 durch Berlin** Q3
Neuruppiner Bilderbogen von Gustav Kühn, 1848.

In einer Proklamation am 21. März wandte sich Friedrich Wilhelm IV. „An Mein Volk und an die deutsche Nation" und erklärte, angetan mit einer schwarz-rot-goldenen Schärpe, Preußen gehe von nun an in Deutschland auf. Gleichzeitig mit seinem Bekenntnis zur deutschen Einheit nahm er mit dem Aachener Unternehmer David Hansemann und dem Kölner Bankier und Kaufmann Ludolf Camphausen liberale Minister in die Regierung. Nach allgemeinem, gleichem und geheimem Männerwahlrecht wurde eine preußische Nationalversammlung gewählt. Sie sollte für Preußen eine Verfassung ausarbeiten.

**Revolution auf dem Land**

Auch auf dem Land kam es im Frühjahr 1848 zu Erhebungen. Viele Dörfler nutzten Gewalt und Gewaltandrohung als Mittel, ihren Forderungen gegenüber den Grundherren Nachdruck zu verleihen. Es kam zu Revolten, in deren Verlauf Akten verbrannt wurden, die alte Abhängigkeiten belegten, und Gebäude in Flammen aufgingen. Entgegen der geltenden Forstordnungen und Verbote wurden ganze Waldstücke abgeholzt und das die Ernte schädigende Wild getötet. Oder aber die Zahlung von Abgaben und Steuern wurde einfach verweigert. Auf der anderen Seite nahmen auch bei den Bauern im Verlauf der Revolution Beschwerdeschriften zu. Die Unruhen in der ländlichen Bevölkerung konnten durch Zugeständnisse der Regierungen und Gutsherren noch im März beruhigt werden. Mit der Bauernbefreiung, die 1848/49 zu Ende gebracht wurde, endete die Revolution für die Bauern erfolgreich.

**Q4 Arbeiterdeputation vor dem Magistrat einer rheinischen Stadt 1848**
Ausschnitt aus einem Gemälde von Johann Peter Hasenclever, 1848/49.

### Q5 „Die Ruhe der Stadt Köln ist gestört"

*Die folgende „Bekanntmachung des Regierungspräsidenten über den Tumult vom 3. März" wurde in der Nacht vom 3. zum 4. März um 2 Uhr durch ein Extra-Blatt der „Kölnischen Zeitung" verbreitet. Sie erschien danach nochmals in der „Kölnischen Zeitung" am 5. März und in der „Deutschen Zeitung" am 7. März:*

Die Ruhe der Stadt Köln ist heute Abend in bedauerlicher Weise gestört worden. Es hat eine Anzahl von Personen gewagt, den in Ausübung seines Berufes im Rathause versammelten Gemeinderat nicht mit Bitten, sondern mit „Forderungen des Volkes" zu bestürmen, und versucht, eine Genehmigung von Anträgen mit Gewalt zu erzwingen, die in ordnungsgemäßem gesetzlichem Wege bei den loyalen Vertretern der Stadt in keiner Weise Eingang finden konnten. Die „Forderungen des Volkes", wie sie in vielen Exemplaren verteilt und laut verlesen wurden, lauten:

1. Gesetzgebung und Verwaltung durch das Volk. Allgemeines Wahlrecht und allgemeine Wählbarkeit in Gemeinde und Staat.
2. Unbedingte Freiheit der Rede und Presse.
3. Aufhebung des stehenden Heeres und Einführung einer allgemeinen Volksbewaffnung mit vom Volke gewählten Führern.
4. Freies Vereinsrecht.
5. Schutz der Arbeit und Sicherstellung der menschlichen Bedürfnisse für alle.
6. Vollständige Erziehung aller Kinder auf öffentliche Kosten.

Es wurde unter aufrührerischen Reden die Versammlung der Gemeindeverordneten eine geraume Zeit in dem Rathaus belagert, bis die bewaffnete Macht den Rathausplatz von der zahlreich versammelten Menge säuberte und einer der Rädelsführer zur Haft gebracht wurde. Er ist der Justiz überantwortet. Die gerichtliche Untersuchung wird sofort über dieses in unserer Provinz unerhörte Attentat eingeleitet werden.
Die friedliebenden Bürger Kölns werden mit mir diese Verletzung des Gesetzes und der Ordnung beklagen. Die Behörden rechnen auf ihren Beistand; es wird die vereinte Kraft und Wachsamkeit beider ferneres Unheil, das durch die Konspiration Böswilliger planmäßig vorbereitet wurde, von der Bevölkerung einer ruhigen, glücklichen Stadt mit Erfolg abzuwenden wissen.

*Zit. nach: J. Hansen (Hg.): Rheinische Briefe und Akten zur Geschichte der politischen Bewegung 1830–1850 Bd. 2.1. Bonn 1942, S. 508.*

### Q6 „An mein Volk und an die deutsche Nation"

*Aus der Proklamation des preußischen Königs Friedrich Wilhelm IV. nach den Berliner Barrikadenkämpfen:*

Deutschland ist von innerer Gärung ergriffen und kann durch äußere Gefahr von mehr als einer Seite bedroht werden. Rettung aus dieser doppelten, dringenden Gefahr kann nur aus der innigsten Vereinigung der deutschen Fürsten und Völker unter einer Leitung hervorgehen. Ich übernehme heute diese Leitung für die Tage der Gefahr. (...) Ich habe heute die alten deutschen Farben angenommen und mich und mein Volk unter das ehrwürdige Banner des deutschen Reiches gestellt. Preußen geht fortan in Deutschland auf. (...) Allgemeine Einführung wahrer konstitutioneller Verfassungen, mit Verantwortlichkeit der Minister in allen Einzelstaaten, öffentliche und mündliche Rechtspflege, in Strafsachen auf Geschworenengerichte gestützt, gleiche politische und bürgerliche Rechte für alle religiösen Glaubensbekenntnisse und eine wahrhaft volkstümliche, freisinnige Verwaltung werden allein solche sichere und innere Freiheit zu bewirken und zu befestigen im Stande sein.

*W. Grab (Hg.): Die Revolution von 1848/49. Eine Dokumentation. Stuttgart 1998, S. 46.*

### Q7 Was trieb Bauern zur Revolution?

*Der Chronist Wilhelm Heinrich Riehl berichtet 1849 über die Revolution in Nassau:*

Schwerlich würde das nassauische Volk im März 1848 in die Vorderreihe getreten sein, um das gemütliche patriarchalische Regiment zu stürzen, wenn nicht Hunger und Kummer, Not und Drangsal die mittleren und ärmeren Klassen zu einer revolutionären Begeisterung fähig gemacht hätten, von welcher man wenige Monate vorher noch keinen Funken entdecken konnte. (...) Es war der materielle Druck gewesen, die Lasten, die Not. Darum glaubte man jetzt auf dem Lande, man brauche keine Steuern mehr zu bezahlen, Wild könne man jagen nach Belieben, Holz fällen nach Belieben, Zehnten geben nach Belieben, Zinsen zahlen oder nicht – das hielt man für die Freiheit. (...) Es brauchte lange Zeit, bis ganze Landstriche einsahen, dass die Freiheit noch andere Bezüge habe als bloß den Geldbeutel.

*W. H. Riehl: Nassauische Chronik des Jahres 1848. Idstein 1979, S. 1 und 22 f.*

**Q8 Die Zerstörung des Schlosses Waldenburg in Sachsen im April 1848**

Zeitgenössischer Holzstich.

## Fragen und Anregungen

1. Beschreibe und deute die Karikatur Q1. Wende dabei die in Kapitel 2 dieser Themeneinheit vorgestellten methodischen Schritte an.
2. Beschreibe die Barrikadenkämpfer in Q2. Überlege, aus welchen Schichten sie stammten. Welche Rolle spielten nach dieser Darstellung Frauen in der Revolution? Diskutiert, welches Bild von der Revolution der Zeichner vermitteln will.
3. Fasse die Kölner Märzforderungen zusammen. Welche Bevölkerungsschicht stand hinter diesen Forderungen? Begründe deine Meinung (Q5).
4. Beschreibe und bewerte die Berichterstattung in Q5. Überlege, auf welcher Seite der Berichterstatter stand. Suche nach Begriffen im Text, die auf seinen Standort hinweisen. Diskutiert, welchen Leserkreis die „Kölnische Zeitung" ansprechen will.
5. Fasse die Versprechen des Königs zusammen. Vergleiche die Zusagen mit den Märzforderungen, z. B. der Kölner (Q5, Q6).
6. Wie begründet der preußische König seine Zugeständnisse? Diskutiert seine Haltung (Q3, Q6).
7. Beschreibe und deute Haltung und Gesichtsausdruck der in Q4 dargestellten Personen. Charakterisiere das Verhältnis zwischen Arbeitern und Bürgern.
8. Nenne die Motive der Bauern, sich an der Revolution zu beteiligen. Wie beurteilt Riehl das Verhalten der Bauern (Q7, Q8)?

# 7. Revolution ist nicht nur Männersache

**Ein Kölner Beispiel**

Überall in Deutschland informierten Flugblätter, Karikaturen, Plakate und Zeitungen über den lokalen, regionalen, nationalen und internationalen Stand der Revolution. In Köln hielt man sich vor allem über die „Kölnische Zeitung", die mit 17 000 Exemplaren pro Ausgabe auflagenstärkste deutsche Zeitung, sowie über die von Karl Marx herausgegebene „Neue Rheinische Zeitung" auf dem Laufenden.
Auch Frauen beteiligten sich an den öffentlichen Diskussionen und Versammlungen. Einige lasen nicht nur die Zeitungen, sondern arbeiteten auch selbst mit. So etwa Mathilde Franziska Anneke. Die von ihr angeregte „Neue Kölnische Zeitung" wurde von ihrem Mann Friedrich Anneke und Fritz Beust herausgegeben. Das Motto der Arbeiterzeitung war: Wohlstand, Freiheit, Bildung für alle. Das Blatt unterstützte die Forderungen der Arbeiter nach besseren Lebens- und Arbeitsbedingungen und größerer Gerechtigkeit bei den Steuern und Abgaben. In Köln lebte von den 90 000 Einwohnern die Mehrheit am Existenzminimum, bei Revolutionsausbruch waren 20 000 Menschen in den Armenlisten verzeichnet und die Zahl nahm aufgrund der wachsenden Arbeitslosigkeit in den Revolutionsmonaten zu.
Als die „Neue Kölnische Zeitung" Ende September 1848 verboten wurde, führte Mathilde Anneke das Blatt mit gleichen Inhalten als „Frauen-Zeitung" fort. Die Behörden ließen sich jedoch durch den Titel nicht lange täuschen und bereits die dritte Nummer wurde beschlagnahmt. Einige Wochen später erschien die „Neue Kölnische Zeitung" wieder.

**Q1 Mathilde Anneke**

**Frauen werden politisch aktiv**

Auch andernorts haben Frauen in der Revolution von 1848 vor allem die politischen Aktivitäten ihrer Männer unterstützt. Sie sammelten Geld für die Ausrüstung der Bürgerwehren und stickten Fahnen. Einige der Ehefrauen bekannter Revolutionäre waren selbst politisch aktiv. Paare der Revolution waren zum Beispiel Emma und Georg Herwegh, Johanna und Gottfried Kinkel, Amalie und Gustav Struve, Regina und Johann August Wirth, Elise und Ludwig Blenker oder eben Mathilde und Friedrich Anneke. Doch bei allem Engagement änderte sich an ihrer eigenen Situation nichts. Ihre Bildungsmöglichkeiten waren begrenzt, es gab nur wenige Berufe für Frauen und sie durften nicht wählen. Nur eine Minderheit wie Louise Otto-Peters forderte damals schon gleiche Rechte für Männer und Frauen. Das Wahlrecht forderte sie jedoch nicht.

**Q2 Elise und Ludwig Blenker**

**Q3 Frauenversammlung**
Holzstich von 1850.

**Q4 Louise Otto-Peters**
Zeitgenössische Lithografie.

### Q5 Wir wollen auch unser Teil fordern

*Louise Otto-Peters gilt als Begründerin der deutschen Frauenbewegung. Sie gab 1849 eine „Frauen-Zeitung" heraus, die bereits 1852 wieder eingestellt werden musste, weil Frauen die verantwortliche Redaktion oder Herausgabe einer Zeitschrift verboten war. In ihrem Programm vom 21. April 1849 hieß es:*

Die Geschichte aller Zeiten und die heutige ganz besonders, lehrt, dass diejenigen auch vergessen werden, welche an sich selbst zu denken vergaßen. (...) Dieser selbe Erfahrungssatz ist es, welcher mich zur Herausgabe einer Frauen-Zeitung veranlasst. (...) Wohl auf denn, meine Schwestern, vereinigt euch mit mir, damit wir nicht zurückbleiben, wo alle und alles um uns und neben uns vorwärts drängt und kämpft. (...) Wir wollen auch unser Teil fordern: das Recht, das Rein-Menschliche in uns in freier Entwicklung aller unserer Kräfte auszubilden, und das Recht der Mündigkeit und Selbständigkeit im Staat. Wir wollen unser Teil verdienen: Wir wollen unsere Kräfte aufbieten, das Werk der Welt-Erlösung zu fördern, zunächst dadurch, dass wir den großen Gedanken der Zukunft: Freiheit und Humanität auszubreiten suchen in allen Kreisen, welche uns zugänglich sind, in den weiteren und des größeren Lebens durch die Presse, in den engeren der Familie durch Beispiel, Belehrung und Erziehung. Wir wollen unser Teil aber auch dadurch verdienen, dass wir nicht vereinzelt streben nur jede für sich, sondern vielmehr jede für alle, und dass wir vor allem derer zumeist uns annehmen, welche in Armut, Elend und Unwissenheit vergessen und vernachlässigt schmachten.

*Zit. nach U. Gerhard u. a. (Hg.): „Dem Reich der Freiheit werb ich Bürgerinnen". Die Frauen-Zeitung von Louise Otto. Frankfurt a. M. 1997, S. 37.*

### Q6 Wir wollen auch dem Vaterland dienen

*Amalie Struve schrieb in ihrem Tagebuch über ihre Teilnahme an der Revolution 1849 in Baden:*

Seit langer Zeit hatte ich geahnt, dass ein neuer Sturm losbrechen werde. Mein Wunsch war, in diesem Falle die Gefahren meines Gatten teilen zu dürfen. (...) Zudem glaubte ich, dass mein Beispiel ermutigend wirken und dass ich imstande sein möchte, dem Vaterlande einen Dienst zu leisten, wenn ich an dem Kampfe für die Freiheit und die Tugend Anteil nähme. (...) Niemals empfand ich so tief die unwürdige Stellung, in welcher sich bis zum heutigen Tage das weibliche Geschlecht gegenüber dem männlichen befindet. Warum sollte die Frau, welche die Fähigkeiten dazu besitzt, nicht arbeiten dürfen im Augenblicke der Entscheidung? Warum sollte die Gattin, welche die Gefahren des Gatten teilte, nicht auch teilnehmen an seinen Arbeiten? Fürwahr, solange selbst im Sturme der Revolution so viele Rücksichten auf hergebrachte Vorurteile genommen werden, wird das Joch der Tyrannei nicht gebrochen werden. (...) Namentlich konnte ich aus eigener Anschauung erkennen, dass unter Frauen (...) der größte Eifer und die wärmste Hingebung für die Sache der Freiheit lebte. Nicht bloß die jüngeren, auch die älteren Frauen, selbst Mütter und Großmütter ermutigten die ausziehenden Freiheitskämpfer, (...) fertigten Fahnen und selbst Patronen an (...).

*A. Struve: Erinnerungen aus den badischen Freiheitskämpfen. In: Heftiges Feuer. Die Geschichte der badischen Revolution 1848, erzählt von Gustav und Amalie Struve. Freiburg 1998, S. 19 ff.*

## Fragen und Anregungen

1. Lege dar, wie die Frauen an der Revolution teilnahmen (VT, Q1, Q3, Q6).
2. Fasse Aktivitäten und Ziele der Frauenbewegung zusammen und beurteile sie (VT, Q1–Q5).
3. Vergleiche die Forderungen von Bürgern, Arbeitern und Bauern mit denen der Frauen. Welche Bedeutung hatte „Freiheit" für jede der Gruppen?

# 8. Eine Verfassung für ganz Deutschland

| | |
|---|---|
| **18. Mai 1848** | In der Frankfurter Paulskirche tritt die erste deutsche Nationalversammlung zusammen. |
| **27. März 1849** | Die Reichsverfassung wird angenommen und Friedrich Wilhelm IV. von Preußen zum „Kaiser der Deutschen" gewählt. |

**Die erste deutsche Nationalversammlung tritt zusammen**

Mit den Märzministern und den Versprechungen, Verfassungen zu gewähren, war zu Beginn des Jahres 1848 ein Teil der Forderungen nach mehr politischer Freiheit und Gleichheit erfüllt worden. Nun galt es, auch das Ziel der nationalen Einheit zu verwirklichen und für ein geeintes Deutschland eine Verfassung zu erarbeiten. Die Aufmerksamkeit richtete sich auf Frankfurt, wo am 31. März das so genannte „Vorparlament" zusammentrat. Die über 500 aus allen Teilen Deutschlands zusammengekommenen Männer beschlossen, dass das deutsche Volk in allgemeinen, gleichen und indirekten Wahlen der Männer eine verfassunggebende Nationalversammlung wählen solle. Auf je 50 000 Personen wurde ein Abgeordneter gewählt. Entscheidend war zumeist die Person des Kandidaten, nicht eine bestimmte politische Richtung. Die Nationalversammlung umfasste 585 Abgeordnete. Etwa 82 % hatten ein Universitätsstudium absolviert. Sie waren Professoren, Gymnasiallehrer, Richter, Rechtsanwälte, Staatsanwälte, Geistliche, Ärzte, Schriftsteller oder höhere Beamte. Wirtschaft und Industrie waren weit weniger stark vertreten und nur vier Handwerker, ein Bauer und kein Arbeiter gehörten der Nationalversammlung an.

**Politische Gruppierungen**

Parteien existierten noch nicht. Doch die Abgeordneten gruppierten sich im Verlauf der Beratungen nach gemeinsamen Überzeugungen und Zielen. Sie trafen sich in Wirtshäusern und Hotels und benannten sich nach ihren Treffpunkten. Sie setzten sich in der Paulskirche zusammen und bald konnte man die politische Zugehörigkeit an der Sitzordnung erkennen: Vom Rednerpult aus gesehen links saßen diejenigen, die sich für eine demokratische Umgestaltung Deutschlands einsetzten und die monarchische Staatsform durch eine Republik ersetzen woll-

**Q1 Feierlicher Einzug der Abgeordneten in die Paulskirche in Frankfurt am Main**
Tagungsort der Nationalversammlung war die evangelische Paulskirche in Frankfurt. Sie ist hier in einem zeitgenössischen Holzstich dargestellt. Die Paulskirche war das größte öffentliche Gebäude. Am 18. Mai 1848 zogen die Abgeordneten feierlich ein. Die Kirche wurde 1944 durch Bomben zerstört und 1948 zum 100. Jahrestag der Versammlung wieder aufgebaut. Heute ist sie Fest- und Versammlungsraum.

ten („Deutscher Hof"). Rechts saßen die Konservativen („Café Milani"). Sie wollten weniger einschneidende Veränderungen. So sollte nach ihren Vorstellungen die Macht der Fürsten der Einzelstaaten nicht wesentlich beschränkt werden. Zwar wollten auch sie eine Verfassung, die jedoch im Einvernehmen mit den Fürsten erarbeitet werden sollte. In der Mitte befanden sich die Liberalen, die sich für eine konstitutionelle Monarchie einsetzten, mit einer Verfassung, die von der Nationalversammlung verabschiedet werden sollte.

**Bildung einer provisorischen Regierung**

Nachdem die Nationalversammlung Heinrich von Gagern zum Präsidenten gewählt hatte, wurde auf dessen Vorschlag eine provisorische Regierung gewählt mit dem österreichischen Erzherzog Johann als Reichsverweser. Bis zur endgültigen Entscheidung über die zukünftige Staatsform sollte der demokratisch gewählte Fürst das Reichsoberhaupt sein.

**Grundrechte werden beraten**

Zuerst wurde über die „Grundrechte des deutschen Volkes" diskutiert. Nach der langen Zeit der Unterdrückung wurde die Freiheit als wichtigstes Ziel angesehen. Der Grundrechtekatalog mit 14 Artikeln, der im Dezember verabschiedet wurde, ist für die Verfassung von 1919 und unser heutiges Grundgesetz wegweisend geblieben.

**Wie soll der deutsche Nationalstaat aussehen?**

Schwieriger war eine Einigung über die Frage der künftigen Staatsform. Es hatte sich bereits schnell abgezeichnet, dass die Mehrheit der Nationalversammlung gegen die Republik war. Dann musste jedoch geklärt werden, wie stark in der künftigen Monarchie demokratische Rechte verankert sein sollten. Ebenso blieb die Frage, ob der an der Spitze stehende Kaiser gewählt werden oder ob das Amt vererbt werden solle. Schließlich galt es zu entscheiden, ob ein starker Zentralstaat oder eine Föderation weitgehend selbständiger Einzelstaaten entstehen sollte.
Die Reichsverfassung, die am 27. März 1849 von der Nationalversammlung angenommen wurde, sah eine konstitutionelle Monarchie mit Erbkaisertum vor: Friedrich Wilhelm IV. von Preußen wurde zum „Kaiser der Deutschen" gewählt. Der allerdings lehnte die Krone ab. Der Reichstag sollte aus zwei Kammern bestehen: einem Staatenhaus, in dem die Vertreter der deutschen Länder saßen, und einem Volkshaus, das aus allgemeinen, gleichen, geheimen und direkten Wahlen der Männer hervorgehen sollte. Der Kaiser sollte ein suspensives Vetorecht erhalten: Er hätte also Parlamentsbeschlüsse aufschieben, aber nicht verhindern können. Die Verbindung von Erbkaisertum mit eingeschränkter Macht und einem demokratischen Wahlrecht war insgesamt ein Kompromiss, der allen Richtungen entgegenkam.

**Kaiserdeputation der Nationalversammlung** Q2

Unter der Führung von Eduard Simson trägt die Delegation dem preußischen König die Kaiserkrone an.

Kontro vers

## Welches Wahlrecht soll gelten?

**Über das in der Verfassung von 1849 verankerte gleiche und geheime Wahlrecht aller Männer gab es in der Nationalversammlung heftige Debatten.**

**Q3** *Der Abgeordnete Friedrich Bassermann:*
Es war im letzten Jahrzehnt das Bürgertum, der gebildete Teil der Nation, und nicht ihre Arbeiter, welche den Kampf der Freiheit kämpften.(...) Meine Herren, die Weltordnung wird nicht anders, und es wird eben, wenn man nicht das verschweigen will, was ein jeder weiß, doch immer verschiedene Schichten in der menschlichen Gesellschaft geben. (...) Sollen nicht die Gebildeten es sein, die in den künftigen deutschen Parlamenten votieren [abstimmen]? (...) Wenn Sie das Wahlrecht an irgendeinen Besitz, und sei er ein kleiner nur, binden, dann erst werden Sie am besten beruhigend auf die Arbeiterklassen wirken, indem diese dann, wenn sie wirklich einen Wert auf ein politisches Recht legen, durch Fleiß und Tätigkeit einen Besitz zu erlangen suchen werden, der sie zur Ausübung des Stimmrechts befähigt (...).

*Zit. nach: Geschichte in Quellen, Bd. 4.2: Das bürgerliche Zeitalter 1815–1914, bearbeitet von G. Schönbrunn. München 1980, S. 207 f.*

**Q4** *Der Abgeordnete August E. Pfeiffer:*
Ich kenne nur eine Selbständigkeit und das ist die Selbständigkeit der Gesinnung. Die ist allerdings ein sehr erwünschtes Erfordernis bei Ausübung des Wahlrechts. (...) Kein Lebensverhältnis, kein Beruf enthält an sich eine Bürgschaft selbständiger Gesinnung, am wenigsten oft die der höher Gestellten. (...) Ich war wenige Tage nach jener furchtbaren Katastrophe in Berlin unter den Verwundeten, ich stand unter der langen Reihe der Leichen, diesen Opfern der verblendeten Politik. Hierher hatten die privilegierten Stände nur hie und da einen einzelnen Vertreter gesendet, wahrlich nicht die Schlechtesten seines Namens. Die überwiegend große Mehrzahl derer, die ihr Leben, ihr Blut für die Revolution, für die Sache der Freiheit und der Rechte des Volkes eingesetzt hatten – es waren eben Handwerksgehilfen, Fabrikarbeiter, Tagelöhner. (Bravo auf der Linken) Sie werden ihnen das Recht, das sie für sich und ihren Stand auf den Barrikaden erkämpft haben, nicht durch die Annahme eines Paragraphen wieder nehmen, und wenn Sie es tun, dann werfen Sie die Saat aus zu einer neuen Revolution.

*Zit. nach: Ebenda.*

**Q5** **Grundrechte des deutschen Volkes**
*Die Grundrechte wurden als Abschnitt VI, § 130 bis § 189 in die Reichsverfassung von 1849 aufgenommen:*

§ 137 Vor dem Gesetz gilt kein Unterschied der Stände. Der Adel als Stand ist aufgehoben. (...) Die Deutschen sind vor dem Gesetz gleich. (...) Die Wehrpflicht ist für alle gleich.

§ 138 Die Freiheit der Person ist unverletzlich. Die Verhaftung einer Person soll, außer im Falle der Ergreifung auf frischer Tat, nur geschehen in Kraft richterlichen, mit Gründen versehenen Befehls.

§ 139 Die Todesstrafe, ausgenommen, wo das Kriegsrecht sie vorschreibt (...), sowie die Strafen des Prangers, der Brandmarkung und der körperlichen Züchtigung sind abgeschafft.

§ 140 Die Wohnung ist unverletzlich. (...)

§ 142 Das Briefgeheimnis ist gewährleistet.

§ 143 Jeder Deutsche hat das Recht, durch Wort, Schrift, Druck und bildliche Darstellung seine Meinung frei zu äußern. (...)

§ 144 Jeder Deutsche hat volle Glaubens- und Gewissensfreiheit. (...)

§ 153 Das Unterrichts- und Erziehungswesen steht unter der Oberaufsicht des Staates. (...)

§ 161 Die Deutschen haben das Recht, sich friedlich und ohne Waffen zu versammeln.

§ 162 Die Deutschen haben das Recht, Vereine zu bilden. (...)

§ 164 Das Eigentum ist unverletzlich. (...)

§ 175 Die richterliche Gewalt wird selbständig von den Gerichten ausgeübt.

*Geschichte in Quellen, Bd. 4.2. Das bürgerliche Zeitalter. S. 228 f.*

### Fragen und Anregungen

1. Lege dar, welche Beschlüsse die Frankfurter Nationalversammlung bezüglich der Staats- und Regierungsform für Deutschland fasste und welche Probleme dabei auftraten (VT, Q2).
2. Vergleiche die Grundrechte von 1849 mit der Situation vor 1848 (Q5).
3. Vergleiche die Standpunkte zum Wahlrecht und äußere deine Meinung dazu. ➜ **Kontrovers**

# 9. Welche Grenzen soll Deutschland haben?

**Nationale Minderheiten in Preußen und Österreich**

Im 1815 in Wien gegründeten Deutschen Bund waren viele Nationen vertreten. Deshalb musste der Versuch, einen Nationalstaat der Deutschen zu schaffen, zu Konflikten mit anderen Nationen führen. Für Preußen und Österreich, die beiden Führungsmächte des Deutschen Bundes, war die Situation besonders schwierig. So gehörten die Provinzen Posen, West- und Ostpreußen zwar zum Königreich Preußen, nicht aber zum Deutschen Bund. Auch das Herzogtum Schleswig gehörte nicht zum Deutschen Bund, obgleich es überwiegend von Deutschen besiedelt wurde und nur im Norden eine dänische Minderheit lebte. Der Vielvölkerstaat Österreich musste bei einer Neuorganisation den Zerfall fürchten. Während die ungarischen, polnischen und italienischen Gebietsteile der Donaumonarchie nicht zum Deutschen Bund gehörten, brachte Österreich mit Tschechen, Slowenen, Polen, Kroaten und Italienern fast 6 Millionen Menschen anderer Nationalitäten in den Bund ein.

**„Kleindeutsche" oder „großdeutsche" Lösung?**

Die Befürworter einer „großdeutschen" Lösung stellten sich einen Nationalstaat unter Einbeziehung nur der deutschsprachigen Gebiete der Donaumonarchie vor. Die nicht deutschen Länder, beispielsweise Ungarn und Norditalien, sollten draußen bleiben. Österreich verteidigte dagegen die Einheit und Unteilbarkeit des Habsburgerreiches. Die „Kleindeutschen" wollten dagegen einen deutschen Staatsverband ohne Österreich unter preußischer Führung.
Nach langen und schwierigen Beratungen entschied sich die Nationalversammlung mit der Verfassung vom März 1849 für die kleindeutsche Lösung.

**Sprachen und Nationen in Mittel- und Osteuropa,** Geschichtskarte D1

Kontro vers

## Zwei Reden über die Zukunft Posens

**Zu einer heftigen Debatte kam es im Juli 1848 über die Frage der Zugehörigkeit des Großherzogtums Posen. Ein Drittel der Bevölkerung Posens war deutsch, zwei Drittel polnisch. Gegen den Antrag der Linken, einen unabhängigen polnischen Nationalstaat herzustellen, wurde mit 341 zu 31 Stimmen beschlossen, den größten Teil Posens in den Deutschen Bund einzugliedern.**

**Q1** *Arnold Ruge begründete den Antrag:*

Im Namen der Humanität und der Gerechtigkeit verlange ich, dass Polen wiederhergestellt werde (...). An der Ehre Deutschlands ist es, dass es die lang fortgesetzte Unterdrückung der slawischen Völker aufhebe; an der Ehre Deutschlands ist es, dass Deutschland die Freiheit nach Osten propagiere und nicht an der Grenze von Russland und Polen damit stehen bleibe. An unserer Ehre ist es, dass wir aufhören, Unterdrücker zu sein, dass wir Freunde aller befreiten Völker werden, dass wir die Italiener befreien und ihre Freunde werden und dass wir die Polen befreien und ihre Freunde werden. (...) Die Frage, die uns hier beschäftigt, ist die Rekonstituierung eines neuen Völkerrechts, die Rekonstituierung der europäischen zivilisierten Nationen.

*Geschichte in Quellen, Bd. 4.2: Das bürgerliche Zeitalter 1815–1914, bearbeitet von Günter Schönbrunn. München 1980, S. 180–182.*

**Q2** *Der Abgeordnete Wilhelm Jordan:*

Polen bloß deswegen herstellen zu wollen, weil sein Untergang uns mit gerechter Trauer erfüllt, das nenne ich eine schwachsinnige Sentimentalität. (...) Ich sage, die Politik, die uns zuruft: Gebt Polen frei, es koste, was es wolle, ist eine kurzsichtige, eine selbstvergessene Politik, eine Politik der Schwäche, eine Politik der Furcht, eine Politik der Feigheit. Es ist hohe Zeit für uns, endlich einmal zu erwachen, aus jener träumerischen Selbstvergessenheit, in der wir schwärmten für alle möglichen Nationalitäten, während wir selbst in schmachvoller Unfreiheit darniederlagen und vor aller Welt mit Füßen getreten wurden, zu erwachen zu einem gesunden Volksegoismus um das Wort einmal gerade heraus zu sagen, welches die Wohlfahrt und Ehre des Vaterlandes in allen Fragen oben anstellt. Aber dieser Egoismus, ohne den ein Volk niemals eine Nation werden kann, wird von den Polenfreunden als höchst verdammlich bezeichnet. (...) Unser Recht ist kein anderes Recht als das Recht des Stärkeren, das Recht der Eroberung. (...) Wenn wir rücksichtslos gerecht sein wollten, dann müssten wir nicht bloß Polen herausgeben, sondern halb Deutschland. Denn bis an die Saale (...) erstreckte sich vormals die Slawenwelt.

*Zit. nach: Ebenda.*

**Q3** **Schutz für nicht deutsche Minderheiten**

*Am 31. Mai 1848 erklärte die Nationalversammlung:*

(...) dass sie in vollem Maße das Recht anerkenne, welches die nichtdeutschen Volksstämme auf deutschem Bundesboden haben, den Weg ihrer volkstümlichen Entwicklung ungehindert zu gehen, und in Hinsicht auf das Kirchenwesen, den Unterricht, die Literatur und die innere Verwaltung und Rechtspflege sich der Gleichberechtigung ihrer Sprache, so weit deren Gebiete reichen, zu erfreuen (...). Das fortan einige und freie Deutschland ist groß und mächtig genug um den in seinem Schoße erwachsenen anders redenden Stämmen eifersuchtslos in vollem Maße gewähren zu können, was Natur und Geschichte ihnen zuspricht; und niemals soll auf seinem Boden weder der Slawe, noch der dänisch redende Nordschleswiger, noch der italienisch redende Bewohner Süddeutschlands, noch wer sonst, uns angehörig, in fremder Zunge spricht, zu klagen haben, dass ihm seine Stammesart verkümmert werde, oder die deutsche Bruderhand sich ihm entziehe, wo es gilt.

*Zit. nach: Geschichte in Quellen, Bd. 4.2. S. 179.*

### Fragen und Anregungen

1. Stelle anhand der Karte D1 fest, welche Sprachgruppen innerhalb des Deutschen Bundes lebten und wo Deutschsprachige außerhalb des Bundes lebten. Welchen Staaten gehörten sie an?
2. Fasse Ruges und Jordans Argumente für bzw. gegen ein unabhängiges Polen zusammen. Welche Auffassungen von Völkerrecht vertreten sie? Diskutiert, welche Auswirkungen Jordans Rede auf das deutsch-polnische Verhältnis haben konnte. ➜ **Kontrovers**
3. Nenne die Zusicherung, die die Nationalversammlung den nichtdeutschen Minderheiten machte (Q3).

# 10. Das Ende der Revolution: Bilanz und Ausblick

| | |
|---|---|
| **Juni 1848** | Ein Aufstand der Arbeiter in Paris wird niedergeschlagen. |
| **Dezember 1848** | König Friedrich Wilhelm IV. zwingt Preußen eine Verfassung auf. |
| **März 1849** | Ministerpräsident Fürst Schwarzenberg zwingt Österreich eine Verfassung auf. |
| **Mai 1849** | Dreiklassenwahlrecht in Preußen. |
| **Mai 1849** | Erhebungen für die Reichsverfassung werden niedergeschlagen. |
| **August 1849** | Die Festung Rastatt fällt, die Revolution ist zu Ende. |

**Die Reichsgründung scheitert**

Deutschland sollte nach dem Wunsch der Abgeordneten der Paulskirche eine erbliche Monarchie werden mit dem preußischen König an der Spitze eines „kleindeutschen“ Nationalstaates. Doch als Friedrich Wilhelm IV. es ablehnte, das Kaisertum aus der Hand des Volkes anzunehmen, war die Gründung eines deutschen Nationalstaates „von unten“, durch ein vom Volk gewähltes Parlament 1848 gescheitert. Auch die Volksversammlungen und Petitionen, mit denen im Mai 1849 versucht wurde, wenigstens die Anerkennung der Verfassung und der in ihr festgeschriebenen Grundrechte bei allen deutschen Regierungen zu erreichen, blieben erfolglos. Nur 29 von 39 Staaten stimmten ihr zu. Nach und nach verließen die Abgeordneten Frankfurt, resigniert, oder weil sie von ihren Regierungen zurückgerufen wurden. Das so genannte „Rumpfparlament“ aus den noch verbliebenen Parlamentariern, in dem die demokratische Linke den Ton angab, verlegte seinen Sitz nach Stuttgart. Dort wurde es im Juni 1849 durch Militär aufgelöst.

**Kampf um die Verfassung**

Die friedliche Bewegung für die Reichsverfassung schlug in einigen Staaten und Regionen, so beispielsweise in Sachsen, in der Pfalz und in Baden in gewaltsame Aufstände um. Das zu Hilfe gerufene preußische Militär ging gegen die badischen Aufständischen, die nicht nur für die Anerkennung der Reichsverfassung, sondern auch für die Schaffung einer Republik kämpften, besonders hart vor. Die deutsche Revolution endete am 23. August 1849 mit der Kapitulation der in der Festung Rastatt eingeschlossenen rund 6000 Revolutionskämpfer. 51 Todesurteile wurden vollstreckt, rund 1000 Menschen zu Gefängnis- und Zuchthausstrafen verurteilt. Tausende Badener und Badenerinnen wanderten aus, unter ihnen auch Fritz und Mathilde Anneke. Viele der „Forty-Eighters“ waren im amerikanischen Bürgerkrieg wieder aktive Freiheitskämpfer. Carl Schurz wurde sogar Innenminister der Vereinigten Staaten.

**Niederlage der Revolution in Österreich …**

Im Oktober 1848 wurden die Aufstände in Wien durch das Militär niedergeschlagen und die führenden Revolutionäre hingerichtet – so auch Robert Blum aus Köln, ein Abgeordneter der Frankfurter Nationalversammlung, der den Wiener Aufständischen zu Hilfe geeilt war. Die Empörung war groß und das Ereignis machte deutlich, wie ohnmächtig dieses Parlament war, das seinen Abgeordneten nicht retten konnte.

Ungarn hatte im April 1849 seine Unabhängigkeit erklärt, wurde aber von Österreich mit russischer Unterstützung unterworfen. Im Juni wurden die Unruhen in Prag vom Militär erstickt und im Juli siegten die österreichischen Truppen in Italien.

**… und Frankreich**

Als in Paris das gemäßigte Lager der gebildeten und besitzenden Bürger wieder die Mehrheit in der Nationalversammlung erreichte, wurden die Nationalwerkstätten als unproduktive Einrichtungen und angebliche Brutstätten für revolutionäre Gefahren geschlossen. Ein Aufstand der Arbeiter im Juni wurde niedergeschlagen. Die Zweite Republik in Frankreich bestand keine zwei Jahre. Der Präsident Louis Napoléon, eine Neffe Napoleon Bonapartes, ließ sich nach einem Staatsstreich vom 2. Dezember 1852 vom Volk das Recht bestätigen, als Napoleon III. ein Kaiserreich zu errichten.

**Wie soll es weitergehen?**

Nachdem die Revolution niedergeschlagen war, blieb zwar die Idee, einen deutschen Nationalstaat zu schaffen, lebendig, jedoch rückte das Ziel in weite Ferne. Wohl blieben in der Mehrzahl der deutschen Länder die Verfassungen bestehen, doch wurden 1851 die Frankfurter „Grundrechte des deutschen Volkes“ außer Kraft gesetzt. Ein „politischer Ausschuss“ erhielt den Auftrag, alle revolutionären Errungenschaften, vor allem die Pressefreiheit und das demokratische Wahlrecht dort, wo es gültig war, aufzuheben. Das Bundesvereinsgesetz ließ Vereine nur zu, sofern sie „die öffentliche Ordnung und Sicherheit“ nicht gefährdeten. Die Bauernbefreiung als eine der wichtigsten sozialen Errungenschaften der Revolution wurde allerdings nicht mehr zurückgenommen.

**Kompromisse sollen die Herrschaft sichern**

Um neue revolutionäre Erhebungen auszuschließen, suchten die Herrschenden nach Kompromissen. In Preußen wurden beispielsweise durch eine Verfassung einige liberale Forderungen erfüllt, doch wurde das allgemeine, gleiche und geheime Wahlrecht schon 1849 durch das bis 1918 gültige Dreiklassenwahlrecht ersetzt. Die Bevölkerung wurde in drei Klassen eingeteilt, von denen jede ein Drittel der Steuern aufbrachte und ein Drittel der Wahlmänner wählte, die dann die Abgeordneten wählten. Wenige Reiche (1849 gehörten 4,4 % der ersten Steuerklasse an) wählten also ebenso viele Abgeordnete wie die große Masse der dritten Steuerklasse, die 1849 82,6 % der Wähler ausmachte.

Q1 **Rundgemälde von Europa im August 1849**
Federlithografie von Ferdinand Schröder aus den Düsseldorfer Monatsheften von 1849.

## Das „Badische Wiegenlied“ erzählt vom Ende der Revolution

Die Revolution ist vor allem durch das kompromisslose Vorgehen Preußens in der Erinnerung der Bevölkerung noch lange gegenwärtig geblieben. Da Baden bis September 1852 unter preußischem Kriegsrecht stand, wurde beispielsweise in Liedern der Ereignisse gedacht. Sie konnten nur schwer verboten werden, zumal sich der politische Text oft hinter harmlosen, allen bekannten Melodien verbarg.

Außerdem konnten viele Menschen in der Mitte des 19. Jahrhunderts nicht lesen. Sie wurden über Bilder und Lieder in die politischen Ereignisse einbezogen. Politische Lieder wurden auf der Straße oder in Gesangvereinen und Liederkränzen gesungen. Sie sind wichtige historische Quellen, weil sie zum einen zeigen, dass die Menschen auch in Zeiten der Zensur nicht völlig zum Schweigen gebracht werden können, und weil sie uns zum anderen über ihren Protest und ihre Hoffnungen informieren.

Zur Interpretation eines Liedes sind Text und Melodie gleichermaßen wichtig. Für die Interpretation eines Liedtextes gelten die gleichen Schritte und Überlegungen wie für die Interpretation jeder normalen Textquelle. Da der Text in Strophen und Gedichtform geschrieben ist, sind jedoch weitere Fragen an den Text zu stellen, die etwa die Stropheneinteilung oder den Refrain betreffen.

Am Beispiel des „Badischen Wiegenliedes“ kannst du üben, wie man ein historisches Lied zum Sprechen bringen kann.

### Methodische Arbeitsschritte:

1. Fasse die zentrale Aussage jeder Strophe zusammen.
2. Ordne die Informationen des Liedes in ihren historischen Zusammenhang ein.
3. Stelle fest, wer das Lied geschrieben hat (Autor) und zu welcher Melodie es gesungen wurde.
   Ihr könnt in Büchern über historische Lieder nachsehen oder im Internet. Bei Informationen aus dem Internet ist es immer wichtig, dass man weiß, von wem sie kommen.
4. Überlege, welchen Standpunkt der Autor zu den besungenen Ereignissen hatte.
5. Charakterisiere die Sprache des Liedtextes.
6. Überlege, wer das Lied gesungen haben mag und welche politische Einstellung man mit dem Singen des Liedes zeigen wollte.
7. Überlege, ob sich die Stimmung des Liedes von der ersten bis zur letzten Strophe ändert. Benennt Merkmale, die die Stimmung beschreiben. Beziehe in deine Überlegungen auch den Refrain mit ein.
8. Hör dir das Lied an. Um die Wirkung des Liedes zu ermitteln, ist es hilfreich, ein „Polaritätsprofil“ zu erstellen.
   Dazu sollst du beim Hören die Fragen beantworten:
   Ist das Lied eher

| | sehr | ziemlich | ein wenig | ein wenig | ziemlich | sehr | |
|---|---|---|---|---|---|---|---|
| froh | | | | | | | traurig |
| düster | | | | | | | sorglos |
| lebhaft | | | | | | | müde |
| beruhigend | | | | | | | anregend |
| sorglos | | | | | | | jammervoll |
| gehemmt | | | | | | | schwungvoll |
| vergnügt | | | | | | | ernst |
| kräftig | | | | | | | gedämpft |

9. Überlege nun, wie Text und Melodie zusammenpassen. Charakterisiere die musikalischen Mittel, die dazu dienen sollen, die Aussage des Textes zu unterstreichen.

Q2

2. Schlaf, mein Kind, schlaf leis,
dort draußen geht der Preuß!
Zu Rastatt auf der Schanz,
da spielt er auf zum Tanz,
da spielet er mit Pulver und Blei,
so machet er alle Badener frei.
Schlaf, mein Kind, schlaf leis,
dort draußen geht der Preuß!

3. Schlaf, mein Kind, schlaf leis,
dort draußen geht der Preuß!
Der Preuß hat eine blut'ge Hand,
die streckt er über's ganze Land.
Wir alle müssen stille sein,
als wie der Vater unterm Stein,
schlaf, mein Kind, schlaf leis,
dort draußen geht der Preuß!

*Strophe 1 und 4: siehe links*

**Die Aussage zusammenfassen**

Der „Preuß" hat die junge Familie zerstört. Der Vater wurde im Freiheitskampf getötet, wodurch der Ernährer der Familie ausfiel und Mutter und Kind in armen Verhältnissen leben müssen.

**In den historischen Zusammenhang einordnen**

Die Aufständischen hatten sich in der Rastatter Festung verschanzt, wo das überlegene preußische Militär sie schließlich besiegte. Das Freiheitsversprechen der Märztage wurde nicht eingelöst, sondern die Freiheit bestand nun im Tod. Nach den Erfahrungen müssen sich nun alle so still verhalten wie der Vater in seinem Grab. Es besteht jedoch die Hoffnung, dass die vorerst begrabene Freiheit eines Tages tatsächlich erlangt wird und dann wird auch der „Preuße" im Kampf besiegt werden.

**Informationen über den Autor finden**

Autor des „Badischen Wiegenliedes" ist der Schwabe Ludwig Pfau. Pfau wurde 1821 in Heilbronn geboren. Er besuchte das Gymnasium und studierte in Paris, Heidelberg und Tübingen. Zur Zeit der Revolution von 1848 gab er das satirische Wochenblatt „Eulenspiegel" heraus. Württembergische Gerichte warfen ihm vor, den Umsturz anzustreben. Nach der gescheiterten Badischen Revolution im Juli 1849 emigrierte er in die Schweiz. Dort ist das Lied entstanden. 1863 kehrte Pfau nach Stuttgart zurück. Er starb 1894.

**Den Standpunkt des Autors erkennen und die Sprache des Textes charakterisieren**

Pfau verurteilt deutlich die militärische Gewalt und Unterdrückung, die von Preußen ausging und zur Entstehungszeit des Liedes immer noch anhielt. In der Sprache spiegeln sich die Gegner des Konflikts wider: auf der einen Seite Stille, leiser, unschuldiger Schlaf und Tod, auf der anderen Seite blutige, todbringende Aggressivität, die zudem unter dem heuchlerischen Vorwand, etwas Gutes zu bringen (Tanz, Freiheit) daherkommt. Der Kontrast zu den Märzversprechungen wird hier aufgegriffen.

**Wer hat das Lied gesungen und welche Stimmung wurde damit zum Ausdruck gebracht?**

Das Lied wird von allen gesungen worden sein, die wie Pfau Opfer der preußischen Politik waren und sich von der Revolution Freiheit erhofft hatten.
Allein in dem Text wird der Stimmungswechsel schon deutlich, laut und leise werden neu zugeordnet: Das Kind braucht nicht mehr leise zu sein, sondern darf, soll schreien, während der „Preuße" – besiegt – dem so gerächten toten Vater in das stille Grab folgen wird. Das spiegelt sich auch in der Melodie wider. Du kannst dir das Lied anhören unter: http://ingeb.org/Lieder/schlafms.html (13.06.2006)

Die Deputation der Kaiserlinge,

wie sie abfährt nach Berlin. | wie sie zurückkehrt nach Frankfurt.

**Q3 Die Deputation der Kaiserlinge**
Karikatur im satirischen Wochenblatt „Eulenspiegel“, 1849.

**Q4 „Die Krone ist ernstlich keine Krone“**

*Am 13. Dezember 1848, einige Monate bevor ihm die Krone als „Kaiser der Deutschen“ angeboten wurde, schrieb Friedrich Wilhelm IV. an seinen Freund Freiherr von Bunsen:*

Ich will weder der Fürsten Zustimmung zu *der* Wahl noch *die* Krone. Verstehen Sie die markierten Worte? (…) *Die* Krone ist enstlich [letztlich] keine Krone. Die Krone, die ein Hohenzoller nehmen dürfte, *wenn* die Umstände es möglich machen *könnten*, ist (…) eine, die den Stempel Gottes trägt, die den, dem sie aufgesetzt wird nach der heiligen Ölung von „Gottes Gnaden“ macht. (…) *Die* aber, die Sie – leider meinen, verunehrt überschwänglich mit ihrem Ludergeruch der Revolution von 1848, der albernsten, dümmsten, schlechtesten –, wenn auch, Gottlob, nicht bösesten dieses Jahrhunderts. Einen solchen imaginären Reif, aus Dreck und Letten gebacken, soll ein legitimer König von Gottes Gnaden und nun gar der König von Preußen sich geben lassen? (…) ich sage es Ihnen rund heraus: Soll die tausendjährige Krone deutscher Nation, die 42 Jahr geruht hat, wieder einmal vergeben werden, so bin ich es und meines Gleichen, die sie vergeben werden. Und wehe dem, der sich anmaßt, was ihm nicht zukommt.

*W. Grab (Hg.): Die Revolution von 1848/49. Eine Dokumentation. Stuttgart 1998, S. 175.*

**Q5 Männer fürchten den Einfluss der Frauen**

*Nach § 8 des preußischen Vereinsgesetzes von 1850 war es „Frauenspersonen, Schülern und Lehrlingen“ verboten, Mitglieder in Vereinen zu sein oder an ihren Versammlungen teilzunehmen, „welche bezwecken, politische Gegenstände zu erörtern“. W. Lüders veröffentlichte in der „Frauen-Zeitung“ von Louise Otto-Peters im Mai 1850 einen Beitrag zum Thema „Die Frauen und das preußische Vereinsgesetz“:*

Dass das Ministerium (…) gute Gründe hatte, die Frauen von dem Besuche der Vereine auszuschließen, durch Unterdrückung der Menschenrechte der Frauen für die Staatsrettung zu wirken, liegt auf der Hand. Ja, diese konstitutionell-preußischen Staatsretter fürchten den Einfluss, die Bedeutung, die Gewalt der Frauen über die Männer, sie fürchten die Begeisterung, den Enthusiasmus, die hingebende Aufopferung der Frauen. Die Geschichte sagt diesen preußischen Staatsrettern, dass die Frauen aller Nationen bei ihrer leichten Empfänglichkeit für neue Ideen, bei ihrer Auffassungsgabe, bei der Begeisterung, deren sie fähig sind, in Revolutionen und weltbewegenden, das Alte umstürzenden Krisen von großem Einfluss gewesen sind. So in der englischen und Französischen Revolution; (…) Die preußischen Staatsretter fürchten mit Recht dasselbe von den deutschen Frauen. Sie hoffen dies zu verhindern, indem sie die Frauen von der Teilnahme an dem öffentlichen Leben ausschließen, sie aus den Vereinen verbannen, sie zu klösterlicher Abgeschiedenheit verdammen, in Küche und Kinderstube kasernieren. Durch diese Zurücksetzung, durch diese Misshandlung des schönen Geschlechts haben die preußischen Staatsretter im Grunde nur sich selbst blamiert (…).

*Zit. nach: U. Gerhard u. a. (Hg.): „Dem Reich der Freiheit werb ich Bürgerinnen“. Die Frauen-Zeitung von Louise Otto. Frankfurt a. M. 1997, S. 256 f.*

Kontro vers

## Ist die Revolution gescheitert?

**In der Geschichtswissenschaft wird wie unmittelbar nach 1849 immer noch die Frage diskutiert, ob die Revolution gescheitert ist.**

**D1** *Dieter Langewiesche vertritt die Ansicht:*
Die europäischen Revolutionen scheiterten, doch sie blieben nicht folgenlos. Die Bauernbefreiung überdauerte das Ende der Revolutionen und die Arbeiterschaft hatte einen Politisierungsprozess erfahren, der nicht mehr rückgängig zu machen war. (...) Zu den Lernerfahrungen (...), die die europäischen Arbeiter in den Revolutionsjahren machten, gehört auch die Erkenntnis, dass ihre Forderungen nach sozialen Reformen und nach voller staatsbürgerlicher Gleichberechtigung von großen Teilen des Bürgertums abgelehnt wurde. Und das Bürgertum nahm als prägende Erfahrung aus den Revolutionsjahren mit, dass sich die zu politischem Selbstbewusstsein erwachte Arbeiterschaft nicht mehr patriarchalisch lenken (...) ließ.

*D. Langewiesche: Europa zwischen Restauration und Revolution. München 1985, S. 111.*

**D2** *Heinrich August Winkler urteilt 1998:*
Die Konstitutionalisierung [Einführung einer Verfassung] Preußens ist einer der Gründe, weshalb das gängige Urteil, die Revolution von 1848 sei rundum gescheitert, zu kurz greift. Gescheitert ist die Revolution gemessen an ihrem Doppelziel: der Freiheit und Einheit Deutschlands. Weder wurde Deutschland ein freiheitlicher Nationalstaat, noch konnte sich der Liberalismus in den Einzelstaaten behaupten. Doch seit 1848 war sehr viel klarer, als zuvor, was „Deutschland" politisch und geografisch bedeutete. (...)
Die „Kleindeutschen", vor 1848 eine kleine Minderheit, hatten kräftig an Boden gewonnen. Die Erfahrungen von 1848 waren notwendig, um im gemäßigten Liberalismus ein einigermaßen realistisches Bild von den Grenzen eines deutschen Nationalstaates durchzusetzen.

*H. A. Winkler: Der überforderte Liberalismus. Zum Ort der Revolution von 1848/49 in der deutschen Geschichte. In: Wolfgang Hardtwig (Hg.): Revolution in Deutschland und Europa 1848/49. Göttingen 1998, S. 197.*

**Q6** **„Ich habe die Freiheitsluft geatmet"**
*Der Diplomat und Schriftsteller Karl August Varnhagen von Ense schrieb nach der Revolution:*
Ich habe als Knabe die französische Freiheit erlebt, als Greis die deutsche, was will ich mehr? Den Trost kann mir nichts mehr nehmen, ich habe doch einmal in vollen Zügen die Freiheitsluft geatmet, die ganze Kräftigung empfunden, das war im vorigen Sommer, jeden Morgen erwacht ich mit diesem Gefühl der Freiheit; keine Behörde, keine Polizei, keine elenden Scherereien, der Mensch galt als solcher, jeder sagte und tat, was er meinte und wie ordentlich, wie sittlich, wie zutraulich und wie freudig war alles! Ich hab es genossen und danke Gott noch jeden Tag dafür!

*Zit. nach: L. Gall (Hg.): 1848 Aufbruch zur Freiheit. Ausstellungskatalog. Frankfurt a. M. 1998, S. 377.*

### Fragen und Anregungen

1. Liste in einer Tabelle Ziele, Ergebnisse und Errungenschaften der Revolution auf. Unterscheide dabei nach einzelnen Bevölkerungsgruppen.
2. Gib mit eigenen Worten wieder, wie Friedrich Wilhelm IV. auf seine Wahl zum deutschen Kaiser reagierte (VT, Q4). Vergleiche seine Haltung mit der Proklamation im März 1848 (Q6, S. 34).
3. Beschreibe und erkläre die Karikatur Q3. Beachte besonders Gesichtsausdruck und die Haltung der dargestellten Personen. Vergleiche mit Q2, S. 38.
4. Fasse zusammen, aus welchen Gründen nach Ansicht der Autorin Frauen aus dem öffentlichen und politischen Leben ausgeschlossen wurden. Wie bewertet die Autorin diese Politik? Charakterisiere Sprache und „Ton" des Artikels (Q5).
5. Diskutiert über die Bestimmungen des preußischen Vereinsgesetzes (Q5).
6. Werte die Karikatur Q1 aus. Beachte dabei Figuren, Handlungen und Gegenstände, die der Zeichner einzelnen europäischen Staaten zuordnet. Wie beurteilt der Zeichner die Situation? Gib der Karikatur einen treffenden Titel.
7. Lege dar, wie die Historiker Langewiesche und Winkler die Revolution einschätzen. ➜ **Kontrovers** Vergleiche ihre Aussagen mit der Einschätzung des Zeitzeugen Varnhagen von Ense (Q6).
8. Das „Badische Wiegenlied" wird auch nach der Melodie „Schlaf, Kindlein, schlaf" gesungen. Begründe warum. Singt das Lied nach beiden Melodien und vergleicht.

# 11. Preußen erringt die Vorherrschaft in Deutschland

| | |
|---|---|
| **1850/51** | Der Deutsche Bund wird wieder errichtet. |
| **1862** | Der preußische König ernennt Bismarck zum Ministerpräsidenten. |
| **1866** | Preußen besiegt Österreich und der Deutsche Bund wird aufgelöst. |

**Preußischer Offiziershelm** Q1
Die Pickelhaube wurde zum Symbol für die preußische Vorherrschaft.

**Nach dem Scheitern der Revolution**

Fast überall in Deutschland kam es nach 1849 zur Rückkehr der alten Ordnung. Adel und Militär gaben wieder den Ton an. Viele Liberale emigrierten, um z. B. in den USA ein freieres Leben führen zu können. In Preußen entschloss sich der König, Zugeständnisse zu machen und erließ ohne parlamentarische Mitwirkung eine Verfassung, die daher „oktroyiert" (aufgezwungen) genannt wurde. Nun gab es zwar ein Abgeordnetenhaus, die Regierung wurde aber weiterhin allein vom König ernannt, und das Wahlrecht war an Einkommen und Vermögen gebunden. In Österreich wurde ein anderer Weg beschritten: Kaiser Franz Joseph hob die 1849 oktroyierte Verfassung 1851 ersatzlos auf und regierte in den folgenden Jahren absolutistisch.
Die Hoffnung auf ein vereintes Deutschland blieb jedoch lebendig. Österreich und Preußen verfolgten dabei immer stärker unterschiedliche Ziele: Ihr Dualismus (= Konkurrenzverhältnis) bestimmte die folgenden Jahre. 1850 scheiterte der Versuch Preußens, Deutschland als „Fürstenunion" zu einigen, am Widerstand Österreichs und Russlands, die mit Krieg drohten. Schließlich wurde der Deutsche Bund in alter Form wieder errichtet. Später versuchte Bayern, die Führung aller kleineren und mittleren deutschen Staaten zu übernehmen. So sollte ein „drittes Deutschland" ein Gegengewicht zu den beiden Großmächten bilden. Auch dieses Ziel wurde nicht erreicht, weil die Interessen zwischen den Klein- und Mittelstaaten zu verschieden waren.

**Der Konfliktkurs Bismarcks**

Seit 1861 hatte Preußen einen neuen König: Wilhelm I. Dieser kündigte zunächst eine liberalere Politik an. Doch dann kam es wegen einer notwendigen Reform des Heeres zum Konflikt mit dem Abgeordnetenhaus, in dem die Liberalen eine Mehrheit hatten. Diese forderten eine Verkürzung der Wehrdienstzeit von drei auf zwei Jahre. Wilhelm weigerte sich, dieser Forderung zuzustimmen. Lieber wollte er abdanken, als das Parlament über militärische Fragen bestimmen zu lassen. Auf Vorschlag seines Kriegsministers ernannte er den preußischen Gesandten in Paris, Otto von Bismarck, zum Ministerpräsidenten. Bismarck versprach dem König, die Heeresreform durchzuführen und dazu notfalls Geld ohne Zustimmung des Parlamentes auszugeben. Genauso kam es. Damit hatte die Regierung die Verfassung gebrochen.

**Krieg mit Dänemark …**

Unter Bismarcks Führung begann Preußen wie schon 1850 das Ziel einer kleindeutschen Einigung ohne Österreich zu verfolgen. Bismarck näherte sich hier den Forderungen nach einem deutschen Nationalstaat an. Dabei war es von Vorteil, dass Preußen mittlerweile zum führenden Industriestaat Deutschlands geworden war. Günstig

war auch, dass Russland seit den 1850er Jahren mit Österreich verfeindet und daher nicht mehr bereit war, zugunsten Österreichs einzugreifen. Zunächst arbeiteten die beiden deutschen Großmächte aber noch zusammen: Als der dänische König die Einverleibung des nur zum Teil von Dänen bewohnten Herzogtums Schleswig betrieb, griffen Österreich und Preußen 1864 gemeinsam ein und zwangen Dänemark, die drei Herzogtümer Schleswig, Holstein und Lauenburg abzutreten.

**... und Österreich**

1866 kam es zum Krieg zwischen Preußen und Österreich. Auslöser war ein Streit über die Zukunft Schleswigs und Holsteins. Die eigentliche Ursache war jedoch das verschärfte Ringen der beiden Großmächte um die Vorherrschaft in Deutschland. Der Krieg zersprengte den Deutschen Bund. Fast alle süddeutschen Bundesstaaten kämpften auf Seiten Österreichs, während die kleineren norddeutschen Staaten, bis auf Hannover, für Preußen Partei ergriffen. England, Russland und Frankreich verhielten sich abwartend neutral. Überraschend schnell wurde Österreich am 3. Juli 1866 in der Schlacht von Königgrätz geschlagen. Nun betrieb Bismarck einen schnellen Friedensschluss, auch um ein Eingreifen Frankreichs oder Englands zu verhindern. Am 26. Juli einigten sich Preußen und Österreich: Österreich zog sich aus Deutschland zurück. Im Gegenzug verzichtete Preußen auf Gebietsabtretungen durch Österreich.

**Deutschland wird neu geordnet**

Nach dem Friedensvertrag mit Österreich hatte Preußen nördlich der Mainlinie freie Hand. Hannover, Kurhessen, Nassau und Frankfurt a. M. wurden annektiert. Nur Sachsen blieb verschont, weil sich Frankreich und Österreich für dessen Unabhängigkeit einsetzten. Der Deutsche Bund wurde aufgelöst und Preußen gründete einen „Norddeutschen Bund". Die süddeutschen Staaten blieben zunächst unabhängig, schlossen aber geheime Schutz-und Trutz-Bündnisse mit Preußen. Die außenpolitischen Erfolge Bismarcks führten zur Spaltung der liberalen und nationalen Bewegung, und zwar in einen nationalliberalen Teil, der Bismarck unterstützte, und einen linksliberalen Teil, der weiterhin die Politik Bismarcks ablehnte und eine parlamentarische Regierung anstrebte. Mit Hilfe der neu gegründeten „Nationalliberalen Partei" konnte Bismarck nun auch den Verfassungskonflikt beenden: Das preußische Abgeordnetenhaus gestand der Regierung nachträglich „Indemnität" (Billigung) für die Jahre der Regierung ohne parlamentarische Zustimmung zu.

**Q2 Schlacht bei Königgrätz**
Gemälde von Christian Sell, 1866. In der Bildmitte Wilhelm I., rechts von ihm General von Moltke, hinter ihm Bismarck, links neben ihm Kronprinz Friedrich Wilhelm. Zum Sieg Preußens trug bei, dass man die Truppen mit der Eisenbahn schnell ins Aufmarschgebiet verlegen konnte. Hinzu kam die waffentechnische Überlegenheit durch Zündnadelgewehre. 25 000 Österreicher und 9000 Preußen fielen in der Schlacht.

**Q3 Otto von Bismarck als preußischer Ministerpräsident**

Zeitgenössische Fotografie. Otto v. Bismarck (1815–1898) war nach seinem Jurastudium zunächst im Staatsdienst tätig. 1838 entschloss er sich, die Bewirtschaftung der väterlichen Landgüter in Pommern zu übernehmen. 1848/49 war Bismarck ein leidenschaftlicher Gegner der Revolution. 1849 wurde er in das preußische Abgeordnetenhaus gewählt. Ab 1851 hatte er hohe diplomatische Posten als preußischer Gesandter am Bundestag in Frankfurt, in St. Petersburg und in Paris inne. Ab 1862 war er preußischer Ministerpräsident und Außenminister, ab 1871 auch Reichskanzler des Deutschen Reiches. Bismarck behielt seine Ämter bis 1890.

### Dualismus

(von lt. duo=zwei) bezeichnet die Konkurrenz zweier Mächte in einem Bund oder Staatensystem. Beide Mächte können ein friedliches, auf Ausgleich ausgerichtetes Verhältnis anstreben wie Preußen und Österreich 1815–1848. Sie können aber auch um die Vorherrschaft streiten, bis hin zu kriegerischen Auseinandersetzungen (wie zwischen Preußen und Österreich seit 1848).

**Q4 Kommt es unter einen Hut? Ich glaube, es kommt eher unter eine Pickelhaube!**

Karikatur von 1864 aus der satirischen Zeitschrift „Kladderadatsch“.

**Q5 Wie werden große Fragen der Zeit entschieden?**

*Nur eine Woche nach seiner Ernennung zum Ministerpräsidenten 1862 ließ sich Bismarck gegenüber Abgeordneten zu folgenden Aussagen hinreißen:*

Nicht auf Preußens Liberalismus sieht Deutschland, sondern auf seine Macht: Bayern, Württemberg, Baden mögen den Liberalismus indulgieren [dulden, Nachsicht üben], darum wird ihnen doch keiner die Rolle Preußens anweisen; Preußen muss seine Kraft zusammenfassen und zusammenhalten auf den günstigen Augenblick, der schon einige Male verpasst ist; Preußens Grenzen nach den Wiener Verträgen sind zu einem gesunden Staatsleben nicht günstig; nicht durch Reden und Majoritätsbeschlüsse [Mehrheitsbeschlüsse] werden die großen Fragen der Zeit entschieden – das ist der große Fehler von 1848 und 1849 gewesen – sondern durch Eisen und Blut.

*Zit. nach: L. Gall (Hg.): Bismarck. Die großen Reden. Berlin 1981, S. 62 f.*

**D1** **Deutschland 1866,** Geschichtskarte

**D2** **Deutschland nach1866,** Geschichtskarte

### Q6 Folgen der Annexionspolitik Bismarcks

*Freiherr von Hodenberg, der letzte Kultusminister des von Preußen annektierten Königreichs Hannover, beschreibt 1867 seine Gefühle:*

[Wir sind] antipreußisch, denn wir haben keinen anderen Feind als Preußen; Preußen ist uns die Revolution, hat uns unsern König, unsere Selbständigkeit, unsere Verfassung, unsere Gesetze und Einrichtungen, unsere blühenden Finanzen [geraubt...] Wir sind durchaus in der Lage Preußens von 1806–1813 (...). Keine Einheit Deutschlands kann uns je wiederbringen, was wir verloren! (...) Wir sind aber auch welfisch royalistisch: Wir können nicht anders, die Welfen sind unsre Könige von Gottes Gnaden, wir sind ihnen Treue schuldig, gerade jetzt in der Zeit der Not. (...) Die Besten rüsten sich mit Geduld auf den langen Kampf, der mit der Befreiung enden muss.

*Zit. nach: W. Lautemann/M. Schlenke (Hg): Geschichte in Quellen. Das bürgerliche Zeitalter 1815–1914. München 1980, S. 348.*

### Q7 Wie soll die Einigung Deutschlands aussehen?

*1861 gründeten demokratische und liberale Politiker die „Deutsche Fortschrittspartei" als Sammelbecken der liberalen Opposition. In ihrem Gründungsprogramm heißt es:*

Wir sind einig in der Treue für den König und in der festen Überzeugung, dass die Verfassung das unlösbare Band ist, welches Fürst und Volk zusammenhält. Bei den großen und tief greifenden Umwälzungen in dem Staatensysteme Europas haben wir aber nicht minder die klare Einsicht gewonnen, dass die Existenz und die Größe Preußens abhängt von einer festen Einigung Deutschlands, die (...) ohne gemeinsame deutsche Volksvertretung nicht gedacht werden kann. Für unsere inneren Einrichtungen verlangen wir eine feste liberale Regierung, welche ihre Stärke in der Achtung der verfassungsmäßigen Rechte der Bürger sieht (...).

*Zit. nach: Deutsche Geschichte in Quellen und Darstellung. Bd. 7: Vom Deutschen Bund zum Kaiserreich 1815–1871. Stuttgart 1997, S. 415.*

## Fragen und Anregungen

1. Untersuche, welches Bild von Bismarck dem Betrachter vermittelt wird (Q3). Suche nach weiteren Abbildungen Bismarcks und werte diese aus: Welche Entwicklung lässt sich erkennen?
2. Entwickle Entwürfe für „Wahlplakate", mit denen für das Programm der Deutschen Fortschrittspartei geworben werden könnte (Q7).
3. Welche Ziele treten nach 1866 für die Nationalliberalen, die Bismarck unterstützen, in den Vordergrund, welche in den Hintergrund (VT, D1, D2)?
4. Formuliere mithilfe des VT und Q5 eine Gegenrede zu Bismarcks Äußerungen. Beziehe dabei den Eindruck ein, den die Abgeordneten vom neuen Ministerpräsidenten haben mussten.
5. Beschreibe die Wirkung, die das Bild Q2 beim Betrachter erreichen konnte.
6. Vergleiche die Aussage der Karikatur Q4 mit der Darstellung in Q7 und D1.
7. Begründe die antipreußische Einstellung v. Hodenbergs (Q6).

# 12. Der Deutsch-Französische Krieg und die Gründung des Deutschen Reiches

| | |
|---|---|
| **1870/71** | Krieg zwischen Deutschland und Frankreich. |
| **18. Januar 1871** | Das Deutsche Reich wird gegründet. |

**Siegessäule in Berlin** Q1
Sie wurde am 2. September 1873, dem 3. Jahrestag der Schlacht von Sedan zur Erinnerung an die Kriege von 1864, 1866 und 1870/71 eingeweiht.

### Spannungen zwischen Preußen und Frankreich

Frankreich war seit längerem daran interessiert, die linksrheinischen Gebiete Deutschlands zu annektieren. Bereits 1840 hatte die Regierung die „Rheingrenze" gefordert. Als 1866 nach dem preußisch-österreichischen Krieg der Deutsche Bund zerbrach, schien die Gelegenheit für die erneute Forderung günstig zu sein. Doch Preußen als neue Führungsmacht in Deutschland lehnte die französischen Ansprüche ab. Die Spannungen zwischen den beiden Staaten wuchsen. Im Sommer 1870 spitzte sich die Situation zu: Prinz Leopold von Hohenzollern-Sigmaringen aus einer Nebenlinie der in Preußen regierenden Hohenzollern war die verwaiste Krone Spaniens angeboten worden. Frankreich fühlte sich nun von „Preußen umzingelt" und drohte mit Krieg. Angesichts dieser Situation verzichtete Leopold auf die spanische Krone. Damit hatte Frankreich einen diplomatischen Erfolg erzielt.

### Der Deutsch-Französische Krieg

Napoleon III. gab sich damit nicht zufrieden. Er beauftragte seinen Botschafter Benedetti, nach Bad Ems zu fahren, wo sich der preußische König zur Kur aufhielt. Dort forderte Benedetti von Wilhelm, sich für alle Zukunft zu verpflichten, niemals wieder der Kandidatur eines Hohenzollern für den spanischen Thron zuzustimmen. Dieses weitreichende Ansinnen lehnte der König ab. Bismarck provozierte Frankreich nun, indem er die französische Forderung und die Reaktion des Königs durch die Kürzung eines telegrafischen Berichts („Emser Depesche") so zuspitzte, dass sich Frankreich in seiner nationalen Ehre gekränkt sah und am 19. Juli 1870 Preußen den Krieg erklärte. Diese Kriegserklärung stieß bei den anderen europäischen Großmächten auf Unverständnis. England, Russland und Österreich erklärten sich für neutral. Gleichzeitig erwachte das deutsche Nationalbewusstsein. Alle süddeutschen Staaten sahen den Bündnisfall gegeben und unterstellten ihre Armeen der preußischen Führung.
Die Mehrzahl der Militärexperten rechnete mit einem Sieg Frankreichs. Es kam jedoch anders: Frankreich war schlecht gerüstet, und seine Generäle waren sich in vielen Fragen nicht einig. Die deutschen Truppen wurden sehr schnell offensiv und nutzten die Transportmöglichkeiten der Eisenbahn für den Einmarsch nach Frankreich. Mehrere französische Armeen wurden eingeschlossen und mussten schließlich kapitulieren. Kaiser Napoleon III. geriet in Kriegsgefangenschaft. In Frankreich wurde eine Republik ausgerufen, die den Krieg weiterführte.

### Die Gründung des Deutschen Reiches

Der gemeinsame Krieg gegen Frankreich rief in Deutschland eine Welle nationaler Begeisterung hervor. Allerdings waren nicht alle süddeutschen Staaten bereit, ihre Unabhängigkeit aufzugeben. Zunächst schlossen sich Baden und Hessen dem

Norddeutschen Bund an. Erst nachdem sie Sonderrechte ausgehandelt hatten, die ihrem eigenstaatlichen Bewusstsein entgegenkamen, folgten auch die Königreiche Bayern und Württemberg.
Doch wer sollte an der Spitze des neuen Staates stehen? Bismarck gelang es (auch mit Hilfe einer geheim gehaltenen „Finanzspende"), den bayerischen König Ludwig zu veranlassen, im Namen aller deutschen Fürsten einen Brief an den preußischen König zu schreiben und ihm darin die Kaiserwürde anzutragen. Am 18. Januar 1871 wurde Wilhelm im Spiegelsaal von Versailles zum deutschen Kaiser ausgerufen. Währenddessen ging der Krieg weiter. Die deutschen Truppen belagerten Paris. Schließlich musste sich Frankreich geschlagen geben. Im Friedensvertrag verpflichtete es sich, fünf Milliarden Francs als Kriegsentschädigung zu zahlen und das Elsass sowie große Teile von Lothringen an Deutschland abzutreten.

**Bismarcks Alptraum** Q2
Französische Lithografie, 1870.

D1 **Deutschland in den Grenzen von 1871,** Geschichtskarte

### Q3 Die deutsche Revolution?

*Der britische Oppositionsführer Disraeli sagte in einer Rede am 9. Februar 1871 über den deutsch-französischen Krieg:*

Dieser Krieg bedeutet die deutsche Revolution, ein größeres politisches Ereignis als die französische des vergangenen Jahrhunderts (...) Das Gleichgewicht der Macht ist völlig zerstört; und das Land, welches am meisten darunter leidet und welches die Wirkungen dieses großen Wechselns am meisten zu spüren bekommt, ist England.

*Zit. nach: W. Lautemann/M. Schlenke (Hg): Geschichte in Quellen. Das bürgerliche Zeitalter 1815–1914. München 1980, S. 376 f.*

### Q4 Bismarck begründet die Annexion Elsass-Lothringens

*Aus einer Reichstagsrede vom 2. Mai 1871:*

Jedermann erinnerte sich, dass unter unseren Vätern seit dreihundert Jahren wohl schwerlich eine Generation gewesen ist, die nicht gezwungen war, den Degen gegen Frankreich zu ziehen (...) Die Kriege mit Frankreich hatten im Laufe der Jahrhunderte, da sie vermöge der Zerissenheit Deutschlands fast stets zu unserem Nachteil ausfielen, eine geografisch-militärische Grenzbildung geschaffen, welche an sich für Frankreich voller Versuchung, für Deutschland voller Bedrohung war. (...) [Die Annexion ist notwendig, um] diese Landstriche mit ihren starken Festungen vollständig in deutsche Gewalt zu bringen, (...) um den Ausgangspunkt etwaiger französischer Angriffe um eine Anzahl von Tagesmärschen weiter zurückzulegen, wenn Frankreich (...) uns den Handschuh wieder hinwerfen sollte.

*Zit. nach: W. Lautemann/M. Schlenke (Hg): Geschichte in Quellen. Das bürgerliche Zeitalter 1815–1914. München 1980, S. 375 f.*

### D2 War die Annexion Elsass-Lothringens ein Fehler?

*Das Urteil des Historikers Thomas Nipperdey, 1995:*

Man kann dennoch fragen (...) ob die verhängnisvolle Folge der Annexion, die bleibende Vergiftung des deutsch-französischen Verhältnisses, bei Nicht-Annexion wäre vermieden worden. Das ist nicht mit Sicherheit zu beantworten. (...) Der Historiker mag urteilen, dass im Zeitalter des Nationalismus und des nationalen Prestiges Ausgleich und Versöhnung (...) unwahrscheinlich waren, auch wenn es keine Territorialverschiebungen gegeben hätte. (...) Kurz, es ist nicht sehr wahrscheinlich, dass sich das deutsch-französische Verhältnis ohne Annexionen (...) anders entwickelt hätte, positiver (...). In Europa war das wichtigste Kriegsereignis, die Reichsgründung, als legitim anerkannt, man konnte sich damit arrangieren. Beliebt war sie nicht, dazu hatte die Annexionsfrage das ihre beigetragen. Die ursprüngliche Hoffnung auf eine Stabilisierung des mitteleuropäischen Unruheherdes (...) wurde von der Sorge vor den Ambitionen einer neuen Großmacht überlagert.

*Th. Nipperdey: Deutsche Geschichte 1866–1918. Bd. 2 Machtstaat vor der Demokratie. München 1995, S. 73 ff.*

### Q5 Begeisterung über die Reichsgründung

*Als die Nachrichten vom Friedensschluss mit Frankreich am 3. März 1871 in Berlin eintrafen, notierte die Baronin v. Spitzemberg in ihrem Tagebuch:*

Die Sonne ging strahlend am wolkenlosen Himmel auf; mittags fand die Verlesung der kaiserlichen Depesche vom Schlosse aus statt, Viktoria ward geschossen und mit allen Glocken geläutet. In der Stadt wogte die Menge auf und ab (...) Und was für ein Friede für uns Deutsche! Herrlicher und glorreicher als wir einen geschlossen! Vereint zu einem Reiche, dem größten, mächtigsten, gefürchtesten in Europa, groß durch seine physische Macht nicht allein, größere noch durch seine Bildung und dem Geist, der das Volk durchdringt! Jedes deutsche Herz hatte das erhofft, keines geahnt, dass seine Träume sich in dieser Weise, sobald und so herrlich erfüllen würden. Glücklich sind wir, dass wir (...) noch jung genug sind, um uns unter seinen Strahlen zu wärmen, um die, so Gott will, recht reichen und segensvollen Früchte zu genießen, die aus dieser unter Blut und Tränen gesäten Saat hervorgehen. Möge Gott den Geist meines Volkes also lenken, dass seine Entwicklung eine friedliche und zivilisatorische bleibe, sein Reich ein Reich des Lichts, der Freiheit, der wahren, christlichen Gesittung sei!

*Zit. nach: R. Vierhaus (Hg.): Am Hof der Hohenzollern. Aus dem Tagebuch der Baronin Spitzemberg 1865–1914. München 1965, S. 51 f.*

## Fragen und Anregungen

1. Wiederhole den Aufbau der Wiener Ordnung und erläutere dann, wovor Disraeli warnt (Q3).
2. Vergleiche die Gründe, die Bismarck für die Annexion Elsass-Lothringens angibt, mit der Bewertung durch Nipperdey (Q4, D2).
3. Beschreibe die Stimmung in Frankreich, die mit der Karikatur ausgedrückt wird (Q2).
4. Erkläre, warum die Baronin – trotz der Begeisterung über die Reichsgründung – auch Befürchtungen für die Zukunft Deutschlands hat (Q5).

# Eine Zeitleiste zur deutschen Einigung

Zeitleisten sind gut dafür geeignet, einen Überblick über einen längeren geschichtlichen Zeitraum zu bekommen, dabei wesentliche Ereignisse, Probleme und Zusammenhänge zu erkennen und sich einzuprägen.

- Du benötigst einen großen Bogen Papier oder eine Tapetenbahn und farbige Schreibstifte. Darauf schreibst du die Überschrift, z.B.: „Deutsche streben nach Freiheit und Einheit“.
- Überlege nun, welche Hauptereignisse deine Zeitleiste markieren sollen, beispielsweise der Wiener Kongress mit der Gründung des Deutschen Bundes, die Revolution von 1848, die Gründung des Deutschen Reiches 1871.
- Nutze für die Gestaltung unterschiedliche Farben und vielleicht auch Schriftgrößen: Mit einer Farbe notierst du die wichtigsten Namen, Ereignisse und Ergebnisse zu den jeweiligen Jahreszahlen. (Tipp: Schreibe nicht zu viel auf, sondern nur, was du für wichtig hältst und du dir merken willst.) Mit anderen Farben kannst du nun Interpretationen, Deutungen und andere Bewertungen aufschreiben. (Tipp: Überlege dir, was von den einzelnen Ereignissen zu halten ist und welche langfristigen Folgen und Probleme sich ergaben.)
- Als Grundregel für die Textgestaltung gilt: Die Texte dürfen nicht zu lang sein. Formuliere möglichst alle Texte selbst, denn nur so ist alles verständlich und leichter zu lernen.
- Verbinde die einzelnen Texte und Jahreszahlen so miteinander, dass Zusammenhänge erkennbar werden. (Tipp: Zeichne auch längere Verbindungslinien, die du mit Stichworten erklärst.)
- Fehlt noch etwas? Weitere Zahlen und Ereignisse können eingefügt werden (notfalls kann weiteres Papier angeklebt werden). Aber aufgepasst: Der Gesamtüberblick darf nicht verloren gehen. Die Zeitleiste kann auch sehr gut mit Symbolen (z.B. für Kriege, Revolutionen oder Wirtschaftskrisen) und Bildern versehen werden.

Bop: bis zum 16.11.2010 → : Die Reichseinigung lrnt....

**Diese Zeitleiste gestaltete Aleke Bode vom Albert-Schweitzer-Gymnasium in Hamburg**

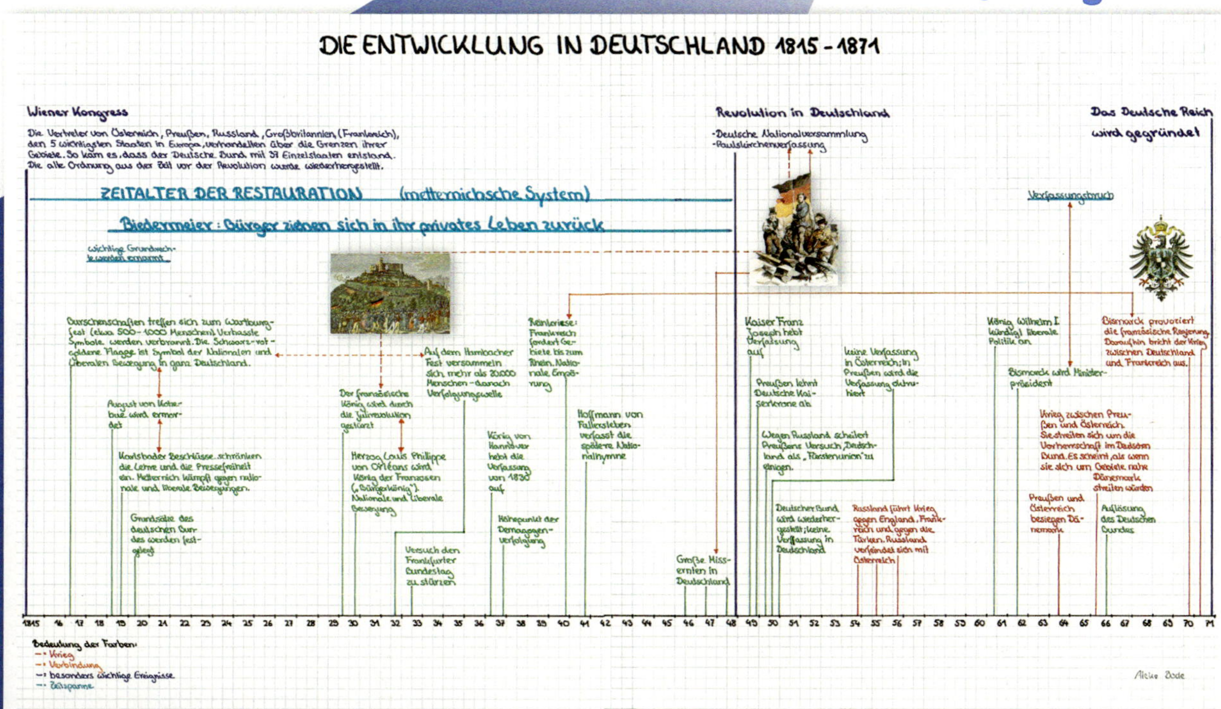

# INDUSTRIALISIERUNG UND SOZIALE FRAGE

Wie kein anderer historischer Vorgang hat die Industrialisierung die Art verändert, wie die Menschen leben und arbeiten. Sie hat den Weg für eine Wirtschaftsweise frei gemacht, in der immer mehr und immer bessere Produkte hergestellt werden, in der Gesellschaften immer reicher werden. Wer weiß, wie sich diese Entwicklung vollzogen hat, wird auch viele gegenwärtige Probleme wie beispielsweise die Umweltverschmutzung, die Arbeitslosigkeit oder die Diskussion um die Sozialversicherungssysteme besser verstehen können.

**Die deutsche Sozialversicherung (1913)**
Plakat der deutschen Regierung, 1913.

**Werbeplakat für einen 1884 gegründeten genossenschaftlichen Konsumverein in Leipzig**

**Kristallpalast in London zur Weltausstellung, 1851**

Gottlieb Daimler und sein Sohn auf der ersten Motorkutsche, 1885

Werbeplakat, 1894

Zeitkontrollapparat, 1898

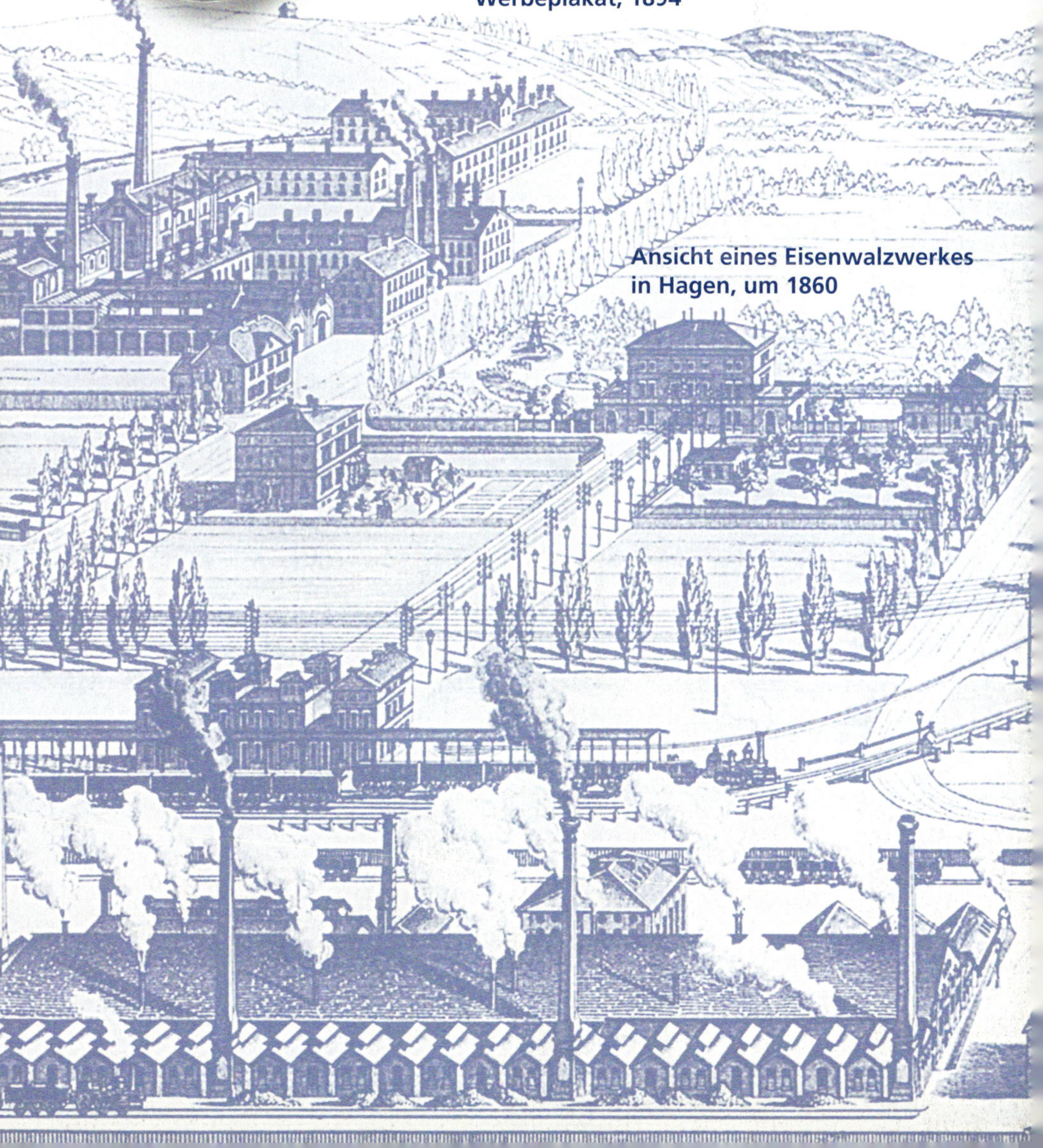

Ansicht eines Eisenwalzwerkes in Hagen, um 1860

# 1. England – Werkstatt der Welt

**Beginn der Industrialisierung**

Im 18. Jahrhundert begann in England mit der „Industrialisierung" eine grundlegende Veränderung der Wirtschaftsweise, die schließlich das heutige Wirtschaftssystem hervorbrachte. Bis dahin arbeitete die große Mehrheit der Menschen in der Landwirtschaft, eine Minderheit war im Handwerk und im Handel tätig. Lebens- und Arbeitsbedingungen blieben über Jahrhunderte hinweg fast gleich, Neuerungen und Verbesserungen setzten sich nur sehr langsam durch.

Nun aber kam es in der englischen Wirtschaft in verhältnismäßig kurzer Zeit zu bahnbrechenden Neuerungen. Es wurden eine Reihe von Maschinen erfunden, die es möglich machten, bisher von Hand ausgeführte Arbeitsvorgänge wie z. B. das Spinnen von Garn und das Weben von Tüchern weitgehend durch die Bewegungen mechanischer Apparate zu ersetzen. Neuartig waren aber vor allem die Fabriken, in denen viele solcher Maschinen nebeneinander eingesetzt wurden. Insgesamt konnten so die Herstellungskosten von Waren deutlich gesenkt bzw. die in einem Zeitraum mit demselben Arbeitsaufwand erzeugte Warenmenge vergrößert werden – es konnte wesentlich produktiver gearbeitet werden. Diese wirtschaftlichen Veränderungen ergriffen bald auch andere Wirtschaftszweige und ganz neue, bisher unbekannte Industrien entstanden. Darüber hinaus wälzten sie die gesamte Art der herkömmlichen Lebensführung und Lebensverhältnisse um: Immer mehr Menschen zogen vom Land in die Städte, arbeiteten in Fabriken und lebten von dem, was sie dort verdienten.

**Traditionelles Spinnen** Q1
Gemäldeausschnitt, um 1750.

**Leitsektor Textilindustrie**

Die ersten brauchbaren und wirtschaftlichen Maschinen kamen bei der Herstellung von Baumwollgarn zum Einsatz. Statt Baumwolltücher aus Asien zu importieren, war man im 18. Jahrhundert in England dazu übergegangen, nur noch die Rohbaumwolle einzuführen und sie im eigenen Land zu verarbeiten. Händler gaben die Rohbaumwolle an Familien weiter, die daraus für sie Garn und Tücher herstellten.

Wegen steigender Nachfrage fing man an zu überlegen, wie Garn schneller und billiger hergestellt werden könnte. 1764 wurde die Spinning Jenny erfunden, eine Ma-

**Maschinelles Spinnen** Q2
Stahlstich, um 1834.

schine, mit der eine Person zunächst 8, später über 100 Spindeln gleichzeitig bedienen konnte. Ein nächster Schritt wurde 1769 vollzogen: Es gelang, mehrere Spinnmaschinen gleichzeitig mit Wasserkraft zu betreiben. Nun konnten viele Maschinen in einem Gebäude untergebracht werden – die ersten Fabriken entstanden. Schließlich wurde auch die Weberei produktiver gestaltet. Erste mechanische Webstühle, die die Arbeit des Handwebens am Webstuhl maschinell ausführten, kamen um 1800 zum Einsatz.

**Die Dampfmaschine**

Anfangs waren die Standorte der Fabriken an die Wasserkraft und damit an fließende Gewässer gebunden. 1782 erfand der schottische Mechaniker James Watt eine Kraftmaschine, mit der andere Maschinen überall angetrieben werden konnten. Schon seit Beginn des 18. Jahrhunderts waren in englischen Kohlebergwerken mit Wasserdampf betriebene Maschinen eingesetzt worden, um das Grundwasser aus den Schächten zu pumpen. Watt entwickelte diese Dampfmaschine nun so fort, dass sie in allen Industriezweigen als Antriebskraft verwendet werden konnte. 1785 wurde erstmals eine Baumwollspinnerei mit einer Dampfmaschine betrieben.

**Metallerzeugung**

Die Verbreitung von Maschinen in England wurde durch Neuerungen im Bereich der Metallerzeugung und -verarbeitung begünstigt. Für die Verhüttung von Metallerzen wurde bis dahin Holzkohle verwendet. Wegen großen Holzmangels war Holzkohle aber besonders teuer geworden. 1709 wurde ein Verfahren entwickelt, bei dem aus Steinkohlen gewonnener Koks in Hochöfen zur Eisenerzverhüttung benutzt wurde. 1784 fand man dann einen Weg, wie auch schmiedbare Stabeisen mit Steinkohlenkoks erzeugt werden konnten. Waren bis dahin Maschinen noch hauptsächlich aus Holz hergestellt worden, so wurden nun Eisen und Stahl zu den wichtigsten Maschinenbaumaterialien. Hierzu war es wiederum notwendig, Metallteile sehr genau und identisch zu bearbeiten, z. B. für Schrauben und Gewinde. Dieses Problem wurde mit der Erfindung so genannter Werkzeugmaschinen gelöst.

**Eisenbahn**

Schon bald wurde aber darüber nachgedacht, ob Dampfmaschinen nicht auch als Antriebskraft für Wagen benutzt werden könnten. Kohlen und Erze wurden in englischen Bergbau- und Metallrevieren schon seit längerem in Wagen transportiert, die mit wenig Reibungsverlust auf Eisenschienen rollten und von Pferden gezogen wurden. Die Idee lag nahe, auf einen solchen Wagen eine Dampfmaschine zu montieren und ihre Kraft auf die Räder zu übertragen – die Eisenbahn war erfunden. Damit stand ein billiges und für die massenhafte Beförderung von Rohmaterialien, Waren und Personen geeignetes Transportmittel zur Verfügung.

Q3 **Mechanische Webstühle in einer englischen Baumwollmanufaktur**
Stahlstich, 1835.

**Die doppelt wirkende Dampfmaschine nach James Watt, 1782** D1
Konstruktionszeichnung. Watt verbesserte die Dampfmaschine durch hauptsächlich drei Erfindungen. Er hielt den Zylinder heiß, indem er ihn mit einem Metallmantel umschloss, durch den der Wasserdampf strömte. Der Dampf wurde getrennt vom Zylinder in einem Kondensator abgekühlt und abwechselnd durch zwei Ventile oberhalb und unterhalb des Kolbens geleitet.

## Q4 In einer Baumwollspinnerei

*Im Auftrag der preußischen Regierung unternahm der Beamte May 1814 eine Reise nach England, um Informationen über die englische Wirtschaft zu sammeln. Über Manchester, den Hauptort der Baumwollindustrie, berichtete er:*

Zu Hunderten sieht man fünf und sechs Stock hohe Fabrikgebäude hervorragen, zur Seite mit turmhohen Schornsteinen versehen, welche schwarzen Steinkohlendampf aushauchen und damit andeuten, dass hier mächtige Dampfmaschinen wirksam sind. Die Wolke, welche der Steinkohlendampf bildet, ist von fernher schon zu bemerken. Die Häuser sind davon schwarz gefärbt. Der Fluss, welcher Manchester bewässert, ist so mit ausgeflossenen Farbflotten angefüllt, dass er selbst einer Farbenbrühe ähnlich sieht. Das Ganze hat ein melancholisches Ansehen. Doch erblickt man überall geschäftige, fröhliche und gut genährte Menschen, welches das Gemüt wieder erheitert.

Bei einiger Empfehlung hält es nicht schwer, zu Manchester in den Fabriken Zutritt zu finden. Baumwollenspinnereien sieht man von aller Gattung und Art. Um Arbeitslohn zu ersparen, hat man die Anlagen der Mules [Maschinen] so weit getrieben, dass 600 Spinnspillen von einer erwachsenen Person und von zwei Kindern versehen werden. Zwei Mules, welche diese Anzahl Spillen [Winden] enthalten, stehen sich gegenüber. Die Wagen werden durch die Kraft der Dampfmaschine wechselseitig ausgezogen; das Zurückschieben derselben besorgt die erwachsene Person, welche ihren Platz in der Mitte hat. Die Kinder sind zu beiden Seiten zum Anknüpfen der gerissenen Fäden in Bereitschaft. (…) In den großen Spinnereien sind die verschiedenen Arten von Maschinen wie die Bataillone in einer Armee aufgestellt. Die Maschinenteile werden so viel wie möglich von Eisen, die Gestelle jetzt ganz aus Gusseisen verfertigt. Außer dass das Gusseisen in mehreren Gegenden wohlfeiler als Nutzholz ist, wird durch die Anwendung desselben an Raum sowie an Versicherungskosten gespart. (…)

*Zit. nach: J. Kuczynski: Darstellung der Lage der Arbeiter in England von 1760 bis 1832, Bd. 23. Berlin 1964, S. 174 ff.*

## Q5 Verhüttung von Eisenerz

*In Coalbrookdale in Shropshire am Severn, einer schon vor der Industrialisierung traditionsreichen Hüttenregion im Westen von England, wurde zu Beginn des 18. Jahrhunderts der Kokshochofen erfunden. Er ermöglichte es, statt teurer Holzkohle billigere Steinkohlen zum Schmelzen von Eisen zu verwenden. Coalbrookdale einwickelte sich zu einer der ersten Industriestädte. Charles Hatchett verbrachte 1796 auf einer Reise mehrere Tage in Coalbrookdale und hielt seine Eindrücke in einem Tagebuch fest:*

**Q6 Bergmann (1813)**
Aquatinta von Robert und Daniel Havell.
Auf dem Hügel sind die Dampfmaschine und das Fördergerüst der Zeche zu sehen. Mit der Dampflokomotive wurden die Kohlen transportiert. Solche frühen Lokomotiven mussten noch mit Seilzügen Steigungen hinaufgezogen werden.

Dieser Ort hat den großen Vorteil, dass in den Bergen am Ufer des Flusses Eisenerz, Kohle und (in der Nachbarschaft) Kalkstein vorkommen, so dass die Natur hier Materialien zur Verfügung stellt, die gebraucht werden, um Eisenerz zu schmelzen. Am Morgen nach dem Frühstück besichtigten wir die Dale Works, die wichtigste Eisengießerei, (...). Die Fabrik gehört der Quäkerfamilie Darby, welche durch Heirat mit der Quäkerfamilie Reynolds verbunden ist. Der wiederum gehören die meisten anderen großen Fabriken. Von dem alten Quäker, der uns die Fabriken zeigte, erfuhr ich, dass in dem Gebiet, das diesen beiden Familien gehört, ca. 30–40000 Menschen von der Arbeit in den Gießereien oder in den Eisenerz- und Kohleminen leben. Die Öfen in diesen Fabriken sind über 30 Fuß hoch und die Luftzufuhr wird von großen Zylindern statt von Blasebalgen erzeugt. Der Ofen wird von oben mit Erz (das geröstet wurde) gefüllt, das mit Kalkstein als Flussmittel vermengt ist. Geheizt wird mit Koks. Er wird vor Ort durch das teilweise Verkohlen oder Verbrennen von Steinkohle gewonnen, die mit Erde und Asche bedeckt wird. Zweimal am Tag wird der Ofen angestochen und jedes Mal werden 3–4 Tonnen Eisen geschmolzen. Durch einen Sandkanal wird das Metall in eine Art Trog geleitet, der als Behälter dient, von dem aus es in verschiedene Formen geleitet wird. Wenn die alle gefüllt sind, wird das hintere Ende des Trogs mit einem Kran und Haken angehoben, so dass das restliche Eisen in einen anderen Sandkanal fließt, von dem seitlich kürzere Kanäle abzweigen. (...) Ein Teil des Roheisens wird unter den großen Hämmern in den Schmieden, die zu diesem Unternehmen gehören, in Stabeisen oder in Hämmer für Stampfmühlen umgeformt. Der Rest wird in einem offenen Tiegel (...) erneut geschmolzen, um Gefäße und andere Geräte zu gießen. Die berühmte Eisenbrücke über den Severn wurde in dieser Gießerei geformt (...)

*Zit. nach: B. Trinder (Hg.): „The most extraordinary District in the World." Ironbridge and Coalbrookdale. An Anthology of visitor's impressions of Ironbridge, Coalbrookdale and the Shropshire coalfield, 2. Ed. Chichester 1988, S. 51f. (Übers. d. Verf.)*

## Fragen und Anregungen

1. Liste auf, auf welchen organisatorischen und technischen Maßnahmen dem Bericht zufolge der Erfolg der englischen Industrie beruhte (Q4, Q5).
2. Vergleiche die Beschreibung Q4 mit Q2. Welche Gemeinsamkeiten und welche Unterschiede kannst du erkennen?
3. Überlege, warum durch die Anordnung der Maschinen Raum gespart wurde (Q2, Q3, Q5).
4. Informiere dich, wo die Grafschaft Shropshire liegt und was Quäker sind.
5. Zeichne ein Schema vom Eisenerz zum Eisengerät. Benutze dazu Q5. Erläutere das Schema.

# 2. Gründe und Folgen der Industrialisierung

**Bodenschätze und Transportwege**

Die Industrialisierung setzte nicht zufällig in England ein. Das Land verfügte über Bodenschätze wie Eisenerz und Steinkohle. Zudem konnten wegen der Insellage viele Rohstoffe und Waren auf Wasserwegen transportiert werden. Neben diesen natürlichen Voraussetzungen wurde die Industrialisierung aber vor allem durch wirtschaftliche und soziale Veränderungen befördert.

**Konzentration von Geldvermögen**

So gab es in England eine größere Zahl von Privatpersonen, die fähig und willens waren, höhere Geldbeträge in die Entwicklung neuer Produktionsverfahren zu investieren. Solche größeren Kapitalien waren hauptsächlich durch den Handel mit den Kolonien in Übersee erwirtschaftet worden. Aber auch in der Landwirtschaft waren die Erträge und die Gewinne beträchtlich gesteigert worden. Dies war vor allem auf eine Veränderung der Besitzstrukturen und auf verbesserte Anbaumethoden zurückzuführen. Bis dahin waren es überwiegend kleine und kleinste Bauern-

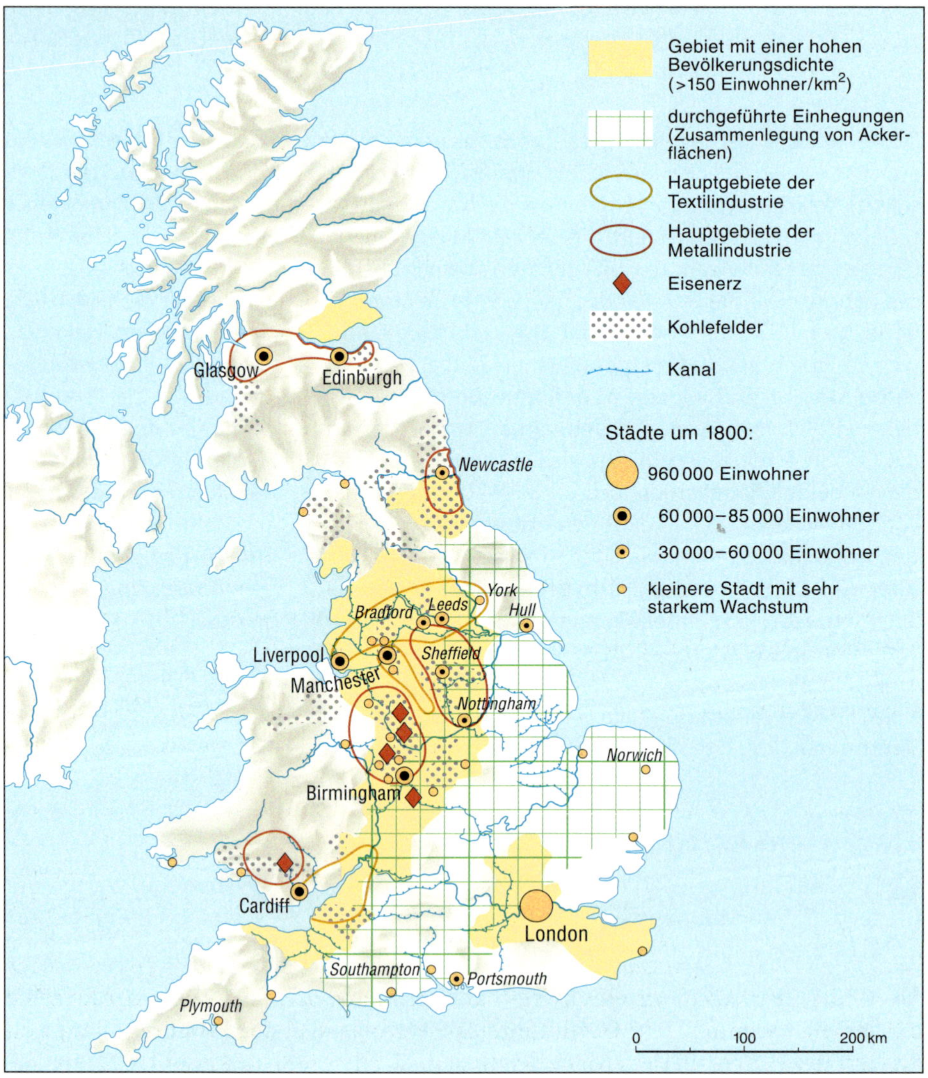


Die britische Industrie um 1800, D1 Geschichtskarte

höfe gewesen, die im Rahmen der Dreifelderwirtschaft auf schmalen Landstreifen hauptsächlich das produzierten, was sie zum Überleben brauchten. Zum Weiden des Viehs, zum Sammeln von Brennholz und zu anderen Zwecken waren die Bauern immer auch auf Wiesen und Wälder angewiesen, die von den Bauern gemeinsam genutzt wurden. Diese zersplitterte und einfache Form der landwirtschaftlichen Nutzung des Landes verhinderte eine Überschussproduktion für den Markt. Mit Zwang, aber auch auf legalen, durch das Parlament gebilligten Wegen gelang es den zumeist adeligen Grundherren, sich nach und nach in den alleinigen Besitz eines großen Teils des Landes zu bringen, auf dem bis dahin Kleinbauern gewirtschaftet hatten. Diese größeren Äcker wurden durch Hecken und Mauern „eingehegt“. Vielen Kleinbauern blieb daraufhin nichts anderes übrig, als sich als Landarbeiter zu verdingen, in die Städte zu ziehen oder ganz auszuwandern.

**Modernisierung der Landwirtschaft**

Die Großgrundbesitzer verpachteten große Teile ihrer Ländereien. Die Pächter waren bestrebt Ackerbau und Viehzucht produktiver zu machen. Die Dreifelderwirtschaft ersetzten sie durch die Fruchtwechselwirtschaft. Der vermehrte Anbau von Rüben und Klee kam der Stallfütterung im Winter zu Gute. Hierdurch fiel wiederum mehr Mist an, der zum Düngen verwendet werden konnte. Saatgut wurde sorgfältiger ausgewählt. Beim Vieh, vor allem bei Schweinen und Rindern, wurden wirtschaftlichere Rassen gezüchtet. Geräte wie Pflüge, Eggen usw. wurden verbessert, indem sie aus Eisen hergestellt wurden.

**Wachsende Zahl von Arbeitskräften**

Die Entwicklungen in der Landwirtschaft hatten vor allem zwei Folgen, die die Industrialisierung begünstigten. Erstens stand sowohl den industriellen als auch den landwirtschaftlichen Unternehmern eine immer größere Zahl von Arbeitskräften zu niedrigen Löhnen zur Verfügung. Und zweitens produzierte die ertragreichere Landwirtschaft mehr Lebensmittel zu günstigeren Preisen, so dass die ständig wachsende Zahl derjenigen Menschen ernährt werden konnte, die nicht in der Landwirtschaft tätig waren.

**Großer Binnenmarkt**

Eine weitere wichtige Voraussetzung für die Industrialisierung bestand darin, dass die englische Regierung den industriellen Unternehmen und den Kaufleuten weitgehende Freiheiten gewährte. Schon früh setzte sie gegen den Widerstand der Zünfte die Handels- und Gewerbefreiheit durch. Wer sein Geld längerfristig in Industrieunternehmen investierte, konnte sich somit sicher sein, seine Waren auf einem großen Markt verkaufen zu können, der das Inland und die Kolonien umfasste. Gleichzeitig schützte die Regierung diesen Markt vor ausländischen Konkurrenten, beispielsweise durch die Vorschrift, dass deren Waren nur auf englischen Schiffen eingeführt oder dass englische Maschinen nicht ausgeführt werden durften.

**Glaube und Theorie**

Sogar die Religion scheint zu dem Aufstieg der Industrie in England beigetragen zu haben. Viele Händler und Industrielle glaubten an die Lehre Calvins. Wirtschaftlichen Erfolg betrachteten sie als gerechte Folge eines gottgefälligen Lebens voller Fleiß und Bescheidenheit. Sie sahen es geradezu als Pflicht an, den Gewinn nicht für den privaten Konsum auszugeben, sondern ihn erneut zu investieren.
In dem Land, in dem sich die wirtschaftlichen Aktivitäten Einzelner freier als anderswo entfalten konnten, wurde auch erstmals eine entsprechende Wirtschaftstheorie aufgestellt. Der Schotte Adam Smith (1723–1790) vertrat in seinem berühmten Hauptwerk „Der Reichtum der Nationen“ (1776) die Auffassung, dass es sich bei der freien Marktwirtschaft um eine Wirtschaftsweise handele, in der zwar jeder Einzelne mit seinem Eigentum sein Gewinninteresse verfolge, dies aber über den Kauf und Verkauf der Waren auf dem Markt letztlich doch allen zu Gute komme.

## „Die Industrialisierung – ein europäisches Phänomen?"

Die Industrialisierung erfasste im Laufe des 19. Jahrhunderts fast alle europäischen Staaten sowie die USA. Zwischen den Ländern bestanden allerdings große Unterschiede. Diese lassen sich an wirtschaftlichen Daten ablesen, die auf der Zählung der Menge oder des Wertes der produzierten Waren und auf zusammenfassenden Berechnungen beruhen. Seit Beginn der Industrialisierung zeigten sich die Regierungen immer stärker daran interessiert zu erfahren, wie die Wirtschaft in ihren Ländern gewachsen war. Es wurden eigene statistische Ämter eingerichtet, die für immer mehr Bereiche des wirtschaftlichen und sozialen Lebens Daten sammelten und auswerteten. Dadurch können wirtschaftliche Entwicklungen seit dem 19. Jahrhundert wesentlich besser erschlossen werden als zu früheren Zeiten. Auch wenn die statistischen Daten und die auf ihrer Grundlage angefertigten Tabellen und Diagramme oftmals den Eindruck strenger Sachlichkeit und Objektivität erwecken, so müssen auch sie wie jede andere Quelle genau analysiert werden. Für sich sagen Zahlen zunächst nämlich überhaupt nichts aus. Sie müssen vielmehr interpretiert werden, müssen zu anderen Faktoren und zu Argumenten ins Verhältnis gesetzt werden, damit sie aussagekräftig werden. Was sagen z. B. die beiden Tabellen aus?

### Methodische Arbeitsschritte:

1. Versuche herauszufinden, wie und von wem die Daten erhoben wurden. Achte darauf, ob es sich um verhältnismäßig einfach zu erhebende Daten handelt, oder ob die Daten aus anderen Daten errechnet worden sind.
2. Beachte die Zeitpunkte und Zeiträume, für die die Daten genannt werden. Zwischenräume können zu groß sein, so dass wichtige Entwicklungen übersehen werden. Durch die zeitliche Begrenzung einer Tabelle können wichtige Tendenzen ausgeblendet werden.
3. Fasse die auffälligsten Entwicklungen in eigene Worte. Hierzu gebraucht man meistens vergleichende Formulierungen: Man versucht annährend auszudrücken, um wie viel sich ein Ausgangswert zu einem anderen Wert verändert hat oder wie sich verschiedene Werte zu einem Zeitpunkt zueinander verhalten („Ist ungefähr doppelt so groß wie …")
4. Beurteile, ob die Statistik einen Sachverhalt erfasst, der für die historische Fragestellung, die dich interessiert, wirklich wichtig und aussagekräftig ist. Finde heraus, mit welchen anderen Faktoren die Entwicklungen zusammenhängen könnten. Überlege, welche Informationen noch eingeholt werden müssten.

**Roheisenproduktion D2**
Die Tabelle zeigt, wie viel Roheisen in den vier europäischen Staaten Großbritannien, Frankreich, Deutschland und Russland durchschnittlich zwischen 1800 und 1913 hergestellt wurde.

| | Großbrit. | Frankreich | Deutschland | Russland |
|---|---|---|---|---|
| 1800–14 | 248 | 200 | – | 200 |
| 1820–24 | 418 | 150 | 75 | – |
| 1830–34 | 700 | 244 | 111 | 167 |
| 1840–44 | 1465 | 395 | 160 | 184 |
| 1850–54 | 2716 | 561 | 245 | 231 |
| 1860–64 | 4219 | 1065 | 613 | 297 |
| 1870–74 | 6480 | 1211 | 1579 | 375 |
| 1880–84 | 8295 | 1918 | 2893 | 477 |
| 1890–94 | 7402 | 1998 | 4335 | 1096 |
| 1900–04 | 8778 | 2665 | 7925 | 2773 |
| 1910–13 | 9792 | 4664 | 14836 | 3870 |

**Zur Erhebungsweise der Daten**

Es wird nicht mitgeteilt, von wem und auf welche Weise die Daten erhoben wurden. War es in den vier Ländern um 1800 wirklich schon üblich, die nationale Roheisenproduktion zuverlässig zu erfassen? Zumindest für das frühe 19. Jahrhundert dürften einige der Angaben nur geschätzt sein. Es wird auch nichts darüber gesagt, ob und wie territoriale Veränderungen der Länder zwischen 1800 und 1913 berücksichtigt wurden.

**Zur tabellarischen Darstellung der Daten**

Die Roheisenmenge wird jeweils durchschnittlich für die ersten 5 Jahre der Jahrzehnte zwischen 1800 und 1913 angegeben. Jedoch wird für die Jahre 1800–1814 ein längerer, für die Jahre 1910–1913 ein kürzerer Durchschnittszeitraum verwendet, ohne dass dies durch eine breitere oder schmalere Spalte deutlich gemacht wird. Warum die ungewöhnliche Darstellungsweise mit den Fünfjahresdurchschnitten gewählt wurde, wird nicht erläutert. Jedenfalls wird durch die Durchschnittrechnung eine starke Verallgemeinerung vorgenommen.

**Beschreibung deutlicher Auffälligkeiten**

Die Statistik zeigt u. a., dass
- englische Eisenhütten bis gegen Ende des 19. Jahrhunderts die mit Abstand größten europäischen Roheisenproduzenten waren, dann aber zu Beginn des 20. Jahrhunderts von den sehr schnell wachsenden deutschen Eisenhütten überholt wurden;
- Frankreich und Russland beim Wachstum der Roheisenerzeugung mit Deutschland nur anfangs mithalten konnten, dann aber schnell zurückfielen;
- um die Mitte des 19. Jahrhunderts die prozentuale Steigerung in den Ländern am größten war, wenn auch auf sehr unterschiedlichem Niveau.

**Beurteilung der Entwicklungen**

Die Tabelle erfasst einen wichtigen Aspekt der Industrialisierung, denn Roheisen war der wichtigste Grundstoff der Schwerindustrie. Die Tabelle scheint die allgemeine Aussage zu stützen, dass Deutschland um 1900 zur stärksten Industrienation in Europa aufgestiegen war. Ob allerdings das starke Wachstum der deutschen Eisenproduktion direkt dem allgemeinen Wachstum der Wirtschaft entsprach, kann bezweifelt werden. Vielleicht lagen die anderen Nationen ja in anderen Wirtschaftsbereichen vorn. Vielleicht nahm auch die Bedeutung der Roheisenproduktion ab. Fast immer ergeben sich aus Statistiken solche neuen Fragen.

| | Großbrit. | Frankreich | Deutschl. | Russland | USA | Welt |
|---|---|---|---|---|---|---|
| 1800 | 230 | 190 | 60 | 15 | 25 | 650 |
| 1820 | 290 | 220 | 85 | 20 | 55 | 865 |
| 1840 | 387 | 264 | 150 | 40 | 96 | 1314 |
| 1860 | 577 | 380 | 310 | 155 | 392 | 2404 |
| 1888 | 820 | 485 | 583 | 363 | 1443 | 4618 |
| 1896 | 876 | 596 | 690 | 380 | 1980 | 5710 |

**D3** Die industrielle Produktion 1780–1896 (in Mio. £)

## Fragen und Anregungen

1. Interpretiere die Statistik zur Industrieproduktion 1780–1896. Wende dabei die vorgestellten Arbeitsschritte an.
2. Setze die beiden Tabellen in geeignete Diagramme um und erläutere sie. Computerprogramme wie Excel, Works, Lotus 1-2-3 helfen dir.

| | Österreich | Frankreich | Deutsch-land | Italien | Russland | Schweden | Verein. Königreich |
|---|---|---|---|---|---|---|---|
| 1751–60 | – | – | – | – | – | – | 2,3 |
| 1761–70 | – | – | – | – | – | – | 2,4 |
| 1771–80 | – | – | – | – | – | – | 2,7 |
| 1781–90 | – | 10,9 | – | – | – | – | 3,8 |
| 1791–1800 | – | – | – | – | – | – | 5,1 |
| 1801–14 | – | 12,2 | – | – | – | – | 7,1 |
| 1815–24 | – | 16,3 | – | – | – | – | 9,5 |
| 1825–34 | – | 21,5 | – | – | – | – | 13,8 |
| 1835–44 | – | 28,5 | – | – | – | 1,4 | 19,8 |
| 1845–54 | – | 33,7 | 11,7 | – | – | 2,2 | 27,5 |
| 1855–64 | – | 42,6 | 15,0 | 34,6 | 9,7 | 4,1 | 36,6 |
| 1865–74 | – | 49,8 | 24,2 | 42,9 | 13,5 | 6,6 | 49,2 |
| 1875–84 | 39,1 | 58,6 | 33,0 | 50,2 | 22,9 | 10,7 | 60,6 |
| 1885–94 | 52,5 | 68,2 | 45,3 | 54,6 | 38,7 | 16,8 | 70,5 |
| 1895–1904 | 74,4 | 82,7 | 68,9 | 64,8 | 72,7 | 58,4 | 85,2 |
| 1905–13 | 100 | 100 | 100 | 100 | 100 | 100 | 100 |

D4 Nationale Daten der Industrieproduktion ausgewählter europäischer Länder in Zehnjahreszeiträumen von 1751–60 bis 1905–13 (1905–13 = 100)

### Q1 Über die Landwirtschaft in Norfolk

*Der Agrarwissenschaftler Arthur Young schrieb 1771 nach einer Reise durch Norfolk über die Neuerungen in der dortigen Landwirtschaft:*

Große Fortschritte hat man durch folgende Maßnahmen erreicht: 1. Durch Einhegungen; 2. Durch entschiedene Bodenverbesserung mithilfe von Mergel und Lehm; 3. Durch die Einführung eines hervorragenden Fruchtwechsels; 4. Durch den Rübenhackbau; 5. Durch den Anbau von Klee; 6. Durch langfristige Pachtverträge; 7. Durch die Aufteilung der Grafschaft in große Höfe (...); Angesichts der vorangegangenen Aufzählung wird deutlich, dass kein kleiner Bauer so Großes bewirkt haben würde, wie es in Norfolk der Fall war. Ausschließlich Großbauern verfügen über die Voraussetzung Einhegungen und Bodenverbesserungen vorzunehmen, zu düngen, indem sie eine Herde Schafe in einem Pferch halten (...) Große Farmen sind von jeher das Herzstück der Landwirtschaft in Norfolk gewesen: Teilt sie in Pachtlandzellen mit einem Jahresertrag von jeweils 100 Pfund auf und ihr werdet im ganzen Land nur Bettler und Unkraut finden. Der reiche Mann erhält den Reichtum dieser Kulturlandschaft.

*Zit. nach: P. Wende: England als Vorbild Europas. Stuttgart 1988, S. 60 f.*

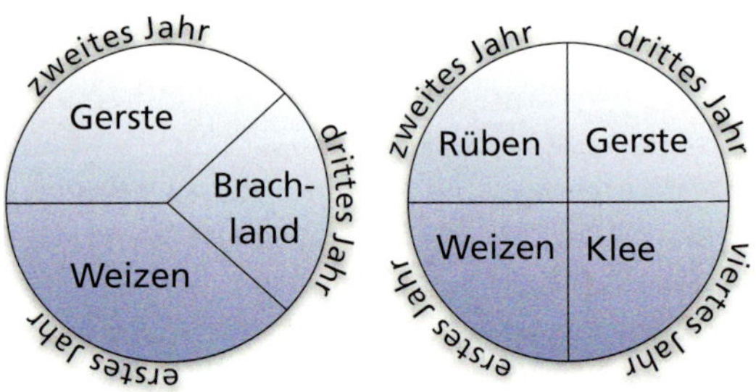


**D5 Schemata zur Dreifelder- und Fruchtwechselwirtschaft**

Links: Traditionelle Dreifelderwirtschaft. Rechts: System einer vierjährigen Fruchtwechselwirtschaft.

### Q2 Die dunkle Seite der Industrialisierung

*Aus einem Reisebericht des Juristen und Schriftstellers Chr. August Gottlieb Goede, 1806:*

Schifffahrt, Fabriken und Manufakturwesen zerstören bei großer Ausdehnung furchtbarer und schneller als manche tödliche Epidemie erstaunlich viele Menschenleben. Es ist fast unglaublich, wie sehr sich mit jedem Jahr in England die Zahl der Witwen und Waisen, armer Seeleute und Fabrikarbeiter vermehrt, die in ihrem Beruf einen frühen Tod gefunden haben.

Aus dieser Klasse hilfloser Armen besteht jederzeit die größte Anzahl derer, welche den englischen Kirchspielen zur Last fallen. (...) Die vermögenden Bürger werden durch die Vergrößerung ihrer Kapitalien in den Stand gesetzt, alle Unternehmungen immer mehr ins Große zu treiben, aber begreiflicherweise wird eben dadurch der ärmere Bürger immer tiefer ins Elend hinabgestoßen, denn wer ein Gewerbe nur im Kleinen betreiben kann, muss in demselben umso weiter zurückgesetzt werden, je beträchtlicher und je leichter andere bei demselben Erwerbszweig durch geschickte Anlegung großer Kapitalien die Hervorbringung und den Vertrieb der Waren zu vermehren wissen.

*Chr. A. G. Goede: England, Wales, Irland und Schottland. Erinnerungen an Natur und Kunst auf einer Reise, 5. Bd. Dresden 1806, S. 78 ff.*

### Q3 Der Staat und die freie Marktwirtschaft

*Der Wirtschaftswissenschaftler Adam Smith schrieb 1776 über die Wirtschaftsfreiheit:*

Solange der Einzelne nicht die Gesetze verletzt, lässt man ihm völlige Freiheit, damit er das eigene Interesse auf seine Weise verfolgen kann und seinen Erwerbsfleiß und sein Kapital im Wettbewerb mit jedem anderen oder einem anderen Stand entwickeln oder einsetzen kann. Der Herrscher wird dadurch vollständig von einer Pflicht entbunden (...), den Erwerb privater Leute zu überwachen und ihn in Wirtschaftszweige zu lenken, die für das Land am nützlichsten sind. Im System der natürlichen Freiheit hat der Souverän lediglich drei Aufgaben zu erfüllen, die sicherlich von höchster Wichtigkeit sind, aber einfach und dem normalen Verstand zugänglich: Erstens die Pflicht, das Land gegen Gewalttätigkeit und Angriff anderer unabhängiger Staaten zu schützen, zweitens die Aufgabe, jedes Mitglied der Gesellschaft so weit wie möglich vor Ungerechtigkeit oder Unterdrückung durch einen Mitbürger in Schutz zu nehmen oder ein zuverlässiges Justizwesen einzurichten, und drittens die Pflicht, bestimmte öffentliche Anstalten und Einrichtungen zu gründen und zu unterhalten, die ein Einzelner oder eine kleine Gruppe aus eigenem Interesse nicht betreiben kann, weil der Gewinn ihre Kosten niemals decken könnte, (...)

*A. Smith: Der Wohlstand der Nationen. München 1978, S. 582.*

### D6 Die industrielle Revolution in Europa 1870–1914, Geschichtskarte

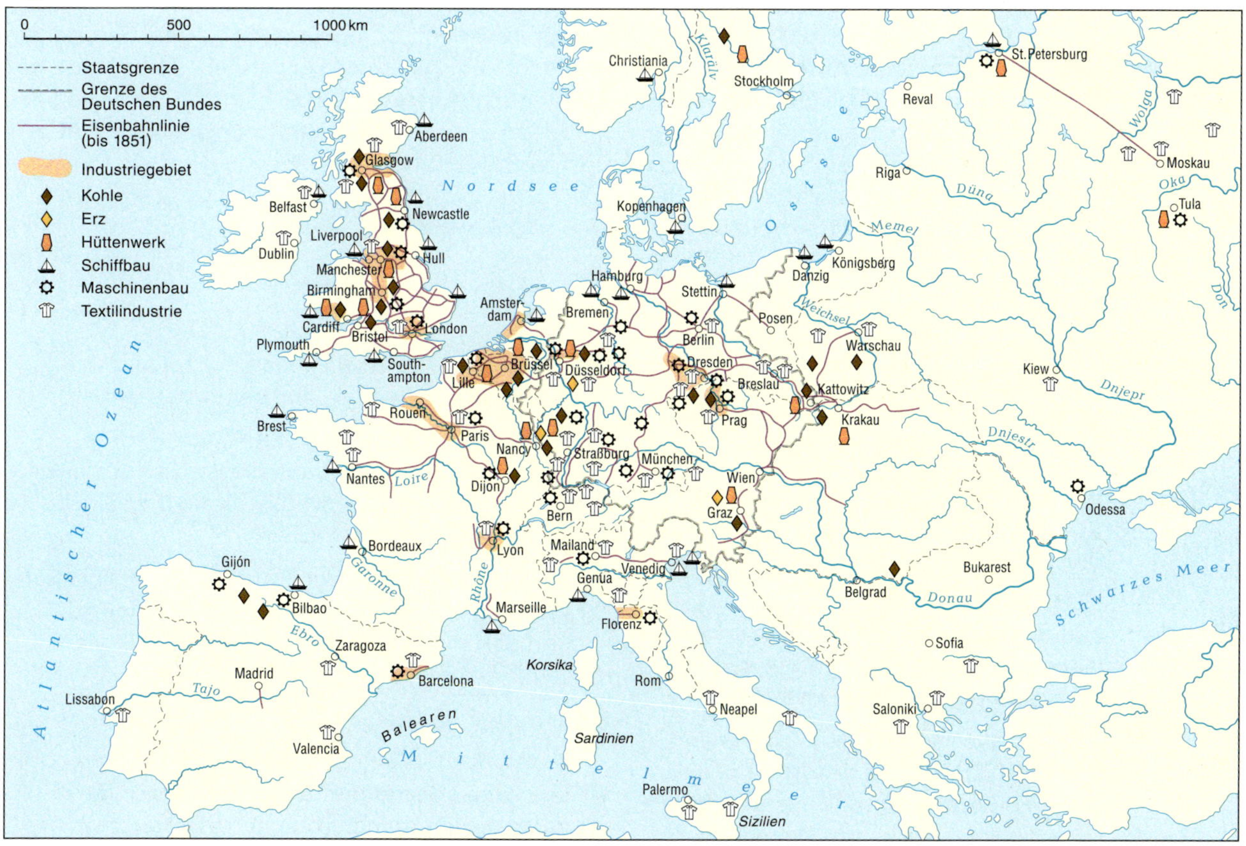

### Q4 Wohnen und leben in der Altstadt von Manchester

*Friedrich Engels (Bild) war zwischen 1842 und 1844 in der Baumwollspinnerei seines Vaters in Manchester tätig. Er beobachtete die Arbeits-, Wohn- und Lebensverhältnisse der Arbeiter in der Stadt. Darüber schrieb er in einem berühmt gewordenen Buch:*

Das ist die Altstadt von Manchester – und wenn ich meine Schilderung noch einmal durchlese, so muss ich bekennen, dass sie, statt übertrieben zu sein, noch lange nicht grell genug ist, um den Schmutz, die Verkommenheit und Unwohnlichkeit, die allen Rücksichten auf Reinlichkeit, Ventilation und Gesundheit hohnsprechende Bauart dieses mindestens zwanzig- bis dreißigtausend Einwohner fassenden Bezirks anschaulich zu machen. Und ein solches Viertel existiert im Zentrum der zweiten Stadt Englands, der ersten Fabrikstadt der Welt! (...) Es ist freilich die Altstadt – und darauf berufen sich die Leute hier, wenn man ihnen von dem scheußlichen Zustande dieser Hölle auf Erden spricht –, aber was will das sagen? Alles, was unsren Abscheu (...) hier am heftigsten erregt, ist neueren Ursprungs, gehört der industriellen Epoche an. Die paar hundert Häuser, die dem alten Manchester angehören, sind von ihren ursprünglichen Bewohnern längst verlassen; nur die Industrie hat sie mit den Scharen von Arbeitern vollgepfropft, die jetzt in ihnen beherbergt werden; nur die Industrie hat jedes Fleckchen zwischen diesen alten Häusern verbaut, um Obdach zu gewinnen für die Massen, die sie sich aus den Ackerbaugegenden und aus Irland verschrieb; nur die Industrie gestattet es den Besitzern dieser Viehställe, sie an Menschen für hohe Miete zur Wohnung zu überlassen, die Armut der Arbeiter auszubeuten, die Gesundheit von Tausenden zu untergraben, damit nur sie sich bereichern; (...) Das hat nur die Industrie getan, die ohne diese Arbeiter, ohne die Armut und Knechtschaft dieser Arbeiter nicht hätte leben können. Es ist wahr, die ursprüngliche Anlage dieses Viertels war schlecht, man konnte nicht viel Gutes daraus machen – aber haben die Grundbesitzer, hat die Verwaltung etwas getan, um das beim Nachbau zu verbessern? Im Gegenteil, wo noch ein Winkelchen frei war, ist ein Haus hingesetzt, wo noch ein überflüssiger Ausgang, ist er zugebaut worden; der Grundwert stieg mit dem Aufblühen der Industrie, und je mehr er stieg, desto toller wurde darauf losgebaut, ohne Rücksicht auf die Gesundheit und Bequemlichkeit der Einwohner – es ist keine Baracke so schlecht, es findet sich immer ein Armer, der keine bessere bezahlen kann nur mit Rücksicht auf den größtmöglichen Gewinn.

*Zit. nach: F. Engels: Die Lage der arbeitenden Klasse in England. In: K. Marx/F. Engels: Werke, Bd. 2. Berlin 1972, S. 225 ff., S. 285 f.*

## Fragen und Anregungen

1. Erkläre, warum die in Q1 genannten Maßnahmen jeweils „große Fortschritte" waren. Überlege, welche Möglichkeiten es gegeben hätte, auch kleinere Höfe produktiver zu machen.
2. Diskutiert, ob die Verfolgung des individuellen Vorteils wirklich immer dem Wohl aller dient und ob sich der Staat auf die von Adam Smith genannten Aufgaben beschränken sollte (Q3).
3. Welche Gründe lassen sich dem Text Q2 für den Zusammenhang zwischen der Reichtumsvermehrung und dem wachsenden Elend entnehmen?
4. Erläutere anhand der Karte D1 den Zusammenhang von Rohstoffvorkommen, Transportwegen, Einhegungen und Bevölkerungsdichte, der für die Industrialisierung Englands kennzeichnend war.
5. Erkläre, wie Veränderungen in der Landwirtschaft und Fortschritte bei der Industrialisierung zusammenhingen (VT, Q1, D5).
6. Zähle drei Gründe auf, die die Fruchtwechselwirtschaft produktiver machten als die Dreifelderwirtschaft (D5).
7. Beziehe Stellung zu der Frage, ob die schlechten Wohnverhältnisse in Manchester der Industrie und den Hausbesitzern oder der alten Bausubstanz zuzuschreiben waren (Q4).
8. Erläutere die Statistk D4. Wende dabei die Arbeitsschritte von S. 64 an.
9. Erläutere anhand der Karte D6, wie sich die Industrialisierung in Europa durchsetzte.

# 3. Deutschland auf dem Weg zur Industriegesellschaft

**Q1 Die Harkort'sche Fabrik auf der Burg Wetter an der Ruhr**
Ölgemälde von Alfred Rethel, 1834. 1819 erwarben Friedrich Harkort und sein Kompagnon, der Kaufmann Heinrich Kamp, die Burg Wetter. Sie richteten dort nach englischem Vorbild eine Maschinenfabrik ein, in der sie hauptsächlich Dampfmaschinen herstellten. 1826 erweiterten sie die Fabrik um einen Hochofen (Gebäude auf der linken Seite des Burghofes) und 1827 um ein Puddel- und Walzwerk (in dem Gebäude rechts vorn).

**Hindernisse für die Industrialisierung**

In Deutschland wurde das Wirtschaftsleben um 1800 vielfältig beschränkt. Vielerorts konnten Bauern und Grundherren nicht das anbauen, was am meisten Gewinn versprach, weil sie durch die Grundherrschaft an der freien Nutzung des Landes gehindert wurden. Im Handwerk bestimmten die Zünfte, wer was herstellen und zu welchem Preis verkaufen durfte. Zudem gab es im Deutschen Bund wegen der vielen Einzelstaaten keinen größeren gemeinsamen Markt, für den eine maschinelle Produktion in Fabriken lohnend gewesen wäre. Der Handel wurde durch die vielen Zölle und Abgaben verteuert und durch unterschiedliche Münzen und Maße erschwert. Schließlich fehlten in Deutschland die großen, aus Kolonialhandel und moderner Landwirtschaft gewonnenen finanziellen Mittel, die in Fabriken hätten investiert werden können.

**Veränderungen**

Mit Blick auf die wirtschaftlichen Erfolge Englands leiteten seit ungefähr 1800 viele deutsche Regierungen Reformen ein. Nach und nach wurde die Macht der Zünfte gebrochen und die Gewerbefreiheit eingeführt. Bauern und Grundherren wurde es ermöglicht, ihre feudalen grundherrschaftlichen Beziehungen aufzugeben und ihren Grundbesitz in reines Privateigentum zu verwandeln. Technische Hochschulen wurden gegründet, um Wissen über neue Produktionstechniken zu verbreiten und zu erforschen. Patentrechte sollten Erfindern die alleinige wirtschaftliche Nutzung ihrer Ideen sichern. Um größere und einheitlichere Wirtschaftsräume zu schaffen, wurden zunächst mehrere miteinander konkurrierende Zollzusammenschlüsse geschaffen. Der 1834 gegründete Deutsche Zollverein, der wesentlich unter der Vorherrschaft Preußens stand, setzte sich schließlich durch. Ihm traten bis auf Österreich die meisten deutschen Staaten bei.

**Bevölkerungswachstum und Pauperismus**

Die Industrialisierung setzte in Deutschland zögerlich ein. In einzelnen Regionen wie im Rheinland und in Sachsen entstanden einige mechanische Baumwollspinnereien und Maschinenfabriken. Jedoch gingen von ihnen keine größeren Impulse für die Gesamtwirtschaft aus. Dabei wurde gerade in der ersten Hälfte des 19. Jahrhunderts ein Problem immer deutlicher: Die schnell wachsende Bevölkerung konnte mit der herkömmlichen Art des Wirtschaftens nicht mehr ausreichend versorgt werden. Traten noch schlechte Ernten und sinkende Löhne für Heimarbeiter hinzu, breitete sich schnell Massenarmut, der so genannte Pauperismus aus. Sie führte zu Protesten und Aufständen, die nicht selten – wie zum Beispiel bei den schlesischen Leinenwebern 1844 – mit Gewalt niedergeschlagen wurden.

**Leitsektor Eisenbahn**

Seit ungefähr 1850 nahm das Wirtschaftswachstum dann aber sehr schnell zu. 1828 hatten deutsche Fabriken für etwa 85 Millionen Pfund Waren hergestellt, englische Fabriken hingegen für 300 Millionen Pfund. Um 1900 erreichte die industrielle Produktion in Deutschland aber schon den Umfang der Produktion in England. Die Entwicklung in Deutschland wurde zuerst hauptsächlich durch den Eisenbahnbau vorangetrieben. 1835 wurde die erste Linie zwischen Nürnberg und Fürth eröffnet. Weitere Verbindungen zwischen größeren Städten folgten schnell. Sie wuchsen bis ungefähr 1850 zu einem Netz zusammen, das in den folgenden Jahrzehnten verdichtet wurde. Der Eisenbahnbau, der entweder von privaten Geldgebern oder von den Staaten finanziert wurde, regte die gesamte Wirtschaft an.

**Entwicklung des deutschen Eisenbahnnetzes 1850–1870,** Geschichtskarte D1

Waren konnten schneller und billiger auf weiter entfernte Märkte gebracht werden. Die Produktion von Eisen stieg, weil es für den Bau der Lokomotiven, Waggons und Schienen gebraucht wurde. Für die Eisenverhüttung und für die Befeuerung der Lokomotiven wurden große Mengen Kohle benötigt. Der Bau der Strecken und der Bahnhöfe verschaffte vielen verarmten Kleinbauern, Tagelöhnern und Handwerkern zumindest zeitweise Arbeit und Einkommen.

**Modernisierung der Landwirtschaft**

Auch auf die Landwirtschaft wirkte sich die Industrialisierung aus. Viele der Maßnahmen, die schon die englische Landwirtschaft produktiver gemacht hatten, wurden übernommen. Größere Bauernhöfe setzten neue Geräte wie Dreschmaschinen und Dampfpflüge ein und gingen zur Düngung mit Mineralien über. Die Züchtung von Rüben mit hohem Zuckergehalt war die Voraussetzung für die Entstehung einer ersten Form von Lebensmittelindustrie – der Zuckerfabriken.

**Die Schwerindustrie entwickelt sich**

Im Lokomotivbau, im Bergbau und in der Eisenhüttenindustrie entstanden erste industrielle Großunternehmen mit riesigen Fabrikhallen und -flächen und Tausenden von Beschäftigten. Neben dem Saarland und Oberschlesien, in denen schon früher Erz verhüttet und Kohle gefördert worden war, nahm nun vor allem die Region an Ruhr und Emscher einen gewaltigen Aufschwung. Weil mithilfe der Dampfmaschinen mächtige Kohlenflöze in größerer Tiefe erschlossen werden konnten, entwickelte sich das Ruhrgebiet in kurzer Zeit zum schwerindustriellen Zentrum Deutschlands.

**Q2 Zwei-Ständer-Dampf-Schmiedehammer nach englischem Vorbild, 1900**

**Q3 Postkutsche, Eisenbahn und Schiffe am Rhein**
Gemälde von Paul Friedrich Meyerheim, 1875.

## Das Beispiel Elektroindustrie

In der ersten Phase der Industrialisierung gingen vom Eisenbahnbau die wichtigsten Impulse für die wirtschaftliche Entwicklung in Deutschland aus. Gegen Ende des 19. Jahrhunderts waren es dann zwei andere Wirtschaftszweige, die Chemie- und die Elektroindustrie, die die Führungsrolle übernahmen und am stärksten wuchsen. Die Chemieindustrie nahm einen wesentlichen Aufschwung, nachdem entdeckt worden war, wie aus Teer, einem Abfallprodukt bei der Verkokung von Steinkohlen, künstliche Farben gewonnen werden konnten. Sie profitierte ferner von der wachsenden Nachfrage nach Grundstoffen wie Schwefelsäure, Chlor und Soda und nach Stickstoffdünger für die Landwirtschaft. Schließlich führten Fortschritte bei der Erforschung von Krankheitsursachen dazu, dass man auch mit der Herstellung von Arzneimitteln begann.
Am schnellsten wuchs seit 1871 die elektrotechnische Industrie. Warum dies so war, kannst du dir mit den folgenden Materialien selber erarbeiten.

**Q4 Familie Siemens**
Foto aus dem Jahr 1860. Als Erfinder, Unternehmer und Wissenschaftler prägte Werner von Siemens (rechts hinten) entscheidend die Entwicklung der Elektrotechnik. Hinten links sein Bruder Carl, der das russische Zweiggeschäft in St. Petersburg leitete, vorn rechts sein Bruder Wilhelm, der dem englischen Zweiggeschäft in London vorstand, und dessen Frau, die Schwester eines englischen Geschäftsfreundes.

**Q5 Die Bedeutung der Elektrizität**
*Anlässlich einer großen Industrieausstellung äußerte sich 1891 der erste Präsident der 1887 gegründeten AEG, Emil Rathenau (1838–1915):*
Die großartige Verteilungsfähigkeit der Elektrizität ist es, welche den Versuch der Übertragung auf große, sehr große Entfernungen erst so recht zu einem bedeutungs- und wertvollen gemacht hat. (...) Wir dürfen uns auch weiter der Überzeugung nicht verschließen, dass die Unterstützung unserer Tätigkeit durch die Arbeitsleistung der Tierwelt längst nicht mehr ausreicht, und das Zugpferd und der Zugochse von rechtswegen schon längst der Vergangenheit angehören müssten. Das Zeitalter des Dampfes hat hierin Großes getan, aber wie jeder rapide und bedeutende Fortschritt auch Nachteile gezeitigt (...) Es liegt (...) in der Natur des Dampfes, als Betriebskraft für große Betriebe mit Erfolg verwendet werden zu können. Wir haben kein Mittel, um mit materiellen und technischem Vorteil den Dampf direkt in die Wohnung des Kleinmeisters zu führen, ebenso wenig können wir die Wirkungen des Dampfes, sei es durch Transmissionen oder durch andere Art, gut auf erhebliche Entfernungen übertragen. Ganz anders die Elektrizität! Die neuesten Fortschritte werden uns gestatten, großartige Krafterzeugungszentren an beliebigen Stellen, im Bergwerk, an der Meeresküste, um die Ebbe und Flut zu benutzen, an den großen Katarakten anzulegen, die dort vorhandenen, bisher zwecklos vergeudeten Kräfte in nutzbringende Elektrizität umzusetzen, diese in, wir können fast sagen, beliebige Entfernungen zu versenden und dort in beliebiger Art zu verteilen und zu verbrauchen.
Wir können dem Handwerksmeister seine Nähmaschine elektrisch betreiben, wir heizen ihm sein Bügeleisen, wir rüsten dem Vergolder die chemischen Bäder

für seine Erzeugnisse. Wir geben noch dazu einem jeden die Beleuchtung in der Stärke und an dem Orte und zu der Zeit, wo sie am vorteilhaftesten ist. Und wenn wir schließlich den Elektromotor mit anderen ähnlichen Maschinen vergleichen, so finden wir, dass er den geringsten Raum einnimmt, dass seine Einrichtung die einfachste ist, dass er keine Wartung braucht und keine Gefahr des Explodierens vorhanden ist, vor allem aber, dass er ökonomisch deshalb am vorteilhaftesten arbeitet, weil sein Kraftverbrauch sich mit seiner Belastung selbsttätig regelt.

*Zit. nach: Preußen. Zur Sozialgeschichte eines Staates. Eine Darstellung in Quellen, Bd. 3. Reinbek bei Hamburg 1981, S. 240.*

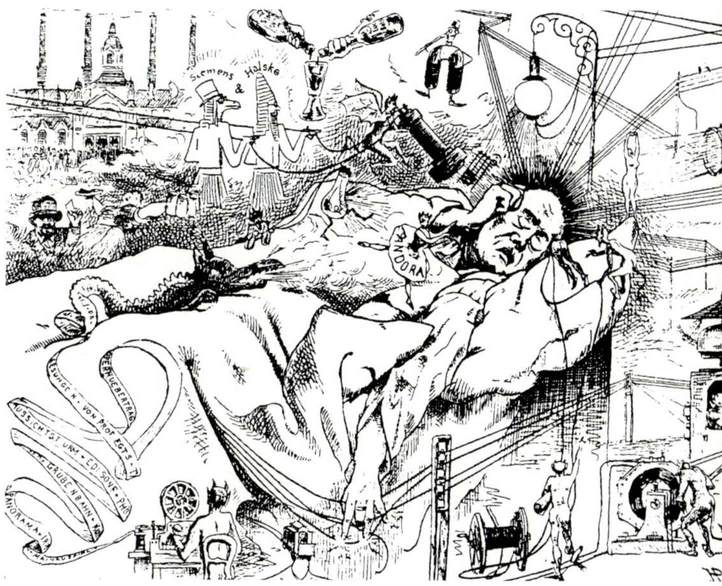


**Visionen des elektrischen Zeitalters Q6**
Karikatur von 1891.

### D2 Wichtige elektrotechnische Erfindungen

| | |
|---|---|
| **1847** | Werner Siemens und Georg Halske gründen ein Unternehmen zur Herstellung von Telegrafen. |
| **1867** | Werner Siemens entdeckt das dynamo-elektrische Prinzip. |
| **1871** | Nach dem Ausscheiden Halskes modernisiert Siemens die Produktion, indem er Produktteile standardisiert und in Serienfertigung zusammensetzen lässt. Hierdurch können statt handwerklich ausgebildeter Handwerker angelernte Arbeiter und Arbeiterinnen eingesetzt werden. |
| | In den 1870er Jahren beginnt Siemens mit der Herstellung von Telefonen. |
| **1878** | Auf der Berliner Gewerbeausstellung stellen Siemens und Halske eine „Bahn ohne Dampf und Pferde" vor. In den folgenden Jahren werden kleine Elektrolokomotiven für den Einsatz in Gruben und elektrische Straßenbahnen entwickelt. |
| **1878** | In Berlin wird die erste elektrische Bogenlampe als Straßenbeleuchtung installiert. In den nächsten Jahren wird die elektrische Beleuchtung in immer mehr Gebäuden eingeführt. Der elektrische Strom wird aus Dynamos gewonnen, die von Dampfmaschinen angetrieben werden. |
| **1883** | Der Ingenieur Emil Rathenau gründet die „Deutsche Edison Gesellschaft", um die vom Amerikaner Edison erfundene Glühbirne in Deutschland einzuführen. Anfangs arbeitet er mit Siemens zusammen, 1887 gründet er sein eigenes Unternehmen, die Allgemeine Elektrizitäts-Gesellschaft (AEG). |
| **1891** | Auf der elektrotechnischen Ausstellung in Frankfurt a. M. wird erstmals erfolgreich demonstriert, wie über Hochspannungsleitungen Strom über eine größere Entfernung transportiert werden kann. |
| | In den 1890er Jahren werden in vielen Großstädten Elektrizitätswerke gegründet, die Strom mit dampfmaschinenbetriebenen Generatoren produzieren und über ein Stromnetz verteilen. Damit konnte die Elektrifizierung der Privathaushalte beginnen. Gleichzeitig kommen die ersten elektrischen Haushaltsmaschinen auf den Markt: Bügeleisen, Waserkochtopf, Ventilator, Föhn usw. |

## Fragen und Anregungen

1. Vergleiche Q5 mit Q6. Welche Erwartungen werden zum Ausdruck gebracht?
2. Überlege, wie dein Leben ohne Elektrizität aussähe. Schreibe eine kleine Geschichte dazu.

**Die wirtschaftliche Einigung Deutschlands bis 1888,** Geschichtskarte D3

### Q7 Hindernis Kleinstaaterei

*Friedrich List schreibt 1820 über die deutschen Zollverhältnisse:*

Hier muss ein ganzer Strich Landes seinen Bedarf an Eisen oder Salz von einem entfernten Ort beziehen, weil das benachbarte Salz- oder Eisenwerk einem anderen deutschen Staate angehört, also die Einfuhr mit hohen Zöllen belegt ist. Dieser ganze Transportkosten ist völlig verloren und lastet auf der Produktion. Dort befindet sich eine Fabrik, welche ihr Material aus verschiedenen benachbarten Staaten bezieht und ihre Fabrikate wieder in verschiedene Nachbarstaaten versendet, ihre Existenz ist also von mehreren Zollordnungen abhängig, und sie geht zugrunde, wenn eine derselben einen feindlichen Streich gegen sie führt. Anderswo zwingen die Zollordnungen die Untertanen, Wein und Getreide an entfernten Orten zu holen, obgleich sie diese Artikel bei freiem Verkehr in der Nähe haben könnten und das Bedürfnis der sich begrenzenden Staaten gleichgroß ist, so dass bei freiem Verkehr jeder Teil die Transportkosten gewinnen würde. So schaden sich die Nachbarstaaten in tausendfachen Beziehungen, wovon bei weitem der größere Teil dergestalt verdeckt liegt, dass sie dann erst zum Vorschein kommen können, wenn das Hindernis gehoben sein wird. – Niemand vermag z.B. den Schaden zu erkennen und zu berechnen, der nur allein durch die gehemmten Rückfrachten entsteht. (...) Wie müsste die deutsche Industrie sich heben, stünde jedem Fabrikunternehmer die Konkurrenz unter dreißig Millionen Menschen offen! Wie müsste der Bergbau, der Ackerbau, die Viehzucht aufblühen, dürfte jeder Zweig der Urproduktion seinen naturgemäßen Abfluss nehmen! Welches Leben würde der Handel gewinnen, wenn die Landstraßen von der Ost- und Nordsee bis an das Adriatische Meer, von der Weichsel bis an den Rhein offen stünden!

*Zit. nach: F. List: Schriften, Reden, Briefe. Hg. v. Erwin Beckerath u.a., Bd 1,2. Berlin 1929, S. 527 ff.*

### Q8 Pauperismus und Auswanderung

*Bericht der Preußischen Bezirksregierung Arnsberg über ländliche Armut und Auswanderung im Februar 1818 an das Oberpräsidium in Münster:*

Die in den beiden Grafschaften Wittgenstein aufgekommene Sucht, nach Amerika auszuwandern, ist eine Seuche, die unsere besondere Aufmerksamkeit erregt hat. Es haben sich seit kurzer Zeit dazu 14 Familienväter mit 71 Familienmitgliedern und 24 einzelne Personen, zusammen 109 Köpfe, schon namentlich angegeben und um Erlaubnis angestanden; das Vermögen, das diese Menschen mitnehmen, ist über 7561 Taler Berliner Courant verzeichnet. Noch meh-

**Q9 Dampfdreschmaschine, Lokomobile und Dreschmaschine**

rere sollen des Willens sein, demselben Schicksal zu folgen. In dem an das Wittgensteinische angrenzende Hessen-Darmstädtische soll derselbe Wandergeist ausgebrochen sein. Obgleich in diesen Gegenden Einladungen aus Amerika mit den Versprechungen eines besseren Zustandes von früher Ausgewanderten angelangt sind, so wird doch nicht dieses, sondern die Armut und eingetretene gänzliche Nahrungslosigkeit als die Hauptursache der angefangenen Auswanderung angesehen und von der landrätlichen Behörde ausdrücklich genannt. In dieser Voraussetzung wäre von der Auswanderungssucht, die ohnehin anzustehen pflegt, bei dem jetzigen Verfall so mancher Gewerbe sehr vieles zu fürchten, besonders wenn die Habsucht auf diese Spur geraten sollte und mit ihren gewöhnlichen Anwerbungsmitteln sich dazwischen legen würde. Wir sind daher der Meinung gewesen, dass dem Übel bei dem Entstehen am besten entgegenzuwirken sei, und dass, da hier kein Zwang eintreten darf, die armen nahrungslosen Menschen vielleicht am besten durch einige Unterstützung und Verschaffung von Arbeitsverdienst von ihrem Vorsatz zurückgehalten werden könnten.

*Zit. nach: W. Köllmann: Die deutsche Bevölkerung im Industriezeitalter. In: Ders. (Hg.): Bevölkerung in der Industriellen Revolution. Göttingen 1974, S. 35 ff.*

## Fragen und Anregungen

1. Überlege, warum in der Frühzeit der Industrialisierung oftmals Burgen und Schlossanlagen als Fabrikgebäude benutzt wurden (Q1).
2. Zähle die Nachteile auf, die Deutschland aus den vielen Zollgrenzen entstanden (Q7).
3. Überlege, warum Preußen ein besonderes Interesse an einem einheitlichen Zollgebiet in Deutschland hatte (D3).
4. Kläre, welche Ursachen nach Ansicht des Verfassers von Q8 für die wachsende Auswanderung ausschlaggebend waren. Welche Gefahren waren für den Staat mit der Auswanderung verbunden? Wie sollte gegen die Auswanderung vorgegangen werden?
5. Eisenbahn und Zollverein sind als „siamesische Zwillinge" bezeichnet worden, deren Wirkungen einander verstärkt und die die Entstehung eines deutschen Nationalstaates befördert haben sollen. Erläutere, was damit gemeint sein könnte (VT, D1, Q7).
6. Erläutere die Auswirkungen der Industrialisierung auf die Landwirtschaft (VT).

# 4. Unternehmer und Arbeiter in der Fabrik

**Die Belegschaft der Q1 Zinkfabrik Altenberg**
Foto von 1894
Der Mann in der Mitte ist vermutlich der Unternehmer.

**Firmeneigentümer haben alles im Griff**

Die ersten industriellen Unternehmer entstammten zumeist der Mittelklasse, denn sie verfügte über das notwendige Kapital für Firmengründungen. Handwerker als Unternehmensgründer kamen vor, blieben aber eher die Ausnahme, zumal die Banken sich noch von der Finanzierung industrieller Unternehmen zurückhielten. Für die Firmeneigentümer war es noch selbstverständlich, sich persönlich in sämtlichen Betriebsangelegenheiten auszukennen. Sie kümmerten sich um Fragen der Produktion, der Finanzierung, des Absatzes und um die Suche nach qualifizierten Arbeitern.

**Aktiengesellschaften und Banken entstehen**

Im Laufe des 19. Jahrhunderts nahm die Zahl größerer Betriebe zu. Um die Abhängigkeit von Zulieferern zu überwinden, gingen Unternehmen dazu über, Firmen zu gründen oder aufzukaufen, um Rohmaterialien oder Vorprodukte selbst herzustellen. Das Geld für die Finanzierung solcher Großunternehmen konnte kaum noch von einzelnen Unternehmern aufgebracht werden. Aus diesem Grund begannen die Banken eine wichtigere Rolle zu spielen. Weil der Kapitalbedarf der Industrie die Möglichkeiten der Privatbanken aber übertraf, wurden Aktienbanken gegründet, deren Grundkapital sich aus den Einzahlungen vieler verschiedener Anleger ergab. Die Finanzierung durch die Ausgabe von Aktien machten sich auch die industriellen Unternehmen direkt zu nutze. Die Käufer der Aktien waren zwar von den laufenden betrieblichen Entscheidungen ausgeschlossen, die Betriebsleitung musste aber ihnen gegenüber regelmäßig Rechenschaft ablegen. Die Aktionäre hatten das Recht auf die Dividende, einen jährlich pro Aktie ausgezahlten Anteil am Gewinn des Unternehmens. An der Börse konnten sie ihre Aktien auch wieder verkaufen und dabei zusätzlichen Gewinn machen – oder Verlust.

**Q2 Aktie der Duisburger Maschinenbau Actien-Gesellschaft, vormals Bechem & Keetman, 1872**

Durch die Umwandlung in Aktiengesellschaften verloren die Eigentümer der Fabriken ihren direkten Einfluss auf das alltägliche Betriebsgeschehen, das nunmehr von Direktoren – heute spricht man von Managern – gelenkt wurde. Fabrikbesitzer und Direktoren waren ihrerseits immer seltener selber in der Lage, alle technischen Abläufe zu verstehen und fortzuentwickeln. An Technischen Hochschulen ausgebildete Ingenieure und eigene Forschungsabteilungen spielten deshalb eine immer wichtigere Rolle. Weltweite Kauf- und Verkaufsbeziehungen sowie das Bedürfnis, Kosten und Erträge für die Fabrik und für jede ihrer Unterabteilungen jederzeit überblicken zu können, ließen die Zahl der Buchhalter und Büroangestellten in den Kontoren – den heutigen Büros – wachsen.

**Moderne Formen der Unternehmensleitung entstehen**

Die große Mehrheit der Beschäftigten in den Fabriken machten jedoch die Arbeiterinnen und Arbeiter aus. Ihre Arbeit unterschied sich erheblich von dem, wie sie früher in Werkstätten oder auf Bauernhöfen gearbeitet hatten. Art und Tempo der Arbeit waren nun grundsätzlich an den Maschinen ausgerichtet. Ihnen mussten die Rohmaterialien und Vorprodukte zugeführt werden, von ihnen mussten die Produkte abtransportiert und eventuell nachgearbeitet werden. Außerdem mussten die Maschinen selber betrieben, gepflegt und gewartet werden. Während hierfür auch qualifiziertere Arbeiter benötigt wurden, konnten viele der anderen Arbeiten von ungelernten oder angelernten und damit billigeren Arbeitskräften ausgeführt werden.

**Arbeit an Maschinen**

Nicht immer musste an den Maschinen direkte körperliche Schwerarbeit verrichtet werden. Doch auch die „einfachen", sich stets wiederholenden, eintönigen und einseitigen Tätigkeiten stellten hohe Anforderungen an Konzentration und Ausdauer. Außerdem waren die Arbeiten häufig mit gesundheitlichen Belastungen wie Lärm, Hitze, Staub, Gestank usw. sowie mit Unfallgefahren verbunden. Die harte Arbeit veranlasste viele Beschäftigte, jede Gelegenheit am Arbeitsplatz auszunutzen, um sich ein wenig Erleichterung und Abwechslung zu verschaffen. In Fabrikordnungen wurde deshalb genau festgelegt, was Arbeiterinnen und Arbeiter zu tun und zu lassen hatten und wie sie bestraft werden sollten, wenn sie gegen Vorschriften verstießen.

**Fabrikordnungen regeln das Arbeitsleben**

Die Arbeitszeit in den Fabriken war zunächst sehr lang: An sechs Tagen in der Woche mussten durchschnittlich 12 bis 14 Stunden gearbeitet werden. Urlaub war unbekannt. Erst langsam sah man ein, dass auf Dauer kürzere Arbeitszeiten die Leistungsfähigkeit und -bereitschaft der Arbeiter verbesserten. Die Löhne, die in den Fabriken verdient wurden, reichten nur bei qualifizierten und deshalb besser bezahlten Arbeitern, z.B. Meistern und Technikern, zum Lebensunterhalt einer ganzen Familie aus. Die Familien der vielen ungelernten oder angelernten Arbeiter kamen hingegen ohne einen Zuverdienst der Frauen und Kinder nicht aus. Solche Mitarbeit war in der Landwirtschaft und im Handwerk zwar auch üblich, dort fand sie allerdings meistens im Rahmen der Familie statt. In den Fabriken jedoch wurden Frauen und Kinder als gegenüber Männern vergleichsweise billige und bereitwillige Arbeitskräfte eingestellt.

**Arbeitszeit und Löhne**

**Kinderarbeit** Q3
Sonneberger Mädchen bei der Puppenherstellung.

**Dampfhammer Fritz bei Krupp in Essen** Q4

Seit 1860 wurden damit Schiffswellen, Geschützteile und Kurbelachsen geschmiedet. Hier wird ein Rohr ausgeschmiedet. Um seinen Umfang anpassen zu können, muss ein rundes „Gesenk“ in das Rohrinnere gehalten werden. Über den Kran und durch die mit Stangen nachhelfenden Arbeiter wird das „Gesenk“ in Position gebracht. Ganz rechts auf dem erhöhten Stand steht der Kranführer, links der Hammerführer.

### Q5 Fabrikordnung der Augsburger Kammgarn-Spinnerei von 1846

*Fabrikordnungen wurden dem Arbeiter ausgehändigt oder als Plakat in den Werkhallen angeschlagen:*

2. Außer an den Sonntagen und hohen Festtagen, wird alle Tage gearbeitet. Jede Abwesenheit an einem andern Tage, sogar unter dem Vorwande einer Unpässlichkeit, wenn solche nicht erwiesen werden kann, wird mit einer Geldbuße bestraft, welche das Doppelte des Lohnes beträgt, der während der Zeit der Abwesenheit verdient worden wäre.

3. Die Arbeitsstunden sind im Sommer von 5 Uhr morgens bis abends 7 Uhr, im Winter von 6 Uhr bis abends 8 Uhr. ( … )

8. Kein Arbeiter soll eine in Unordnung geratene Maschine berühren, wenn auch nur die kleinste Ausbesserung daran zu machen wäre, sondern den Werkmeister herbeirufen. ( … )

9. Jeder Arbeiter ist für die ihm anvertrauten Gegenstände verantwortlich; wenn er dieselben bei Nachfrage nicht gleich vorweisen kann, werden sie auf seine Kosten durch neue ersetzt.

10. Wenn in einem Arbeitssaale ein Gegenstand beschädigt wird, und der Täter nicht auszumitteln ist, so sind die Arbeiter des ganzen Saales bis zur Nachweisung des Täters haftend.

11. Der Arbeiter, welcher schlechte Arbeit liefert, verfällt in eine dem Fehler angemessene Strafe. (…)

15. Es ist bei Strafe von zwei Taglöhnen verboten, im Umfange der Fabrik zu rauchen. Im Wiederholungsfalle wird der Dawiderhandelnde entlassen.

16. Arbeiter, welche sich betrunken einstellen, werden abgewiesen, und es wird ihnen ein Abzug wie für die Abwesenheit, § 2 gemacht. (…)

21. Der Arbeiter, welcher des Diebstahls überführt wird, sei es von Garn, Wolle oder irgendeinem andern dem Etablissement gehörigen Gegenstande, wenn auch von geringem Werte, wird augenblicklich entlassen. (…)

24. Jeder Ungehorsam von Seiten der Arbeiter gegen ihre Vorgesetzte, oder gegen die von Letztem dazu verordnete Personen, soll, nach Verhältnis des Fehlers, mit einer Strafe von einem bis fünf Taglöhnen belegt werden.

*Zit. nach: B. Flohr: Arbeiter nach Maß. Die Disziplinierung der Fabrikarbeiter während der Industrialisierung Deutschlands im Spiegel von Arbeitsordnungen. Frankfurt a. M. 1981, S. 98 ff.*

### D1 Tägliche Durchschnittsarbeitszeit in Handwerk und Industrie 1800–1914

| | |
|---|---|
| 1800–1820 | 10–13 Stunden |
| 1820–1840 | 11–15 Stunden |
| 1840–1860 | 12–16 Stunden |
| 1860–1870 | 12–14 Stunden |
| 1870–1890 | 11–13 Stunden |
| 1890–1910 | 10–11 Stunden |
| 1910–1914 | 10 Stunden |

*Vom Verfasser zusammengestellt*

## Q6 Kinderarbeit in einer Baumwollspinnerei

*Vor allem während der ersten Jahrzehnte der Industrialisierung war in den Fabriken die Einstellung von Kindern als billigen und gehorsamen Arbeitskräften üblich. Allerdings meldeten sich schon bald kritische Beobachter zu Wort.*

*Aus einem Bericht des Geheimen Regierungsrats Keller über die Besichtigung einer Baumwollfabrik in Bonn, 1834:*

(…) Dieser [der Werkmeister] führte uns überall umher und ging auch mit uns in die Arbeitsräume, in denen die Kinder beschäftigt waren. Sie waren hell und reinlich, und die Kinder, dem äußeren Anscheine nach, so gesund und behaglich, als diese für Leib und Seele mörderische Beschäftigungsart, denn anders kann man die großen Baumwollspinnereyen nicht nennen, es irgend gestatten mag. Die Kinder sind täglich von 5 Uhr Morgens bis 12 Uhr Mittags, Nachmittags von 1 Uhr bis zum späten Abend, im Winter natürlich bey Lichte, beschäftigt. Schulunterricht genießen sie gar nicht, weder in frühern Jahren, noch während der Zeit, in welcher sie hier Arbeit finden; nicht einmal in Sonntagsschulen, die man überhaupt in Bonn nicht kennt. Nach der Auskunft des Werkmeisters werden nur die vom Pfarrer zum Konfirmanden-Unterricht Angezeichneten täglich von 11–12 Uhr von der Fabrick aus zur Katechisation gesendet. Der Verdienst der Kinder beträgt stufenweise von 3 Sgr. [Silbergroschen] täglich bis auf 2 bis 3 Thaler die Woche. Ich befragte gelegentlich einzelne Kinder, die uns hie und da in den Corridors aufstießen und mir besonders offen und geweckt schienen, nach einzelnen Gegenständen des alltäglichen Lebens und des gewöhnlichen Wissens. Allein sie waren entweder ganz leer und entblößt von Vorstellungen und Begriffen oder ganz roh im Ausdrucke derselben (…)

*Zit. nach: S. Quandt (Hg.): Kinderarbeit und Kinderschutz in Deutschland 1783–1976. Paderborn 1978, S. 37.*

## D2 Lebenserhaltung

*Jahresverdienste von Arbeitnehmern in Deutschland in Industrie, Handel und Verkehr 1871–1913:*

| | Durchschnittl. nominaler Jahresverdienst | Index der Lebenshaltungskosten | Durchschnittl. realer Jahresverdienst |
|---|---|---|---|
| **Jahr** | **Mark** | **1895=100** | **Preise von 1895** |
| 1871 | 493 | 105,8 | 466 |
| 1875 | 651 | 112,7 | 578 |
| 1880 | 545 | 104,0 | 524 |
| 1885 | 581 | 98,6 | 589 |
| 1890 | 650 | 102,2 | 636 |
| 1895 | 665 | 100,0 | 665 |
| 1900 | 784 | 106,4 | 737 |
| 1905 | 849 | 112,4 | 755 |
| 1910 | 979 | 124,2 | 789 |
| 1913 | 1083 | 129,8 | 834 |

*Quelle: J. Kocka: Arbeitsverhältnisse und Arbeiterexistenzen. Grundlagen der Klassenbildung im 19. Jahrhundert. Berlin 1990, S. 486.*

*Wenn nur die Geldsumme betrachtet wird, die die Arbeiter erhielten – der so genannte „nominale" Lohn –, so verdienten sie 1913 mehr als doppelt so viel wie 1871. Hinsichtlich der Entwicklung von Einkommensverhältnissen muss jedoch stets berücksichtigt werden, was man sich für diese Löhne überhaupt kaufen konnte. Es muss also die Entwicklung der Lebenshaltungskosten mit berücksichtigt werden. Die Lebenshaltungskosten werden ermittelt, indem festgestellt wird, wie teuer in den verschiedenen Jahren jeweils ein „Warenkorb" war, in den nicht nur die gängigsten Lebensmittel, sondern auch die Kosten für Miete, Gas, Strom usw. eingehen. Erst wenn dies bekannt ist, kann beurteilt werden, ob die Menschen wirklich („real") mehr oder weniger verdienten.*

## Fragen und Anregungen

1. Lege dar, wie sich die Unternehmensleitung im Laufe der Zeit veränderte. Welche neuen Berufe entwickelten sich dadurch (Q1, VT)?
2. Formuliere jeweils aus der Sicht eines Unternehmers und eines Arbeiters Meinungen zur Fabrikordnung Q5. Informiere dich, wie heutzutage Verstöße gegen betriebliche Anforderungen und Anweisungen geahndet werden können. Vergleiche.
3. Stell dir vor, du würdest als Journalist das Krupp-Werk besuchen. Verfasse einen Bericht dazu (Q4).
4. Drücke in eigenen Worten aus, was die Tabelle über die allgemeine Entwicklung der Arbeitszeit aussagt. Überlege, worin der Grund für diese Entwicklung bestanden haben könnte (D1).
5. Setze die Tabelle für die nominalen und die realen Jahresdurchschnittsverdienste in ein Kurvendiagramm um (x-Achse: Jahre; y-Achse: Verdienst). Welche Entwicklung ist feststellbar (D2)?
6. Erörtere, was Kinderarbeit für die Entwicklung der Kinder bedeutete (Q3, Q6).

# 5. Wie soll die soziale Frage gelöst werden?

**Neue Formen der Armut**

Durch die Industrialisierung wurde im 19. Jahrhundert das Massenelend – der Pauperismus – gestoppt. Denn die Landwirtschaft war produktiver, die Lebensführung hygienischer und die medizinische Versorgung besser geworden. Zudem fanden immer mehr Menschen in den Fabriken Arbeit. Andererseits zeigten sich aber neue Formen von Armut: Auch die Arbeiter und Arbeiterinnen in den neuen Fabriken waren oft nur einen kleinen Schritt von der existentiellen Notlage entfernt. Wegen der niedrigen Löhne konnten sie kaum Ersparnisse aufhäufen, so dass sie und ihre Familien oft von der Hand in den Mund lebten. Wenn sie ernsthaft krank wurden, wegen eines Unfalls oder aus Altersschwäche nicht mehr arbeiten konnten oder entlassen wurden, drohte sofort Verelendung. Besonders ernst war die Situation immer dann, wenn größere Fabriken oder ganze Wirtschaftszweige ihre Produktion einschränkten, weil sie ihre Waren nicht mehr absetzen konnten und deshalb viele Arbeiter auf einmal entließen.

**Menschenwürdiges Leben**

Solche Schicksale stießen in der Öffentlichkeit zunehmend auf größere Aufmerksamkeit. Die unübersehbaren Produktivitätsfortschritte machten es immer schwieriger, Armut einfach als naturgegeben hinzunehmen. Seit der Französischen Revolution leiteten zudem immer mehr Menschen aus den Idealen von Freiheit, Gleichheit und Brüderlichkeit das Anrecht aller auf ein menschenwürdiges Leben ab. Die Frage drängte sich auf, wie das enorme Wirtschaftswachstum zu der Tatsache passte, dass noch nicht einmal die Existenz großer Teile der Bevölkerung gesichert war oder ihre Gesundheit in den Fabriken ruiniert wurde. Warum dies so war und wie die allerschlimmste Not für die Arbeiter verhindert werden könne, wurde unter der Bezeichnung „soziale Frage" diskutiert.

**Kapitalisten und Arbeiter – ein unversöhnlicher Gegensatz?**

Q1 Karl Marx (1818–1883)

Die radikalste Antwort auf die „soziale Frage" gab der deutsche Philosoph und Wirtschaftswissenschaftler Karl Marx gemeinsam mit seinem Freund Friedrich Engels. Nach Marx stehen sich in der Gesellschaft diejenigen, die die Produktionsmittel (Fabrikanlagen, Maschinen) besitzen, die Kapitalisten, und diejenigen, die nichts außer ihrer Arbeitskraft besitzen, die Proletarier, unversöhnlich gegenüber. Der Reichtum der Kapitalisten entspringe nicht ihrem Fleiß oder Geschick. Vielmehr sei es allein die Arbeit der von ihnen Beschäftigten, die für sie mehr Wert produziere als an Lohn ausbezahlt wird. Aus diesem Mehrwert ergebe sich der Gewinn oder Profit der Kapitalisten. Darin würden alle Lohnkämpfe der Arbeiter ihre Grenzen finden. Wenn sie ihre Lage wirklich grundlegend verbessern wollten, so müssten sie gemeinsam als Klasse den Kampf gegen die Klasse der Kapitalisten führen, sie im Zuge einer Revolution enteignen, das Lohnsystem abschaffen und die Produktion gemeinschaftlich („sozialistisch" oder „kommunistisch") organisieren. Ihre Ideen verbreiteten Marx und Engels vor allem mit zwei berühmten Schriften: das „Kommunistische Manifest", das 1848 erschien, sowie das „Kapital", eine grundsätzliche und umfassende Analyse des gesamten kapitalistischen Produktionsprozesses.

**Soziale Hilfe durch Betriebe und Kirchen**

Auch immer mehr Menschen aus bürgerlichen Kreisen überlegten, wie der Verelendung entgegengewirkt werden könne – ohne die Eigentumsverhältnisse grundsätzlich in Frage zu stellen. Zum Teil sorgten die Betriebe selber für ihre Arbeiter. Sie ließen beispielsweise Werkswohnungen erbauen, richteten Kantinen und Waschräume ein, bezuschussten eigene Unterstützungskassen, gründeten eigene

Schulen u.v.m. Das war oftmals mit der Absicht verbunden, einen Stamm qualifizierter Arbeiter an das Unternehmen zu binden. Ferner konnte man so auf die Arbeiter Druck ausüben, sich von politischen Organisationen fern zu halten (vgl. S. 84–87). Vertreter der Kirchen sahen in der Armut der unteren Schichten eine Herausforderung an die Nächstenliebe der Bürger. Sie gründeten nicht nur eigene Hilfsorganisationen, z.B. für ledige Arbeiter, die so zu einem sparsamen und gesitteten Lebenswandel gebracht werden sollten. Auch eigene Gewerkschaften wurden von kirchlicher Seite eingerichtet, weil man sich davon bessere Verständnismöglichkeiten mit Unternehmern erhoffte, die ebenfalls christlich gesonnen waren.

**Staatliche Sozialpolitik**

Die Gefahren, die aus der neuen Produktionsweise für die Arbeiter erwuchsen, riefen aber vor allem den Staat auf den Plan. Er sah sich zu gesetzlichen Beschränkungen der Vertragsfreiheit zwischen Unternehmern und Arbeitern veranlasst und erließ Vorschriften, wie für Arbeiter, die in Not gerieten, vorgesorgt werden sollte. Viele der damals erlassenen Bestimmungen sind auch heute noch Grundlage der Sozialpolitik. Seit 1839 wurde zunächst schrittweise die Arbeit von Kindern und Jugendlichen begrenzt bzw. verboten. Auch der Frauenarbeit wurden einige Grenzen gesetzt. In den 1880er Jahren setzte im Deutschen Reich eine breite sozialpolitische Gesetzgebung ein, die bewusst als Ergänzung zu der gleichzeitig betriebenen politischen Verfolgung der organisierten Arbeiter unter den Sozialistengesetzen gedacht war. Im Betrieb verunglückten Arbeitern wurde nun endlich ein Rechtsanspruch auf Entschädigung zuerkannt. Sie erhielten Geld aus einer gemeinsamen Haftpflichtversicherung aller Unternehmen. So blieben die einzelnen Unternehmen von finanziellen Ansprüchen, die sie hätten ruinieren können, verschont. Die Vorsorge für Krankheit und Alter wurde nicht mehr dem Sparwillen der einzelnen Arbeiter überlassen. Alle Arbeiter wurden zwangsweise verpflichtet, zur Vorsorge einen Teil ihres Lohnes in die staatlich verwaltete Renten- und Krankenversicherung einzuzahlen.

**Q2 Krupp-Arbeiterwohnsiedlung „Altenhof" in Essen.** Foto um 1885. Solche Arbeitersiedlungen gaben den Arbeitern nicht nur Wohnraum, in den kleinen Gärten konnte auch Gemüse zur Selbstversorgung angebaut werden.

**Q3 „Rauhes Haus" bei Hamburg** Der evangelische Pfarrer Wichern richtete es für verwaiste und verwahrloste Kinder ein. Sie lernten dort lesen, schreiben und rechnen und wurden in Werkstätten auf ihr Berufsleben vorbereitet.

**Q4 Unfall in einer Maschinenfabrik**
Gemälde von Johann Bahr, um 1890. Damit wurde für den Besuch der „Deutschen Allgemeinen Ausstellung für Unfallverhütung“ geworben, die in Berlin stattfand.

| Versicherungsart | Beiträge | Leistungen |
|---|---|---|
| **Krankenversicherung 1883** für gewerbliche Arbeiter und (freiwillig ab 1892) Angehörige | 2–3 % des Lohns; 2/3 vom Versicherten, 1/3 vom Arbeitgeber | ärztliche Behandlung und Medizin, Krankenhauskosten; nach zweitägiger Wartezeit Krankengeld (50 % des Durchschnittslohns, max. 2 Mark/Tag) |
| **Unfallversicherung 1884** für gewerbliche Arbeiter | als Haftpflicht vom Arbeitgeber zu zahlen | Heilungskosten; bei Erwerbsunfähigkeit 2/3 des Einkommens, 1/5 für Witwen |
| **Invaliditäts- und Altersversicherung 1889** für gewerbliche und Landarbeiter (ab 1911 auch für Familienangehörige) | 1 % (ab 1900 1,5–3 %) des Lohns, je zur Hälfte von Arbeitnehmern und Arbeitgebern | Invalidenrente bei Erwerbsunfähigkeit (1911): 1,1 Mill. Rentenbezieher von durchschnittlich 187 Mark/Jahr; Altersrente ab 70. Lebensjahr und nach 30 Beitragsjahren (ab 1900: 24) |

**D1 Das deutsche Sozialversicherungssystem**

**Q5 Bourgeoisie und Arbeiter**

*Marx und Engels 1848 im Kommunistischen Manifest:*
Alle bisherige Gesellschaft beruhte, wie wir gesehen haben, auf dem Gegensatz unterdrückender und unterdrückter Klassen. Um aber eine Klasse unterdrücken zu können, müssen ihr Bedingungen gesichert sein, innerhalb derer sie wenigstens ihre knechtische Existenz fristen kann. Der Leibeigene hat sich zum Mitglied der Kommune in der Leibeigenschaft herangearbeitet, wie der Kleinbürger zum Bourgeois unter dem Joch des feudalistischen Absolutismus. Der moderne Arbeiter dagegen, statt sich mit dem Fortschritt der Industrie zu heben, sinkt immer tiefer unter die Bedingungen seiner eigenen Klasse herab. Der Arbeiter wird zum Pauper, und der Pauperismus entwickelt sich noch rascher als Bevölkerung und Reichtum. Es tritt hiermit offen hervor, dass die Bourgeoisie unfähig ist, noch länger die herrschende Klasse der Gesellschaft zu bleiben und

die Lebensbedingungen ihrer Klasse der Gesellschaft als regelndes Gesetz aufzuzwingen. Sie ist unfähig zu herrschen, weil sie unfähig ist, ihrem Sklaven die Existenz selbst innerhalb seiner Sklaverei zu sichern, weil sie gezwungen ist, ihn in eine Lage herabsinken zu lassen, wo sie ihn ernähren muss, statt von ihm ernährt zu werden. Die Gesellschaft kann nicht mehr unter ihr leben, d. h. ihr Leben ist nicht mehr verträglich mit der Gesellschaft.

*K. Marx/F. Engels: Manifest der Kommunistischen Partei (1848). Stuttgart 1986, S. 36 f.*

### Q6 Ein Unternehmer rechtfertigt sich

*1877 richtete Alfred Krupp – „Ein Wort an die Angehörigen meiner gewerblichen Anlagen“:*

Trotz wiederholter Warnung scheint sich unter einem Teile von Euch der Geist der Sozialdemokratie einschleichen zu wollen. Dieser Geist aber ist verderblich, und jeder Verständige muss ihn bekämpfen, der Arbeiter so gut wie der Arbeitgeber. (…)

Die Erfindungen und dazu gehörenden Produktionen habe ich eingeführt; der Arbeiter darf aber nicht die Frucht verlangen von der Tätigkeit anderer; das ist gegen das jedem Menschen eingeborene Rechtsgefühl. Wie jedermann verteidige auch ich mein Eigentum; wie mein Haus, so ist auch meine Erfindung mein und die Frucht derselben, sie mag Gewinn sein oder Verlust. (…)

Um die Lage meiner Arbeiter zu verbessern, war ich von jeher zunächst darauf bedacht, ihnen ein möglichst sorgenfreies Dasein für die Zeiten zu verschaffen, in denen sie selbst nicht mehr arbeiten könnten. Ihr selbst wisst es am besten, wie es mit Kranken, Invaliden und ausgedienten Arbeitern bei uns gehalten wird. Dann habe ich den Arbeitern Wohnungen gebaut, worin bereits 20 000 Seelen untergebracht sind, habe Schulen gegründet, Schenkungen verliehen und Einrichtungen getroffen zur billigen Beschaffung von allem Lebens- und Hausbedarf. (…) Ich gebe Euch nun diesen Rat: Lasst Euch nicht blenden durch schöne Worte und erwartet das Heil nicht von solchen, die einen neuen mühelosen Weg zur Volksbeglückung gefunden haben wollen. Die Angelegenheiten des ganzen Vaterlandes sollen jedem wichtig und teuer sein, aber dazu hilft gar nichts das Kannegießern, das Schwatzen über politische Angelegenheiten, das ist nur den Aufwieglern willkommen und stört die Pflichterfüllung.

*Zit. nach: Quellensammlung zur Geschichte der sozialen Betriebsverfassung, Bd. 2: Soziale Betriebsverfassung einzelner Unternehmen der Ruhrindustrie, bearb. von G. Adelmann. Bonn 1965, S. 295 ff.*

### Q7 Kichliche Fürsorge

*Der Priester Adolf Kolping versuchte die Not der wandernden Handwerksgesellen zu mildern und gründete seit 1849 die katholischen Gesellenvereine:*

Man richte nur in allen Städten, wenn nicht in allen größeren Gemeinden, einen freundlichen, geräumigen Saal ein, sorge am Sonn- und Feiertage, wie am Montagabend für Beleuchtung und im Winter für behagliche Wärme dazu und öffne dann dies Lokal allen jungen Arbeitern, denen es mit ihrem Leben und ihrem Stande nur immer ernst ist. Da die jungen Leute, die der Einladung folgen, Gemeinsames mit ziemlich gleichen Kräften wollen, bilden sie dadurch einen Verein, für dessen Bestehen und Gedeihen ein Vorstand von achtbaren Bürgern, die dem guten Zwecke zu dienen entschlossen sind, zu sorgen hätte, und an dessen Spitze ein Geistlicher stehen soll, der dieser Stelle mit all der persönlichen Hingebung und Aufopferung vorzustehen hat, welches sein heiliges, grade dem Volke gewidmetes Amt und die gute Sache erheischen (…) Da dürfte es nicht an guten Büchern, Schriften und Zeitungen fehlen, nicht bloß, die das religiöse Interesse vertreten, sondern die auch, was ja nicht zu übersehen wäre, dem bürgerlichen Leben gelten, die gewerbliche Gegenstände behandeln und so viel möglich, jedem Handwerker von Nutzen sein können.

*A. Kolping: Ausgewählte pädagogische Schriften, besorgt von Hubert Göbels. Paderborn 1964, S. 5 f.*

## Fragen und Anregungen

1. Stelle in einer Tabelle gegenüber, wer welche Maßnahmen zur Lösung der sozialen Frage ergriff (VT, Q2, Q3, Q6, Q7, D1).
2. Welche Gründe nennen Marx und Engels für den zu erwartenden Untergang der Bourgeoisie (Q5)?
3. Nenne Argumente, mit denen Krupp seine Arbeiter von der Sozialdemokratie fern halten will (Q6).
4. Welche Wirkungen versprach sich Kolping von der Einrichtung eigener Räume für die Handwerksgesellen (Q7)?
5. Lege dar, wie die Beitragszahlungen zur Kranken- und Altersversicherung geregelt wurden und welche Leistungen den Versicherten zustanden (D1). Vergleiche diese Regelungen mit den heutigen Bestimmungen.

# 6. Arbeiter organisieren sich

**Maschinenstürmer setzen sich zur Wehr**

Die Unsicherheiten und Gefährdungen ihrer Existenz veranlassten die Arbeiter immer wieder zu Protesten und zu Bestrebungen, ihre Lebensbedingungen zu verbessern. In der ersten Zeit der Industrialisierung richtete sich der Unmut von Arbeitern oft direkt gegen die Maschinen. Als beispielsweise die maschinelle Weberei eingeführt wurde, wehrten sich sowohl in England als auch in Deutschland viele Handweber, die dadurch ihr Einkommen verloren, indem sie Webmaschinen und Fabriken zerstörten. Gegen solche Maschinenstürmer gingen Polizei, Militär und Gerichte mit großer Härte vor. Schon bald war klar, dass das weitere Vordringen der Maschinen so nicht verhindert werden konnte.

**Unterstützungskassen werden ins Leben gerufen**

Als drängendstes Problem stellte sich den Arbeitern die Frage, wovon sie und ihre Familien leben sollten, wenn sie arbeitsunfähig werden oder gar sterben sollten. Die Arbeiter halfen sich zunächst selbst, indem sie das Risiko gemeinsam zu tragen versuchten. In vielen Fabriken gründeten sie so genannte Unterstützungskassen, in die jeder regelmäßig Beiträge einzahlte. Im Krankheitsfall erhielten die Kassenmitglieder dann für eine gewisse Zeit ein bescheidenes Ersatzeinkommen. Starben sie, so konnten ihre Witwen und Waisen übergangsweise eine finanzielle Hilfe beziehen.

**Gewerkschaften entstehen**

Um bessere Arbeitsbedingungen und höhere Löhne gegen die Unternehmer durchsetzen zu können, schlossen sich Arbeiter zu Gewerkschaften zusammen. Durch die Androhung gemeinsamer Arbeitsniederlegung, versuchten sie auf die Unternehmen Druck auszuüben. Solche Arbeitskämpfe konnten nur dann über einen längeren Zeitraum geführt werden, wenn die Streikenden schon vorher eine größere Geldsumme angespart hatten, aus der sie im Falle eines Streiks eine Unterstützung erhielten. Die Unternehmer und auch viele Politiker sahen in den Gewerkschaften anfangs nur Störenfriede und Unruhestifter. Sie bekämpften sie deshalb energisch und weigerten sich, sie als Verhandlungspartner anzuerkennen. Bis 1914 konnte in Deutschland zwar prinzipiell das Recht sich gewerkschaftlich zu organisieren erstritten werden, faktisch wurden die Gewerkschaften aber weiterhin misstrauisch beurteilt. Offenes Auftreten in den Betrieben war ihnen nicht gestattet.

**Arbeiterparteien werden gegründet**

Immer wieder erfuhren die Arbeiter, wie machtlos sie gegenüber den Unternehmern und den Behörden waren und wie wenig der Staat von sich aus bereit war, ihnen zu helfen. Um über das Parlament, den Reichstag, Einfluss nehmen zu können, entstanden in den 1860er Jahren mehrere politische Arbeiterparteien in Deutschland. Sie schlossen sich 1875 zur Sozialistischen Arbeiterpartei Deutschlands zusammen, die sich schließlich 1890 in Sozialdemokratische Partei Deutschlands (SPD) umbenannte und zur stärksten Partei im Reichstag wurde.

**Eine eigenständige Arbeiterkultur**

Die „Arbeiterbewegung“ – so nannten sich die Mitglieder der SPD und der Gewerkschaften selber – entwickelte zunehmend eigene Lebensformen, eine eigene Kultur. Für fast alle Lebensbereiche vom täglichen Einkaufen bis zur Freizeitgestaltung konnten die Arbeiter und deren Familienangehörigen auf eigene Angebote zurückgreifen. Man las eigene Zeitungen und Zeitschriften, besuchte regelmäßig Vortrags- und Diskussionsveranstaltungen, gehörte eigenen Bildungs- und Sportvereinen an, kaufte in eigenen genossenschaftlichen Läden ein, feierte die Geschichte der eigenen Organisationen u. v. m. Diese proletarische Kultur diente vor allem der Abgrenzung von der Kultur des Bürgertums und der Entwicklung eines eigenen Selbstbewusstseins.

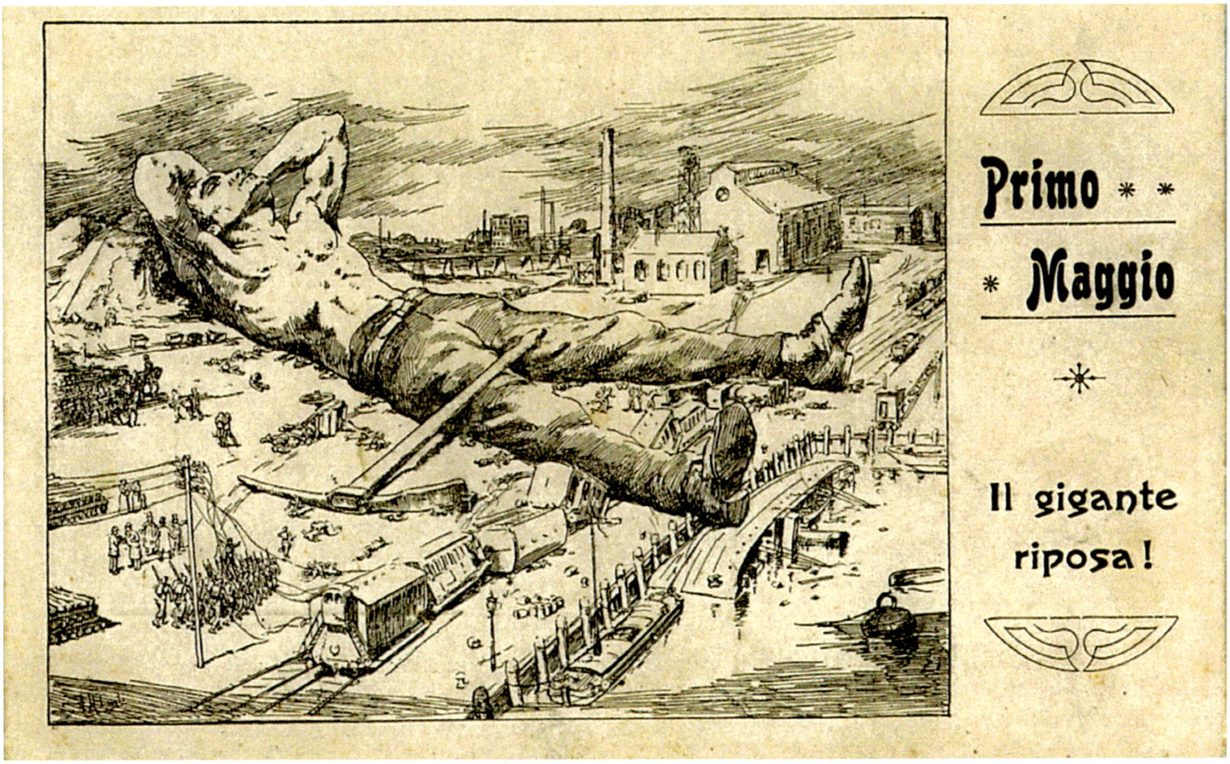


**Q1 Das Proletariat – der ruhende Riese**
1. Mai-Postkarte aus Italien. Seit 1889 wurde von den Arbeiterbewegungen in den USA und in vielen europäischen Ländern der 1. Mai als Tag ausgerufen, an dem für bessere Arbeitsbedingungen, insbesondere für den Acht-Stunden-Tag, demonstriert werden sollte.

**Q2 Das Gothaer Programm der SPD**

*Aus dem Programm der Sozialistischen Arbeiterpartei Deutschlands (SAP), das auf ihrem Parteitag 1875 in Gotha verabschiedet wurde:*

I. Die Arbeit ist die Quelle allen Reichtums und aller Kultur, und da allgemein nutzbringende Arbeit nur durch die Gesellschaft möglich ist, so gehört der Gesellschaft, das heißt allen ihren Gliedern, das gesamte Arbeitsprodukt, bei allgemeiner Arbeitspflicht, nach gleichem Recht, jedem nach seinen vernunftgemäßen Bedürfnissen. In der heutigen Gesellschaft sind die Arbeitsmittel Monopol [alleiniges Eigentum] der Kapitalistenklasse; die hierdurch bedingte Abhängigkeit der Arbeiterklasse ist die Ursache des Elends und der Knechtschaft in allen Formen. Die Befreiung der Arbeit erfordert die Verwandlung der Arbeitsmittel in Gemeingut der Gesellschaft und die genossenschaftliche Regelung der Gesamtarbeit mit gemeinnütziger Verwendung und gerechter Verteilung des Arbeitsertrags. Die Befreiung der Arbeit muss das Werk der Arbeiterklasse sein, der gegenüber alle anderen Klassen nur eine reaktionäre [rückschrittliche] Masse sind.

II. Von diesen Grundsätzen ausgehend, erstrebt die Sozialistische Arbeiterpartei Deutschlands mit allen gesetzlichen Mitteln den freien Staat und die sozialistische Gesellschaft, die Zerbrechung des ehernen Lohngesetzes [Theorie, nach der der Lohn der Arbeiter immer nur für das Allernotwendigste ausreicht, weshalb für den Aufbau genossenschaftlich arbeitender Betriebe kein Geld übrig sei] durch Abschaffung des Systems der Lohnarbeit, die Aufhebung der Ausbeutung in jeder Gestalt, die Beseitigung aller sozialen und politischen Ungleichheit. ( … )

Die Sozialistische Arbeiterpartei Deutschlands fordert, um die Lösung der sozialen Frage anzubahnen, die Errichtung von sozialistischen Produktivgenossenschaften [Betriebe, die allen gemeinsam gehören] mit Staatshilfe unter der demokratischen Kontrolle des arbeitenden Volkes. Die Produktivgenossenschaften sind für Industrie und Ackerbau in solchem Umfang ins Leben zu rufen, dass aus ihnen die sozialistische Organisation der Gesamtarbeit entsteht.

*Zit. nach: D. Fricke: Die deutsche Arbeiterbewegung 1869 bis 1914. Berlin 1976, S. 104.*

**Q3** **Streikende Frauen in Crimmitschau (1904)**
Zehnstundenkämpferinnen aus Crimmitschau, Postkarte.

### Q4 Streik in Crimmitschau

*22 Wochen lang, von August 1903 bis in den Januar 1904 hinein, wurde in Crimmitschau, dem Zentrum der sächsischen Textilindustrie, gestreikt. Im Mittelpunkt der Forderungen stand eine Verringerung der täglichen Arbeitszeit um ½ bis 1 Stunde auf 10 Stunden. Die Unternehmer reagierten mit umfangreichen Aussperrungen. Einer der Streikenden erinnerte sich später daran, wie der Streik beendet wurde:*

Auf einmal tritt Hermann Jäckel zur Tür herein und ist ganz aufgeregt. Er hatte in Berlin mit Karl Legien und Hübsch [zwei führenden Gewerkschaftsfunktionären] verhandelt und war eben zurückgekommen. Er teilt uns mit, dass ihm die Leitung in Berlin die Anweisung gegeben hat, den Streik abzubrechen. Eine Fortsetzung sei aussichtslos und würde nur zum beiderseitigen Aufzehren der Kräfte führen, zur Vernichtung jeder Erwerbsmöglichkeit in Crimmitschau auf viele Monate, wenn nicht auf Jahre hinaus. Das aber könnte nicht im Interesse der Arbeiter liegen. Außerdem gäbe es schon zu viel Streikbrecher, und die Unternehmer seien durch den Kampf dazu gedrängt worden sich in ganz Deutschland zusammenzuschließen. Wir sollten auf einen anderen, günstigeren Zeitpunkt warten, um wieder unsere Forderungen vorzubringen.

Wir sitzen alle wie erstarrt. Soll denn alles umsonst gewesen sein? Noch nie hatten wir so viel Geld wie in diesen Wochen … Und da soll abgebrochen werden?

Es kommt zu einer langen und heftigen Diskussion. Aber Jäckel beharrt auf seinem Auftrag, den er erhalten hat und der sich mit seiner eigenen Auffassung deckt. Ohne die Zustimmung und Unterstützung der Zentrale können wir nicht weiterkämpfen. Ein Flugblatt wird entworfen und noch in der Nacht gedruckt. Am Montag erhalten es die Arbeiter. Sie können es nicht glauben. Vielen stehen Tränen in den Augen. Alle sind gegen Jäckel, aber der ist schon wieder fort. Die Arbeiter sagen: „Wenn wir den jetzt hier hätten, würden wir ihn in den Mühlgraben werfen!"

*[Hermann Jäckel war ein Gewerkschaftsfunktionär aus Crimmitschau. Karl Legien und Hübsch waren führende Funktionäre der Generalkommission der Gewerkschaften Deutschlands.]*

*Zit. nach: A. Lassotta/H. Röver et al. (Hg.): Streik. Crimmitschau 1903 – Bocholt 1913. Ein Lesebuch zu den Arbeitskämpfen in der Crimmitschauer und Bocholter Textilindustrie, anlässlich der gleichnamigen Ausstellung herausgegeben (Westfälisches Industriemuseum, Schriften, Bd. 13). Essen 1993, S. 110 f.*

### Q5 Das Streikende

*Die „Deutsche Industrie-Zeitung", das Organ des Zentralverbandes Deutscher Industrieller berichtete am 19. Januar 1904:*

Der Streik in Crimmitschau ist beendet, und zwar mit einer völligen Niederlage der Arbeiter. Die Streikleitung hat den Arbeitern empfohlen, die Arbeit bedingungslos wieder aufzunehmen.

Ein größerer und schönerer Erfolg konnte den Crimmitschauern Arbeitgebern, die den leider von der Sozialdemokratie bis aufs äußerste verhetzten Arbeitern gegenüber den Kampf um die Herrschaft im Fabrikbetriebe für die ganze deutsche Industrie geführt haben, nicht beschieden werden. Ihnen ist der Dank aller Arbeitgeber sicher, wie es ja auch das Eintreten derselben, in erster Reihe des Centralverbandes (...) mit moralischer und materieller Unterstützung bewiesen hat. Dieser Solidaritätserklärung der deutschen Industrie, die sich in dem Beschlusse der Gründung eines allgemeinen deutschen Arbeitgeberbundes vom 17. Januar 1904 dokumentierte, und der am 18. Januar 1904 die Konstituierung eines Arbeitgeberverbandes der gesamten deutschen Textilindustrie folgte, mag wohl auch der plötzliche Entschluss der Crimmitschauer Streikhetzer zuzuschreiben sein, von dem aussichtslosen Versuche der Vergewaltigung der Arbeitgeber abzusehen. Das Wort eines der Teilnehmer an der Versammlung vom 17. d. M. hat sich bewahrheitet, dass die Sozialdemokratie zum Teil ein selbstgeschaffener Popanz ist, der dem unter den Händen zusammenbricht, der sie energisch anpackt. Weil das bisher nicht geschehen ist, ist sie stark und furchtbar. Was von ihr im Ganzen gilt, trifft noch mehr für ihre Führer im Einzelnen zu. So haben sich die Crimmitschauer Streikhetzer schon vor dem Plane zur Gründung eines deutschen Arbeiterbundes zurückgezogen.

*Ebenda. S. 113.*

**Der Streik Q6**
Gemälde
von Robert Köhler, 1886.

**Q7 Nur Männerleid und Männerelend?**

*Adelheid Popp (1869–1939) trat früh der österreichischen Sozialdemokratischen Partei bei. Sie engagierte sich insbesondere für Arbeiterinnen, organisierte für sie Streiks und gab für sie eigene Zeitungen heraus. In ihren 1900 erschienenen Erinnerungen beschreibt sie auch, wie sie im Winter 1885 erstmals eine sozialdemokratische Veranstaltung besuchte:*

Ich war das einzige weibliche Wesen im Saale und alle Blicke richteten sich erstaunt auf mich, als wir uns durchdrängten. Den Redner konnte ich nur undeutlich sehen, denn er war in eine Wolke von Tabak- und Zigarrenrauch gehüllt. Er sprach über: „Die kapitalistische Produktionsweise".

Und wieder waren es neue Offenbarungen für mich. Was ich instinktiv gefühlt hatte, aber noch nicht auszudenken vermochte, hörte ich hier klar und überzeugend vortragen. (...) Die zweite Versammlung besuchte ich am Weihnachtstag; dort waren außer mir noch zwei Frauen anwesend. Der Redner sprach über „Klassengegensätze". Er sprach gut, wirkungsvoll, hinreißend. Ich hörte die leidensvolle Geschichte meiner eigenen Weihnachtsfeste schildern und im Gegensatz zu den Entbehrungen der Armen den Überfluss der Reichen. In mir drängte alles hinzurufen: „Das weiß ich auch, das kann ich auch erzählen!" Aber noch wagte ich kein Wort, ich hatte nicht einmal den Mut, Beifall zu spenden. Das hielt ich für unweiblich und nur für ein Recht der Männer. Auch wurde in den Versammlungen nur für Männer gesprochen. Keiner der Redner wendete sich auch an die Frauen, die allerdings nur sehr vereinzelt anwesend waren. Es schien alles nur Männerleid und Männerelend zu sein. Ich empfand es schmerzlich, dass man über die Arbeiterinnen nicht sprach, dass man sich nicht auch an sie wandte, um sie zum Kampfe aufzurufen.

*Zit. nach: A. Popp: Jugend einer Arbeiterin. 2. Aufl. Berlin-Bonn-Bad Godesberg 1978, S. 75.*

## Fragen und Anregungen

1. Stelle zusammen, wie sich Arbeiter organisierten. Welche Ergebnisse brachte dies für ihre Lage (VT)?
2. Untersuche Q3–Q5 daraufhin, welche Mittel im Arbeitskampf von beiden Seiten jeweils eingesetzt wurden.
3. Beschreibe die Empfindungen, die Adelheid Popp bei dem Besuch der politischen Veranstaltungen hatte (Q7).
4. Beschreibe das Bild Q1. Welche Haltung der Arbeiter kommt darin zum Ausdruck?
5. Analysiere anhand von Q2, wodurch in den Augen der SAP die soziale Lage der Arbeiter bestimmt wird und mit welchen Mitteln dagegen vorgegangen werden soll.
6. Schreibe eine Reportage zum Bild Q6. Gehe dabei auf die verschiedenen Personen und Personengruppen ein, die zu erkennen sind. Vermute, welche Einstellungen die verschiedenen Personen zu dem Streik haben könnten. Formuliere, was die Personen jeweils sagen oder denken könnten.

# 7. Dörfer und Städte verändern ihr Gesicht

Q1 **Bochum um 1830.** Zeitgenössisches Gemälde.

Q2 **Bochum um 1900.** Fotografie.

**Industrieregionen entstehen**

Die Industrialisierung setzte sich nicht überall gleichmäßig durch. Das Wirtschaftswachstum konzentrierte sich vor allem in der Nähe guter Transportwege, ausreichender Rohstoffvorkommen und großer Märkte. Die Arbeits- und Geschäftsmöglichkeiten an solchen Orten zogen die Menschen von nah und fern an. Hierdurch verwandelten sich Dörfer in Städte, Städte in Metropolen und ganze Regionen in Stadtlandschaften. In Deutschland waren es in der zweiten Hälfte des 19. Jahrhunderts hauptsächlich die Gebiete im Norden und Nordosten, aus denen die Menschen fortzogen, während sich die Industriereviere an der Ruhr und in Oberschlesien und die Gebiete um Berlin, Hamburg, München und Frankfurt a. M. zu großstädtischen Ballungszentren entwickelten.

**Städtische Wohnungsnot**

Das Wachstum der Wirtschaft und der Bevölkerung stellte die Städte vor große Herausforderungen. Die zuwandernden Menschen suchten in der Regel zunächst in den alten Innenstädten Unterkunftsmöglichkeiten. Die dortigen Wohnungen genügten aber längst nicht mehr den inzwischen erreichbaren sanitären und hygienischen Standards. Sie verfügten kaum über fließendes Wasser und Toiletten. Die Räume waren oft zu klein, zu niedrig und konnten nicht ausreichend beheizt werden. Durch den Zuzug wurde die städtische Wohnungsnot erheblich verschärft. Es kam nicht nur zu einer Überbelegung der Wohnungen, sondern auch zu einer Verdichtung der Bebauung, weil Hinterhöfe und Gärten durch neue Häuser und Anbauten ersetzt wurden.

**Ausdehnung der Städte**

Weil die Städte schnell über ihre alten Grenzen hinauswuchsen, musste die weitere Stadtentwicklung vorausschauend geplant werden. Alte Befestigungsanlagen wurden beseitigt, umliegende Dörfer eingemeindet, neue Stadtteile erbaut. Die damaligen Planungsentscheidungen prägen bis in die Gegenwart die Städte. Für neue Industrietriebe wurden gezielt Gebiete zur Verfügung gestellt, die mit einer günstigen Infrastruktur (z. B. Gleisanschlüsse, Kraftwerke) ausgestattet wurden. In der Nähe der Industrieviertel entstanden wiederum Viertel, die hauptsächlich für die Industriearbeiter und ihre Familien gedacht waren. Als typische Wohnform setzte sich für sie das mehrstöckige Mietshaus mit vielen gleich geschnittenen Wohnungen durch. Diese Wohnungen wurden nach und nach auch mit den neuartigen

Anschlüssen für fließendes Wasser, Gas und Elektrizität ausgestattet. Gleichzeitig mit den Arbeiterquartieren entstanden aber auch Stadtteile, in denen sich vermögendere Bürger niederließen. Hierfür wurden vor allem schönere und gesündere Gebiete genutzt, z.B. an Berghängen, Flussläufen oder im Westen der Städte, die von den städtischen Abgasen eher verschont blieben.

**Wachsender Verkehr**

Die wirtschaftliche und räumliche Ausdehnung der Städte ging mit zunehmendem Waren- und Personenverkehr einher. Straßen mussten neu angelegt oder verbreitert werden. Der Personentransport wurde mit neuartigen Verkehrsmitteln bewältigt: zunächst mit Schienenwagen, die von Pferden gezogen wurden, dann von elektrischen Straßenbahnen und schließlich auch von Untergrundbahnen. Im Zuge dieser Entwicklung wurde eine immer größere Entfernung zwischen Arbeitsplatz und Wohnung für viele Menschen zur Normalität. Nach der Erfindung des Kettenantriebes und des luftgefüllten Gummireifens wurde um die Jahrhundertwende das Fahrrad schnell zum wichtigsten Verkehrsmittel der „kleinen Leute“. Aus all diesen Gründen nahm die Wohnbevölkerung in den Innenstädten langsam ab. Es entstand die moderne City als ein Bereich, in dem vorwiegend Geschäfte und Dienstleistungsunternehmen zu finden sind.

**Probleme bei der Versorgung und Entsorgung**

Auch die Versorgungs- und Entsorgungsprobleme nahmen für die Städte nun völlig neue Größenordnungen an. Sauberes Wasser musste von weither herangeschafft, Abwasser und Müll mussten entsorgt werden. Wegen der hohen Kosten wurden dringende Aufgaben nur verspätet und zögerlich in Angriff genommen. So kamen beispielsweise wichtige Verbesserungen der Abwasserentsorgung in Hamburg erst in Gang, nachdem 1892 einer Choleraepidemie Tausende von Menschen zum Opfer gefallen waren. Der Krankheitserreger war über das stark verunreinigte Wasser in den Kanälen übertragen worden.

**Infrastruktur**

Auch die sozialen Aufgaben der Städte und Gemeinden änderten sich. Die bisherige Art der Armenfürsorge musste umgestaltet werden. Für die stark gestiegene Zahl schulpflichtiger Kinder mussten neue Schulen erbaut werden. Aber auch für die Erholung und Unterhaltung der städtischen Bevölkerung mussten Leistungen erbracht werden (Parks, öffentliche Badeanstalten, Bibliotheken, Museen u. a.).

**Q3 Berlin, Spittelmarkt, 1901**
Verkehrssituation auf dem Spittelmarkt in Berlin, Foto, 1909.

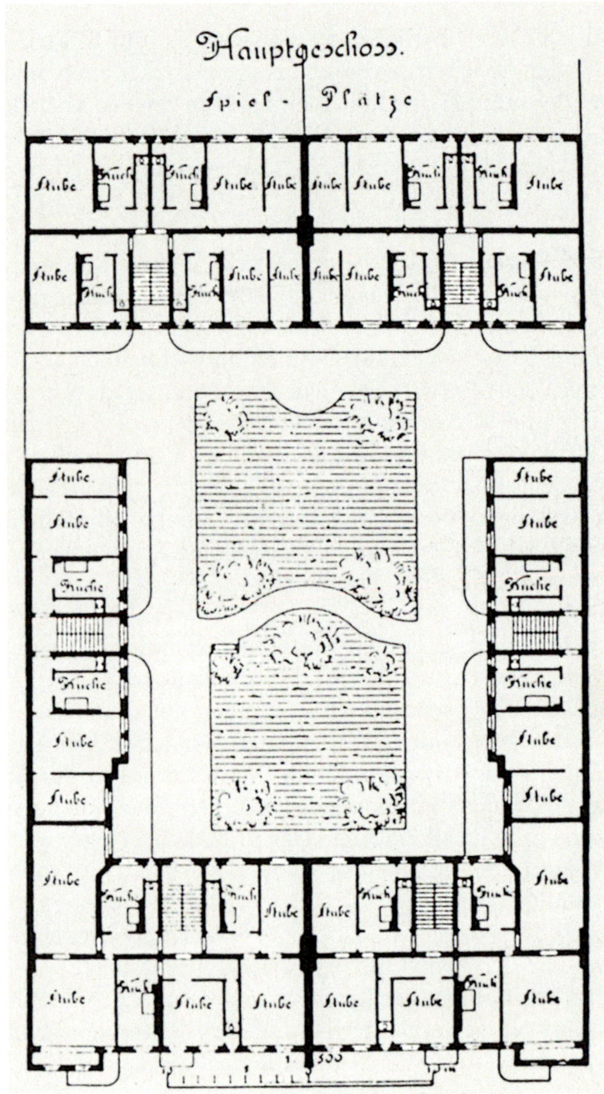


**Wohnhausanlage Berlin, erbaut 1873** Q4

Ansicht und Grundriss der Wohnhausanlage für den Berliner Spar- und Bauverein in Moabit, Sickingenstr. 7/8.

### Q5 Verstädterung eines Dorfes in der Nähe von Hamburg

*Wie sich ein großstadtnahes Dorf im Zuge der Industrialisierung veränderte, schilderte der Schriftsteller Karl Scheffler 1927 in einem Roman, in den er eigene Lebenserfahrungen einarbeitete. Scheffler wuchs in Langenhorn auf, einem Dorf nördlich von Hamburg:*

Zuerst wurden weiter oben am Flusse einige große Fabriken gebaut. Sie standen zunächst ganz kurios da mit ihren hohen Ziegelschornsteinen inmitten der Viehweiden. Aber es dauerte nicht lange, bis daneben Häuser entstanden, die zu dem Fabrikstil passten, bis das Grün der Weiden unter großen Haufen von Kohlen, Schutt und Abfall verschwand. Mit den Fabriken kamen Menschen ins Dorf, die dort früher nie zu sehen gewesen waren, es sei denn in Feiertagskleidern als Ausflügler. Es waren Scharen jener Arbeiter und Arbeiterinnen, die sich von den ländlichen und handwerklichen Arbeitern auf den ersten Blick unterschieden, weil sie nichts gelernt hatten als ein paar Handgriffe, weil kein Berufsgeist in ihnen war, weil sie zur Klasse derer gehörten, die in der Folge Proletarier genannt worden sind. Da der Weg zur Stadt weit war, stellte sich bald das Bedürfnis heraus, für diese Arbeiter im Dorfe selbst Wohnungen zu schaffen. Und da etwas Passendes nicht vorhanden war, entstanden die ersten ärmlichen Mietquartiere. Einsam im Felde erhoben sich hohe, kahle Stockwerkshäuser, in denen arme Familien schmutzig und ohne Behagen nebeneinander hausten; ein ungepflegter, schnell verwahrlosender Hof schloss sich an. Die Häuser und der Raum zwischen ihnen wimmelten von Kindern. (...)

Die Stockwerkshäuser brauchten besondere Anlagen für Licht, Wasser und Kanalisation, weil die Zusammenballung vieler Menschen in einer Wohnkaserne eine gewisse Sorge für die Volksgesundheit erfordert. Es wurden diese neuen Häuser darum mit Wasserleitung und Gasleitung versehen. Das ganze Dorf wurde umgewühlt, um Anschluss an die weiter flussabwärts gelegenen Hauptrohre zu gewinnen. Als die Leitungen dann aber einmal lagen, ging man gleich auch zur Gasbeleuchtung der Straßen über.

*Zit. nach: K. Scheffler: Der junge Tobias. Leipzig 1927, S. 27–29.*

| | 1875 | 1910 |
|---|---|---|
| Berlin | 966859 | 2071257 |
| Dortmund | 57742 | 214226 |
| Frankfurt a. M. | 103136 | 414576 |
| Hamburg | 264675 | 931035 |
| Köln | 135371 | 516527 |
| Leipzig | 127387 | 589850 |
| München | 193024 | 596467 |
| Nürnberg | 91018 | 333142 |
| Stuttgart | 107273 | 286218 |
| Zahl der Städte mit mehr als 100000 Einwohnern | 271 | 576 |

**D1** **Wachstum einiger deutscher Großstädte**

**Q7** **Im Hamburger Gängeviertel.** Foto, um 1900.

### Q6 Wohnen in der Großstadt

*Die Wohnverhältnisse der Arbeiter um 1900 schilderte der Volkswirtschaftler Werner Sombart 1906:*

Wer würde es glauben, dass eine ganze Anzahl Menschen bei uns heutigentags in Wohnungen kampiert, die überhaupt kein heizbares Zimmer haben?

Und doch belehrt uns die Statistik, dass es deren in Berlin über 15000, in Barmen über 8000 gibt [...] Ja, in den meisten deutschen Großstädten wohnt [...] annähernd die Hälfte aller Menschen in Wohnungen, die nicht mehr als ein Zimmer umfassen. Überbevölkert nennt die Statistik eine Wohnung, wenn 6 Personen und mehr in 1 Zimmer, 11 Personen und mehr in 2 Zimmern hausen. Und selbst davon gibt es eine recht erkleckliche Anzahl: in Berlin nahezu 30000, in Breslau 7000, in Chemnitz 50000 (...) Man denke: 6 Personen und mehr in 1 Raum, 11 und mehr in 2 Räumen.

*W. Sombart: Das Proletariat. Jena 1906, S. 23 f.*

### D2 Technik verändert das Leben in den Städten

1826 Die erste deutsche Gasanstalt in Hannover schafft die Voraussetzung für bequeme und gute Beleuchtung von Wohnungen und Straßen.
1832 In New York fährt der erste Pferdeomnibus als regelmäßiges Verkehrsmittel.
1846 Der Pferdeomnibus wird in Berlin als erstes Stadtverkehrsmittel eingesetzt.
1853 In London wird die erste unterirdische Eisenbahn (Vorläufer der U-Bahn) in Betrieb genommen.
1856 In Paris beendet der Bau der Kanalisation die nächtlichen Kloakentransporte.
1856 In Berlin fährt die erste Pferdestraßenbahn.
1873 In Berlin werden die Abwässer durch die Kanalisation entsorgt.
1881 Die erste elektrische Straßenbahn nimmt in Berlin ihren Betrieb auf.

*Zusammengestellt vom Verfasser*

## Fragen und Anregungen

1. Erläutere, wie sich die Städte durch die Industrialisierung veränderten (VT, Q1–Q4, D1, D2).
2. Rechne aus, welche Städte in D1 am schnellsten und welche am langsamsten wuchsen.
3. Zähle auf, welche Veränderungen in dem in Q5 beschriebenen Dorf stattfanden. Schreibe dazu einen Erlebnisbericht aus der Sicht eines Kindes.
4. Finde anhand des Grundrisses in Q4 heraus, wie viele Wohnungen zu einer Etage gehörten. Vergleiche das Äußere des Gebäudes mit denen auf dem Bild Q7 erkennbaren Gebäuden.
5. Kennzeichne die Wohn- und Lebensbedingungen der Arbeiter in den Städten um 1900 (Q6, Q7). Was bedeutet das für die Familien?

# 8. Wachstum ohne Ende?

**Negative Folgen des Wirtschaftswachstums**

Mit der Industrialisierung setzte sich eine Produktionsweise durch, für die im Unterschied zu allen früheren Produktionsweisen das dauerhafte Wachstum der Wirtschaft insgesamt kennzeichnend ist. Bereits wenn die Wirtschaft einmal für ein Jahr nicht wächst, wird von einer „Krise“ gesprochen. Dieses Phänomen rief schon im 19. Jahrhundert Skepsis und Kritik hervor. Es wurde gefragt, ob es wirklich notwendig und vertretbar sei, ständig mehr natürliche Ressourcen zu verbrauchen, Städte und Verkehrswege immer weiter auszudehnen oder die freie Konkurrenz überall zuzulassen. Die negativen Folgen des stetigen industriellen Wachstums traten besonders deutlich in der Zunahme der Umweltprobleme hervor. Vielerorts wurde in die Natur eingegriffen, ohne sich über die Folgen für das ökologische Gleichgewicht Gedanken zu machen. Erst allmählich setzte sich die Einsicht durch, dass dem Raubbau an der Natur und der Verschmutzung von Luft, Boden und Gewässer Grenzen gesetzt werden müssten.

**Verbrauch fossiler Energieträger**

Eins der folgenreichsten Probleme betraf die Deckung des Energiebedarfs. Traditionell wurde Holzkohle zum Schmelzen, Brennen und Umformen von Metallen, Glas, Porzellan, Tonwaren usw. verwendet. Gegen Ende des 18. Jahrhunderts führte der Holzmangel aber zu sehr hohen Preisen für Holzkohle. Neue Feuerungstechniken machten es dann möglich, die billigere und in großer Menge vorhandene Steinkohle zu verwenden. Damit wurde ein fossiler, nicht erneuerbarer Energieträger zur Grundlage der gesamten Weltwirtschaft. Das Problem wurde mit der später einsetzenden Verwendung von Erdöl nicht gelöst, sondern ausgeweitet. Die langfristige Folge besteht in der Klimaerwärmung, die durch das vermehrt freigesetzte Kohlendioxid hervorgerufen wird.

**Umweltverschmutzung**

Ein ausgeprägtes „Umweltbewusstsein“ im heutigen Sinn gab es im 19. Jahrhundert nicht. In den Großstädten und Industriegebieten wurde zwar ständig über Staub, Lärm, schlechte Luft und schmutzige Gewässer geklagt, doch wurde dies meistens als unabänderliche Schattenseite der „neuen Zeit“ hingenommen. Wenn es zu Beschwerden und Konflikten kam, so ging es meistens um konkrete Beeinträchtigungen des Eigentums, die angeblich oder wirklich durch Industriebetriebe verursacht worden waren. Der aus den Schornsteinen der Industriereviere aufsteigende Steinkohlenrauch wurde von Bauern mit dem geringeren Wachstum ihrer Pflanzen oder mit Vergiftungserscheinungen bei ihrem Vieh in Zusammenhang gebracht. Fischer sahen in den stinkenden und farbigen Flüssigkeiten, die nahe der Fabriken in die Flüsse eingeleitet wurden, die Ursache für den Rückgang ihrer Fangquoten oder für das Fischsterben. Die Unternehmen sahen sich deshalb zuweilen zum Bau höherer Schornsteine, zu einer weiter entfernten Einleitung ihrer Abwässer und manchmal auch zu begrenzten Entschädigungszahlungen veranlasst. Meistens waren sie aber nicht bereit, für solche Schäden die Verantwortung zu übernehmen. Sie verlangten nach Beweisen, dass die Schädigungen wirklich und allein von ihrer Fabrik verursacht worden seien. Sie verwiesen auf Steuern und Arbeitsplätze, die von dem Erfolg ihrer Betriebe abhingen. Auch zeigten sie sich davon überzeugt, dass die Schadstoffe in der Luft und im Wasser auf ein letztlich unschädliches Maß „verdünnt“ würden.

**Gefährdetes Trinkwasser**

Die meisten Sorgen machte man sich im 19. Jahrhundert um die Reinhaltung des Trinkwassers. Es war bekannt, wie schnell Krankheiten durch verdrecktes Wasser verbreitet werden konnten. Gerade in den wachsenden Städten war aber die Versorgung mit halbwegs sauberem Wasser nicht mehr gesichert. Sowohl Flüsse und Kanäle, denen das Brauchwasser entnommen wurde, als auch Grundwasserbrunnen für das Trinkwasser waren immer öfter durch das Einsickern oder die Einleitung von Unrat oder Industrieabwässern verunreinigt. Als technische Lösung setzte sich einerseits die Herbeiführung sauberen Wassers aus entfernteren ländlichen Gebieten durch. Andererseits begann man damit, für Industriezweige und Betriebe Grenzwerte festzulegen, bis zu denen sie ihre Abwässer in Gewässer einleiten durften. Erstmals geschah dies für die mitteldeutsche Kaliindustrie, die ihre salzhaltige Laugen in die Flüsse leitete und dadurch die Trinkwasserversorgung von Großstädten wie Bremen und Magdeburg bedrohte. In den Städten begann man seit ca. 1850 mit dem Bau unterirdischer Kanalisationen. So konnten die Abwässer der Haushalte, die durch die steigende Zahl von Wasserklosetts erheblich vermehrt wurden, bequem aus den Städten hinausgeleitet werden. Alternativ vorgebrachte Vorschläge, wonach Fäkalien in Tonnen gesammelt und dann als Dung verwertet werden sollten, konnten sich nicht durchsetzen. Das Einleiten von Abwässern verstärkte die Verschmutzung der Flüsse und machte schon bald die Errichtung von Kläranlagen erforderlich.

**Und heute?**

Die Probleme mit der Energie- und Wasserversorgung und mit der Verschmutzung von Luft, Boden und Gewässern sind heutzutage immer noch nicht vollständig gelöst bzw. stellen sich immer wieder aufs Neue. Allerdings hat es sich gezeigt, dass gesundheitsschädlichen und umweltzerstörerischen Auswirkungen der industriellen Produktionsweise durch gesetzliche Auflagen und durch alternative technische Entwicklungen durchaus erfolgreich entgegengewirkt werden kann.

**D1 Der Gletscher „Gepatschferner“ im Kaunertal, Tirol, 1904 und 2000**

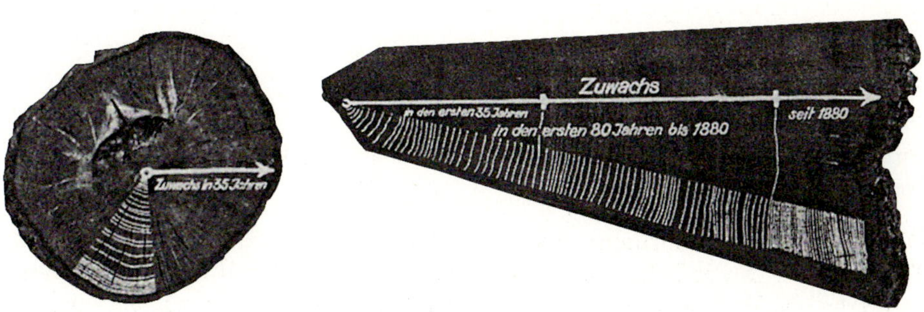


**D2 Ein Baumstamm**
Immissionsschäden im Spiegel von Jahresringen. Das linke Bild zeigt eine im Jahr 1932 35-jährige Eiche, die von Anfang an unter Rauchschäden litt, das rechte Bild eine im Jahr 1932 100-jährige Eiche.

**Q1 Landschaft mit Baum**
Gemälde von Lutz Brandt, 1981.

### Q2 Rücksicht auf die Natur oder die Industrie?

*Im Juni 1905 wurde in der Nahe bei Sobernheim ein größeres Fischsterben festgestellt. In einem Artikel in der Lokalzeitung wurde der Verdacht geäußert, die Kalkeinleitungen einer Leimfabrik könnten die Ursache gewesen sein. In einem Leserbrief heißt es dazu:*

Wollte man aber auch annehmen, dass durch die Zufuhr der Abwässer ein Teil der Fische einginge, so steht die Stadt Sobernheim vor der Frage, ob sie unter allen Umständen die Fischzucht hochhalten und der Industrie die Wege verlegen will, oder ob es ratsamer ist, einen Teil der Fische zugrunde gehen zu lassen und der Industrie die Wege zu bahnen. Bei Beantwortung dieser Frage müssen folgende Tatsachen in Betracht gezogen werden: Die Fischereipacht bringt der Stadt jährlich zirka 200 Mark ein. Die Firma Caesar & Ewald zahlt jährlich, abgesehen von sonstigen Ausgaben, allein an Arbeiterlöhnen durchschnittlich 35000 Mark. Die Firma muss den Betrieb einstellen, wenn sie ihre Abwässer nicht mehr los wird. Wollen wir also nur eine Bevölkerung haben, die Landwirtschaft treibt und möglichst dafür sorgen, dass die Spaziergänger an dem klaren Spiegel der Nahe sich erfreuen können, so müssen wir die Industrie lahm legen. Wollen wir aber, was tatsächlich der Fall ist, der ärmeren Bevölkerung Unterhalt verschaffen, dieselbe vor dem Auswandern schützen, und damit den Verkehr und die Geschäfte heben, so ist es nicht zu umgehen, auf die Industrie Rücksicht und die Unannehmlichkeiten, welche sie mit sich bringt, mit in den Kauf zu nehmen.

*Zit. nach: J. Flemming/K. Saul/P.-Chr. Witt (Hg.): Quellen zur Alltagsgeschichte der Deutschen 1871–1914. Darmstadt 1997, S. 56 ff.*

### Q3 Wird die Landschaft für immer vernichtet?

*Ende des 19. Jahrhunderts entstand in Deutschland eine Jugendbewegung, die gegenüber dem städtisch-industriellen Leben skeptisch eingestellt war. Als sich 1913 Anhänger dieser Bewegung trafen, hielt der Philosoph und Psychologe Ludwig Klages eine Rede zu den Auswirkungen der Industrie auf die Landschaft:*

Zerrissen ist der Zusammenhang zwischen Menschenschöpfung und Erde, vernichtet für Jahrhunderte, wenn nicht für immer, das Urlied der Landschaft. Dieselben Schienenstränge, Telegrafendrähte, Starkstromleitungen durchschneiden mit roher Geradlinigkeit Wald und Bergprofile, sei es hier, sei es in Indien, Australien, Amerika; die gleichen grauen vielstöckigen Mietskasernen reihen sich aneinander, wo immer der Bildungsmensch seine „segenbringende" Tätigkeit entfaltet; bei uns wie anderswo werden die Gefilde „verkoppelt", d.h. in rechteckige und quadratische Stücke zerschnitten, Gräben zugeschüttet, blühende Hecken rasiert, schilfumstandene Weiher ausgetrocknet; die blühende Wildnis der Forste von ehedem hat ungemischten Beständen zu weichen, soldatisch in Reihen gestellt und ohne das Dickicht des „schädlichen" Unterholzes; an den Flussläufen, welche einst in labyrinthischen Krümmungen zwischen üppigen Hängen glitten, macht man schnurgerade Kanäle (...)

*Zit. nach: L. Klages: Mensch und Erde. Bonn 1980, S. 17 f.*

## Fragen und Anregungen

1. Überlege, welche Argumente gegen den Leserbrief Q2 vorgebracht worden sein könnten. Tauscht die Argumente in einem Rollenspiel aus.
2. Liste auf, an welchen Eingriffen in die Natur Klages Anstoß nimmt. Sprecht darüber, wie er sich die Natur vor der Industrialisierung vorstellt (Q3).
3. Vergleiche die Jahresringe der Bäume in den jeweils ersten 35 Jahren (D2). Was folgt daraus?
4. Welche langfristigen Auswirkungen des Industrialisierungsprozesses kommen durch die beiden Abbildungen D1 zum Ausdruck? Welche weiteren Auswirkungen sind dir bekannt?

„Aber ich bitt Sie, mit so einem lieben G'sichterl studiert man doch nicht!“
Karikatur zum Frauenstudium aus dem „Fliegenden Blättern“ von 1908/1909.

Der ... führt... Foto...

Auflös...

Kaiserproklamation in Versailles 1871
Gemälde von Anton von Werner aus dem Jahr 1885.

Antisemitische Postkarte, nach 1900



# Die Entwicklung einer Erfindung verfolgen

In diesem Kapitel hast du eine Anzahl technischer Erfindungen kennen gelernt, die für die Industrialisierung wichtig waren: Spinnmaschine, Dampfmaschine, Eisenbahn, Elektromotor usw. Neben den erwähnten Neuerungen gab es eine unübersehbare Zahl weiterer Erfindungen, die das Leben der Menschen nachhaltig verändert haben. Wende dein Wissen an, indem du eine technische Neuerung oder Erfindung auswählst und deren Entwicklung verfolgst. Achte insbesondere darauf, wie sich diese Innovation auf die menschliche Gesellschaft ausgewirkt hat.

Wähle zuerst aus, welche Erfindung du in ihrer Entwicklung verfolgen möchtest: z. B. Auto, Flugzeug, Telefon, Fernseher, Plattenspieler, Tonband, Waschmaschine usw. Wenn das Thema klar ist, musst du in Büchern, Zeitschriften, dem Internet oder auch im Museum recherchieren: Am Anfang stehen Menschen, die sich der Lösung eines konkreten technischen Problems verschrieben haben, manchmal Tüftler, meistens Wissenschaftler. Haben sie das Problem gelöst, kommen andere, die die Lösung perfektionieren. Wenn dann ein Unternehmer die Geschäftschancen erkennt, die mit der Erfindung verbunden sind, so kann sein Betrieb Erfolge verbuchen und eine massenhafte Verbreitung erfolgt.
Bedenke auch, dass sich mitunter negative Wirkungen und Begleiterscheinungen herausstellen, an die vorher kaum jemand hatte denken wollen oder können.

Wenn du alles zusammengestellt hast, dann überlege, wie du die Ergebnisse deiner Arbeit präsentieren möchtest. Geeignet sind Zeitstrahl, Collagen, PowerPoint-Präsentationen oder auch illustrierte Aufsätze, die du im Geschichtsordner abheften kannst.

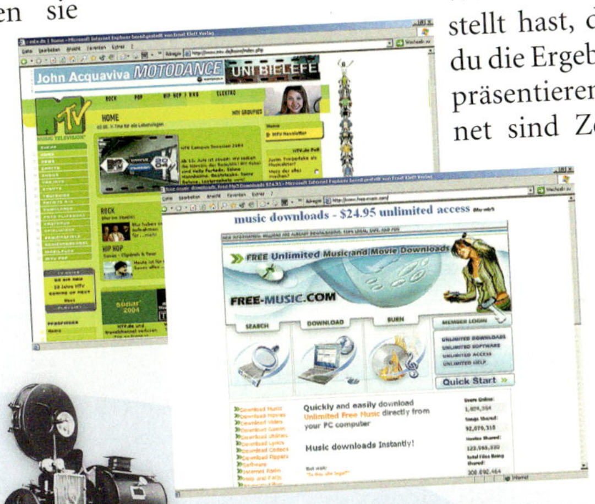


Eine große Musikindustrie entsteht

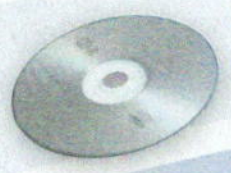

Die erste CD kommt auf den Markt

Die Erfindung der Schellackplatte verhilft dem Tonfilm ab 1927 zum Durchbruch

Emil Berliner arbeitet mit Zinkplatten (1887). Die LP war erfunden

1877 erfindet Thomas Alva Edison den Fonografen

Die erste Langspielplatte aus PVC

# LEBEN IM DEUTSCHEN

War das Kaiserreich die „gute alte Zei
ohne Hektik? War es ein Staat mit übe
Unterdrückung der Arbeiterschaft? W.
ruhestifter, der Europa nahezu zwang
krieg stürzte? Oder war es ein modern
Ende sich Wirtschaft, Technik, Gesellsc
tief greifend wandelten, dass geradez
Was von diesen so unterschiedlichen U
sich widersprechen oder aber ergänzer
Kapitel untersuchen.

Berlin 1908

Parade der Gardetruppen im Berliner

# 1. Verfassung und Herrschaft

| | |
|---|---|
| **18. Januar 1871** | Der preußische König Wilhelm I. wird zum „Deutschen Kaiser" ausgerufen. |
| **16. April 1871** | Die Verfassung des Deutschen Reiches tritt in Kraft. Der preußische Ministerpräsident Otto von Bismarck wird erster Reichskanzler. |
| **1888** | Nach dem Tod Kaiser Wilhelms I. besteigt sein Sohn Friedrich III. den Thron. Er ist schwer krank und stirbt bereits nach drei Monaten Regierungszeit. Nachfolger wird sein Sohn Wilhelm II. |
| **1890** | Wilhelm II. entlässt Bismarck als Reichskanzler. |

**Das Wappen des Deutschen Reiches** Q1

**Reichsgründung „von oben"**

Die Gründung eines deutschen Nationalstaats war das Ziel der demokratischen Bewegung von 1848/49 gewesen. Das neue Reich war allerdings keine Gründung „von unten", durch Volk und Parlament. Es wurde „von oben" geschaffen: Die deutschen Fürsten einigten sich darüber, Deutschland zu einem Kaiserreich zusammenzuschließen. Reichsgründung durch Krieg und als Fürstenbund – beides hatte langfristige Auswirkungen auf die inneren Verhältnisse des Staates, auf die Verteilung von Macht und Einfluss und auf das Selbstverständnis des Staates und seiner Bürger.

**Nationalstaat mit Einschränkungen**

Ein reiner Nationalstaat war das Kaiserreich allerdings nicht: Österreich gehörte nicht dazu. Der neue Staat entsprach der schon 1848 favorisierten „kleindeutschen Lösung". Es gab also einerseits zahlreiche Deutsche, die nicht im Deutschen Reich lebten. Andererseits umfasste es auch verschiedene nationale Minderheiten. Zahlenmäßig am stärksten waren die Polen mit etwa 2,4 Millionen (vgl. S. 40).

**Das Reich als Bundesstaat**

Das neue Deutsche Reich war ein Bundesstaat, also ein Zusammenschluss einzelner Länder mit dem König von Preußen als „Deutschem Kaiser" an der Spitze. Unter den 25 Staaten nahm Preußen eine Vormachtrolle ein. Es umfasste nahezu zwei Drittel des Reichsgebiets, in denen drei Fünftel der Bevölkerung lebten. In der Ländervertretung, dem Bundesrat, verfügte es über 17 von 58 Stimmen. Der Reichskanzler war in der Regel zugleich preußischer Ministerpräsident. Die einzelnen Landesfürsten herrschten weiter, die Einzelstaaten behielten eigene Regierungen und Verwaltungen. Aber die meisten und wichtigsten Zuständigkeiten lagen jetzt bei den Regierungsorganen des Reiches.

**Das Wahlrecht**

Die Abgeordneten des Reichstags wurden in allgemeiner, gleicher, direkter und geheimer Wahl bestimmt. Allerdings waren nur die Männer wahlberechtigt, Frauen blieben bis zum Ende des Kaiserreichs ausgeschlossen. Gewählt wurde nach dem Mehrheitsprinzip. Für den Sieg eines Kandidaten erforderlich waren mindestens 50 Prozent der Stimmen in einem Wahlkreis. Erreichte sie keiner, gab es eine Stichwahl. Dieses Verfahren begünstigte die großen Parteien und führte zu Wahlabsprachen für den zweiten Wahlgang, die sich im Laufe der Zeit immer stärker gegen die Kandidaten der Sozialdemokratie richteten. Ganz anders sah das Wahlrecht für die Landtage in den meisten Einzelstaaten aus. In Preußen gab es das so genannte Dreiklassenwahlrecht. Nach ihrem Steueraufkommen wurde die Wahlbevölkerung in drei Gruppen eingeteilt, von denen jede ein Drittel der Abgeordneten wählte. Die etwa fünf Prozent der Wähler in der ersten Klasse hatten dadurch dasselbe Gewicht wie die 80 Prozent in der dritten Klasse.

**Die Parteien**

Die wichtigsten Parteien waren die Nationalliberalen, die Konservativen, das Zentrum und die Sozialdemokraten. Die Wähler der Nationalliberalen kamen vor allem aus dem Besitz- und Bildungsbürgertum. Die Konservativen hatten ihre Hochburgen im ländlichen Preußen, sie wurden im Adel, im Militär und in der Beamtenschaft bevorzugt. Das Zentrum war die Partei der Katholiken. Die Sozialdemokratie wurde vor allem von der städtischen Arbeiterschaft gewählt. Sie wurde vom Staat massiv bekämpft. Nach der Anzahl der Stimmen entwickelte sich die Sozialdemokratie schon bei den Reichstagswahlen von 1890 zur stärksten Partei. 1912 erhielt sie dann auch die meisten Stimmen im Reichstag. Ihr Aufstieg spiegelt die mit der Industrialisierung verbundenen gesellschaftlichen Veränderungen im Kaiserreich wider.

**Kaiser und Kanzler**

Kaiser und Kanzler hatten nach der Verfassung beide eine starke Stellung. Die Position des Kanzlers war bei der Reichsgründung zugeschnitten auf die Person Bismarcks. Wilhelm I. ließ ihm politisch weitgehend freie Hand – manche Zeitgenossen sprachen sogar von einer „Kanzlerdiktatur“. Die Machtverteilung zwischen Kaiser und Kanzler verschob sich, als Wilhelm II. den Thron bestieg. Wilhelm wollte mit der monarchischen Herrschaft Ernst machen: Er nannte das sein „persönliches Regiment“. Das führte zum Konflikt mit Bismarck und zu dessen Entlassung. Nach ihm hatte kein Kanzler mehr eine ähnlich starke Position inne. Regierung und Parlament verloren immer mehr an Einfluss, Militärs und persönliche Ratgeber Wilhelms traten in den Vordergrund.

**Der Obrigkeitsstaat**

Das Reich war ein Obrigkeitsstaat. Staat und Verwaltung hatten traditionell viel Macht. Das konnte sich durchaus positiv auswirken. Recht und öffentliche Ordnung waren sicherer als je zuvor. Der Staat versuchte soziale Missstände zu lindern, z. B. durch die Sozialgesetzgebung oder die Einschränkung der Kinderarbeit, er förderte Schulen und Wissenschaft. Dass in Deutschland vieles „von oben“ geregelt wurde, hatte aber auch unübersehbare Schattenseiten. Die Beamten verstanden sich als Verkörperung der Obrigkeit; wer mit ihnen zu tun hatte, musste oft als Bittsteller auftreten. Eine demokratische, aktive Bürgergesellschaft konnte so nicht entstehen.

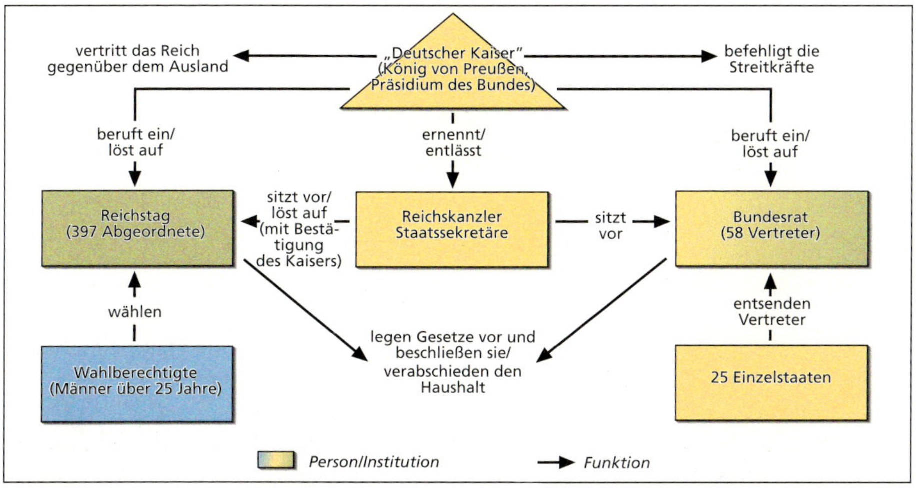


D1 Die Verfassung des Deutschen Reiches 1871

## Bilder über die Geschichte

Historienbilder sind eine besondere Art von Bildern. Sie stellen Ereignisse und Situationen aus der Geschichte dar. Im 19. Jahrhundert war es besonders in Mode, Bilder über die Geschichte des Mittelalters zu malen oder zu zeichnen – zum Beispiel von den Krönungen der Kaiser. Natürlich konnten die Maler gar nicht wissen, wie sich diese Ereignisse damals genau abgespielt hatten. Es ging ihnen auch nicht in erster Linie darum, wirklichkeitsgetreu zu malen. Sie wollten vielmehr das Mittelalter so darstellen, wie sie selber oder ihre Auftraggeber es sich vorstellten: als eine große Zeit mit mächtigen Herrschern, tapferen Rittern, edlen Hofdamen und prächtigen Festen.

Q2 **Die Kaiserproklamation vom 18. Januar 1871 im Spiegelsaal von Versailles**
Öl auf Leinwand, 167 x 202 cm, Bismarck-Museum, Friedrichsruh (Ausschnitt). Der Maler Anton von Werner hat gleich drei Bilder von diesem Ereignis gemalt, bei dem er selber anwesend war. Das dritte ist hier abgebildet. Bismarck erhielt es 1885 zu seinem 70. Geburtstag von der Kaiserfamilie geschenkt („Friedrichsruher Fassung“, benannt nach Bismarcks Wohnsitz).
1 Kaiser Wilhelm, 2 Kronprinz Friedrich, 3 Großherzog von Baden, 4 Bismarck, 5 Generalstabschef Moltke, 6 Kriegsminister Roon. In Wirklichkeit standen die drei Personen auf dem Podium weiter voneinander entfernt, Moltke stand hinter Bismarck, Roon war nicht anwesend.

**Große Geschichte – große Männer**

Die Themen müssen aber nicht immer so weit zurückliegen wie das Mittelalter. Ein beliebtes Motiv der Historienmaler im Kaiserreich war der deutsch-französische Krieg von 1870/71. Das war eigentlich ein Ereignis aus der Gegenwart. Aber die Künstler waren von seiner Bedeutung so überzeugt, dass sie es als große Geschichte malten – sie nahmen sozusagen das spätere Urteil der Nachwelt vorweg.
Historienbilder deuten also die Vergangenheit aus der Gegenwart und für die Gegenwart. Die Vergangenheit soll als große Tradition, als Vorbild, als Mahnung für die Zukunft, manchmal auch als Abschreckung in Erscheinung treten. Dazu wird sie

überhöht und idealisiert. Dramatische und spektakuläre Momente, in denen „große Männer Geschichte machen", haben die Künstler dafür am liebsten ausgewählt.

**Vergangenheit als Spiegel der Gegenwart**

Aus Historienbildern erfährt man daher meist wenig über die dargestellte Vergangenheit, sondern viel mehr über die Zeit ihrer Entstehung: Welches Bild von der Vergangenheit und der eigenen Zeit, welche Ideen und Wunschvorstellungen hatten der Künstler, sein Auftraggeber oder vielleicht sogar die ganze Gesellschaft?

## Methodische Arbeitsschritte:

1. Der Künstler und sein Thema
- Aus welchem Grund hat der Künstler gerade dieses Thema gewählt?
- Hat der Künstler einen Auftrag für sein Werk erhalten und wie lautet dieser?
- Wie groß ist der zeitliche Abstand zwischen dem dargestellten Ereignis und der Entstehungszeit des Werks?
- Was konnte der Künstler über das historische Ereignis tatsächlich wissen, was hat er hinzuerfunden, was bewusst beiseite gelassen oder verändert?

2. Die Art der Darstellung
- Welche Personen stehen als historisch Handelnde im Mittelpunkt?
- Wie sind diese Personen dargestellt?
- Wie wird das historische Ereignis insgesamt gewertet und gedeutet?

3. Vergangenheit und Gegenwart
- Welche Verknüpfung des historischen Ereignisses mit der Gegenwart legt das Bild nahe?
- Welche Botschaft oder Lehre für die Gegenwart und Zukunft soll der Betrachter dem Bild entnehmen?

### Q3 Die Kaiserproklamation

*Anton von Werner hat selber darüber berichtet, wie er das Ereignis erlebt hat (1913):*

Und nun ging in prunklosester Weise und außerordentlicher Kürze das große historische Ereignis vor sich (...). [Ich] sah, dass König Wilhelm etwas sprach und dass Graf Bismarck mit hölzerner Stimme etwas längeres vorlas, hörte aber nicht, was es bedeutete, und erwachte aus meiner Vertiefung erst, als der Großherzog von Baden neben König Wilhelm trat und mit lauter Stimme in den Saal hineinrief: „Seine Majestät, Kaiser Wilhelm der Siegreiche, Er lebe hoch!" Ein dreimaliges Donnergetöse unter dem Geklirr der Waffen antwortete darauf (...). Der Vorgang an sich war trotz des gewaltigen Eindrucks, den seine politische Bedeutung auf die Gemüter machen musste (...), in seiner äußeren Erscheinung keinesfalls seinem inneren Werte entsprechend, erschien vielmehr etwas vorschriftsmäßig. (...) Nichts von den phantastisch lebhaften Gebärden, die der Maler gewöhnlich braucht, um in solchen Fällen Enthusiasmus auszudrücken.

*A. v. Werner: Erlebnisse und Eindrücke 1870–1890. Berlin 1913, S. 33 ff.*

## Fragen und Anregungen

1. Stelle fest, welche Gesellschaftsschichten und Personengruppen bei der Kaiserproklamation anwesend waren, welche nicht. Was sagt dies über den Charakter der Reichsgründung aus?
2. Die wichtigsten Personen sind auf dem Bild mit Ziffern gekennzeichnet. Beschreibe die Stellung, die sie jeweils insgesamt und zueinander einnehmen. Erläutere die historische Bedeutung, die ihnen der Maler damit zuschreibt. Berücksichtige dabei auch den Anlass, zu dem das Bild gemalt wurde.
3. Vergleiche von Werners Erlebnisschilderung mit seinem Bild. Ziehe dafür die Arbeitsschritte zum „Historienbild" heran. Fasse zusammen: Wie hat der Maler den historischen Vorgang interpretiert (Q2, Q3)?
4. Nachdrucke der „Kaiserproklamation" waren im Kaiserreich ein beliebter Bildschmuck in bürgerlichen Wohnzimmern. Überlege dir Gründe dafür und setze diesen Satz eines Zeitgenossen fort: „Ich habe dieses Bild aufgehängt, weil ..."

**Q4 Kaiser Wilhelm II.**

Ölgemälde von Max Koner, 1890. Über seiner weißen Kürassieruniform (Kürassiere = schwere Reiter) trägt der Kaiser den preußischen Königsmantel mit dem Stern des Schwarzen Adlers, über dem Brustharnisch das Band des Schwarzen Adlerordens, dessen Großmeister der preußische König war. In der rechten Hand hält er den preußischen Marschallstab. Neben ihm auf dem Tischchen liegen der Reichsapfel und die Krone von Preußen.

### Q5 Kaiser Wilhelm II. über monarchische Herrschaft

*In einer Rede vor dem ostpreußischen Provinziallandtag in Königsberg sagt Kaiser Wilhelm 1890:*

[Königsberg hat besondere Bedeutung erhalten] dadurch, dass Seine Majestät der dahingegangene Kaiser Wilhelm I. das Königtum von Gottes Gnaden von Neuem hier proklamiert und dort in der Schlosskirche der gesamten Welt gegenüber zum Ausdruck gebracht hat; dieses Königtum von Gottes Gnaden, was ausdrückt, dass wir Hohenzollern Unsere Krone nur vom Himmel nehmen und die darauf ruhenden Pflichten dem Himmel gegenüber zu vertreten haben. Von dieser Auffassung bin auch ich beseelt, und nach diesem Prinzip bin Ich entschlossen, zu walten und zu regieren.

*J. Penzer (Hg.): Wilhelm II. Die Reden in den Jahren 1888 bis 1905, Bd. I. Leipzig o. J., S. 114.*

### Q6 Herrscher und Parlament

*Der konservative Abgeordnete Elard von Oldenburg-Januschau erregte 1910 in einer Reichstagsrede mit dieser Äußerung Aufsehen:*

Der König von Preußen und der Deutsche Kaiser muss jeden Moment imstande sein, zu einem Leutnant zu sagen: „Nehmen Sie zehn Mann und schließen Sie den Reichstag."

*Zit. nach: Verhandlungen des Reichstages, VI. Legislaturperiode, Bd. 259. S. 898.*

### Q7 Gegen Absolutismus und „populäre Agitation"

*Der Historiker und nationalliberale Abgeordnete Heinrich von Sybel meinte 1871:*

Auch wenn eine Volksvertretung, wie in Deutschland und Nordamerika, nicht die Kraft besitzt, Minister ein- und abzusetzen, so ist schon ihr Dasein und ihre Debatte, ihre Kritik des Budgets [Haushalts] und ihre Befugnis, misslungene Gesetzentwürfe zu vernichten, eine höchst bedeutende Schranke gegen jeden willkürlichen Absolutismus der Regierung. Diese Regierung aber in fester Hand und den Wogen der populären Agitation entzogen zu wissen, erscheint uns (...) als unschätzbarer Segen.

*Heinrich von Sybel: Das neue deutsche Reich. In: Vorträge und Aufsätze. Berlin 2. Aufl. 1874, S. 322 f.*

### Q8 Das Reich, Preußen und der Bundesrat

*Der Staatsrechtler Georg Jellinek beschreibt in einem Vortrag 1909 die Bedeutung des Bundesrates und die Rolle Preußens:*

Man sieht und hört von ihm [dem Bundesrat] wenig. (...) Daher wird in der politischen Diskussion weiter Volkskreise der Bundesrat oft gänzlich ignoriert und vom Auslande wird sein Dasein oft entweder nicht gekannt oder missverstanden. (...) Weitaus der größte Teil der Gesetze entspringt seiner Initiative (...) Der Bundesrat hat von seiner Befugnis, Gesetzesbeschlüssen des Reichstages die Sanktion [Zustimmung] zu verweigern, häufiger Gebrauch gemacht, als in den Einzelstaaten die Monarchen den Landtagen gegenüber (...) Er erlässt wichtige Verordnungen, macht Vorschläge zur Besetzung von Reichsämtern, entscheidet Streitigkeiten, besorgt Verwaltungsgeschäfte mannigfaltigster Art. Das alles tut er gemäß der Instruktionen der ihn beschickenden Regierungen. (...) Der Einfluss Preußens im Bundesrate ist viel bedeutender als ihm nach seiner Stimmenzahl zukommt.

*Zit. nach: G. A. Ritter (Hg.): Das deutsche Kaiserreich 1871–1914. Ein historisches Lesebuch. Göttingen 1992, S. 4 ff.*

### D2 Reichstagswahlen von der Reichsgründung bis zum Ersten Weltkrieg *

| Partei | 1874 | | 1884 | | 1893 | | 1903 | | 1912 | |
|---|---|---|---|---|---|---|---|---|---|---|
| Konservative | 6,9 | 22 | 15,2 | 78 | 13,5 | 72 | 10,0 | 54 | 9,2 | 43 |
| Zentrum | 27,9 | 91 | 22,6 | 99 | 19,1 | 96 | 19,8 | 100 | 16,4 | 91 |
| Nationalliberale | 29,7 | 155 | 17,6 | 51 | 13,0 | 53 | 13,9 | 51 | 13,6 | 45 |
| Sozialdemokraten | 6,8 | 9 | 9,7 | 24 | 23,3 | 44 | 9,7 | 24 | 34,8 | 110 |

** jeweils 1. Spalte: Stimmenanteil in Prozent, 2. Spalte: Mandate*

*G. Hohorst/J. Kocka/G. A. Ritter: Sozialgeschichtliches Arbeitsbuch II. Materialien zur Geschichte des Kaiserreichs 1870–1914. München 1978, S. 173ff.*

### D3 Wahlen zum preußischen Landtag 1908

| Partei | Stimmenanteil (in % der Urwähler) | Abgeordnete |
|---|---|---|
| Konservative | 14,15 | 152 |
| Freikonservative | 2,24 | 60 |
| Zentrum | 19,91 | 104 |
| Nationalliberale | 12,71 | 65 |
| Freisinnige Volkspartei | 3,93 | 28 |
| Polen und Dänen | 9,02 | 17 |
| Sozialdemokraten | 23,87 | 1 |

*Zit. nach: G. A. Ritter (Hg.): Das deutsche Kaiserreich 1871–1914. Ein historisches Lesebuch. Göttingen 1992, S. 123.*

**Bismarck als Raubtierbändiger im Reichstag** Q9
Ungarische Karikatur, 1879.

## Fragen und Anregungen

1. Beschreibe anhand des Schemas D1 in einem „Steckbrief" für jede aufgeführte Person oder Institution, welche Rechte sie hat oder nicht hat.
2. Untersuche, welches Verständnis vom Staat und von der Verteilung politischer Macht hinter den Äußerungen Kaiser Wilhelms und Oldenburg-Janischaus steht (Q5, Q6). Vergleiche damit das Verfassungsschema D1.
3. Beschreibe das Gemälde Q4. Wie wollte Wilhelm sich dargestellt sehen? Formuliere einen entsprechenden Auftrag, wie ihn Wilhelm dem Maler gegeben haben könnte.
4. Bewerte die Bedeutung des Bundesrates (Q8). Vergleiche mit der Rolle des Bundesrates heute.
5. Was würden ein konservativer und ein sozialdemokratischer Abgeordneter Sybel antworten (Q7)? Schreibe ihre Meinungen und Argumente auf.
6. Berechne den Anteil der einzelnen Parteien an der Gesamtzahl der Reichstagsmandate (397) in Prozent (D2). Stelle das jeweilige Verhältnis von Stimmen- und Mandatsanteil fest und nenne Gründe für die Unterschiede.
7. Berechne in D3, wie viele Abgeordnete jede Partei bei gleicher und direkter Wahl im Verhältniswahlrecht erhalten hätte. Erläutere anhand des Verfassertextes die Gründe für die Unterschiede. Vergleicht die Wahlverfahren im Reich und in Preußen: Wem schaden, wem nutzen sie jeweils?
8. Erkläre die Aussage der Karikatur Q9.

## Der Mythos Bismarck als Gründer des Deutschen Reiches

Mit der Gründung des Deutschen Reiches hatte sich für viele Deutsche ein Traum erfüllt, was als das Werk eines Einzelnen, Bismarcks, begriffen wurde. In den folgenden Jahren wurde Bismarck daher mehr und mehr bewundert. Nach seiner Entlassung 1890 und seinem Tod 1898 wuchs die Bismarck-Verehrung zu einer breiten Volksbewegung an. Allerdings hatte der wirkliche Bismarck immer weniger mit dem Bild zu tun, das von ihm gezeichnet wurde: Der Mythos Bismarck war geboren.
Das Wort „Mythos" kommt aus dem Griechischen und heißt „Rede", „Erzählung" oder „Sage". In antiken Mythen handeln z.B. göttliche Wesen als Personen. Man erfährt von ihren Taten und Schöpfungen und damit vom Ursprung der Welt. Die nicht beweisbaren Mythen erheben den Anspruch wahr zu sein.
Immer wieder entstanden Mythen, in denen z.B. ein Staat seine Entstehungsgeschichte als göttliche Vorsehung deutet. Auch ein Mensch kann zur Symbolgestalt und seine Lebensgeschichte zum Mythos werden. Ein Mythos spricht immer Gefühle an und verklärt Ereignisse – manchmal werden sie sogar völlig verfremdet. Somit können Mythen auch zum Aufbau falscher und verführender Weltbilder dienen und Aggressionen, z.B. gegenüber anderen Völkern, hervorrufen.
Auf diesen beiden Seiten wird der Bismarck-Mythos untersucht. Aber es geht nicht nur um Bismarck: Gibt es nicht auch heute Personen, die als „Mythos" verehrt werden? Begleiten uns nicht auch Meinungen und Vorstellungen durch unseren Alltag, die wir nicht hinterfragen und ohne weitere Erklärung für „wahr" halten?

**Q1 Bismarck-Apotheose (Vergöttlichung)**
Gemälde von Ludwig Rudow, 1890. Bimarck wird umgeben von Klio, der Göttin der Geschichtsschreibung, die eine Chronik mit der Jahreszahl 1870/71 in den Händen hält; der Germania mit einer frei erfundenen Reichskrone sowie der Siegesgöttin Victoria, die Bismarck mit einem Lorbeerkranz krönt. Davor stehen Vertreter des deutschen Volkes.

**Q2 Bismarcks neue Popularität**

*Mit der Gründung des Deutschen Reiches und dem triumphalen Friedensschluss mit Frankreich hat sich die Stellung der Deutschen in Europa grundlegend gewandelt. Als Gestalter dieser Entwicklung gilt in den Augen der Deutschen Otto v. Bismarck. Am 18. Mai 1871 schreibt der Schriftsteller Gustav Freytag:*

Es ist recht charakteristisch für die guten, warmherzigen Deutschen, dass die Popularität Bismarcks eine Höhe erreicht hat wie wohl nie die eines deutschen Mannes. Unaufhörlich beschäftigen sich die Leute mit diesem Charakter. Auch ganz Gescheiten, Gebildeten gilt er für einen merkwürdig offenherzigen, knorrigen Patrioten. Alles Edle und Große wird ihm zugetraut und als selbstverständlich aus innerem Herzensbedürfnis in sein Wesen gelegt. Man merkt, es liegt den Menschen weniger daran, einen Charakter genau zu verstehen, als dem Drange, zu lieben und zu verehren, ein Objekt zu schaffen. Ja, es stört und verletzt die Menschen, wenn man ihrem verklärten Idealbild das wirkliche Wesen entgegenhält. Das ist so deutsch, so dumm und so kindsköpfig rührend. Es ist ein uralter Zug, unsere eingeborenste Schwäche und zugleich ein Zeichen unserer unverminderten Jugend. Wir sind einem Individuum gegenüber lange kritisch und tadeln an ihm herum; haben wir uns aber einmal gründlich von ihm imponieren lassen, so schlägt die Kritik in ungemessene Bewunderung um. Solchen Zuständen und Stimmungen gegenüber kommt man sich manchmal vor wie ein Nüchterner unter Trunkenen. Wie lange wird der Rausch dauern?

*Zit. nach: E. Deuerlein (Hg.): Die Gründung des Deutschen Reiches 1870/71 in Augenzeugenberichten. München 1977, S. 339 f.*

**Q3 Errichtet Bismarcksteine!**

*Nachdem Bismarck am 30. Juli 1898 gestorben war, verfassten deutsche Studenten am 3. Dezember einen Aufruf, in dem es heißt:*

Überall auf den Bergen unserer Heimat, an möglichst vielen geeigneten Stellen, sollen einfache, aber mächtige, durch Eigenart wirksame Bismarcksteine errichtet werden, von deren Spitze an den Bismarck-Gedenktagen mächtige Feuer, Flammen vaterländischer Begeisterung weithin die Nacht durchleuchten sollen. Von mächtigen Scheiterhaufen auf hoher Plattform, von Berg zu Berg sollen die Feuer grüßen, deutschen Dank sollen sie künden, das Höchste, Reinste, Edelste, was in uns wohnt, sollen sie offenbaren, heiße innige Vaterlandsliebe, deutsche Treue, bis zum Tode.

*Zit. nach: H-J. Schoeps: Bismarck über Zeitgenossen. Zeitgenossen über Bismarck. Frankfurt/Main 1972, S. 254.*

**D1 Der Bismarck-Mythos aus heutiger Sicht**

*Der amerikanische Historiker Otto Pflanze schreibt 1998 über den Bismarck-Mythos:*

Möglicherweise ist Bismarcks dauerhaftestes Vermächtnis sein Mythos: der Mann von Blut und Eisen, der eiserne Kanzler, mächtige Krieger, deutscher Patriot, die überragende Gestalt, die in Zeiten großer Gefahr und unter schwierigsten Bedingungen die Nation vor inneren und äußeren Feinden rettete. (...) Diesen Mythos hat nicht eigentlich Bismarck selbst geschaffen, sondern vielmehr seine (...) Verehrer. (...) Der tote Bismarck wird angerufen wie ein Schutzheiliger, dessen geistige Macht die Nation vor dem Bösen bewahren soll. [... Es liegt] die Vermutung nahe, dass viele Deutsche zu der Überzeugung neigten, dass in Zeiten der inneren Krise der Nation von neuem ein Retter erscheinen werde, (...) ein Mann von Genie, der die Zerrissenheit der Nation heilen und sie zu neuen Höhen innerer Einheit und äußerer Macht führen würde.

*O. Pflanze: Bismarck. Der Reichskanzler, Bd. 2. München 1998, S. 699.*

**Q4 Bismarck-Denkmal in Hamburg**

Das 1906 errichtete Bismarck-Denkmal von Hugo Lederer ist mit einer Gesamthöhe von 35 m das größte Denkmal Hamburgs. Die 15 m hohe Bismarckstatue blickt, in mittelalterlicher Rüstung und Mantel, seewärts. Zu seinen Füßen sitzen Adler, am Sockel verkörpern Athleten die deutschen Stämme.

## Fragen und Anregungen

1. Arbeite heraus, welcher Mythos auf dem Gemälde mit Bismarck verbunden wird (Q1).
2. Diskutiert, ob die Beobachtungen Freytags zutreffen – auch in der Gegenwart. Wie lässt sich das Verhalten der Menschen erklären (Q2)?
3. Untersuche die im Vergleich zu Q1 gewandelte Form des Bismarck-Mythos, die in D1 und Q4 vermittelt wird.
4. Informiere dich im Internet über Bismarck-Denkmäler in Deutschland. Finde heraus, ob es ein Denkmal in deiner Nähe gibt und von wem dieses errichtet wurde.
5. Stelle – auch durch Befragungen – eine Liste von Persönlichkeiten zusammen, denen sich ein Mythos zuordnen lässt. Begründe deine Auswahl.
6. Überlege, wo heute Mythen anzutreffen sind.

# 2. Sachsen: „Das Rote Königreich"

**Der König ist entsetzt**

Am 16. Juni 1903 wurde in Deutschland der Reichstag neu gewählt. Als der sächsische König die Wahlergebnisse mitgeteilt bekam, soll er ausgerufen haben: „Was ist aus meinem treuen Sachsenvolk geworden? Wie ist mein Volk irregeleitet." Die „Leipziger Volkszeitung" kommentierte den Wahlausgang mit der Schlagzeile „Über Sachsen weht die Rote Fahne". Dem Königreich Sachsen standen von den insgesamt 397 Reichstagsmandaten 23 zu. In 22 Wahlkreisen entschieden sich die Wähler mehrheitlich für einen Sozialdemokraten. Nur der Wahlkreis Bautzen entsandte weiterhin einen konservativen Abgeordneten. Seitdem galt Sachsen als das „Rote Königreich". Wie war es zu diesen Wahlergebnissen gekommen?

**Arbeiter erkennen ihre Kraft ...**

Sachsen gehörte neben Preußen zu den Pionierländern der Industrialisierung in Deutschland. Der Anteil der Arbeiterschaft an der Gesamtbevölkerung war deshalb besonders groß. In vielen Berufen wurde großes Geschick und theoretisches Wissen gefordert. So förderte z.B. die herausragende Stellung Leipzigs als Stadt des Buchdrucks, vieler Verlage und des Handels die Weltoffenheit und Bildung seiner Bürger, auch die vieler Arbeiter. Es war also kein Wunder, dass die Arbeiter der sächsischen Industrieregionen Mitte des 19. Jahrhunderts zu den ersten in Deutschland gehörten, die nach Wegen suchten, ihre katastrophale soziale Lage aus eigener Kraft zu überwinden. Dazu zählten vor allem die Buchdrucker Leipzigs, Maschinenbauer des Erzgebirgsvorlands und des oberen Elbtals sowie Weber der südlichen Oberlausitz. In Leipzig gründete Ferdinand Lassalle 1863 den „Allgemeinen Deutschen Arbeiterverein", die erste deutsche Arbeiterpartei. Die Stadt wurde damit zum Ausgangspunkt der deutschen Sozialdemokratie (s. S. 84).

**... und nutzen ihre Möglichkeiten**

**Q1 Streikpostkarte**
In Crimmitschau streikten 1903 knapp 10 000 Arbeiter der Textilindustrie 5½ Monate lang für den 10-Stundentag und 10% mehr Lohn. Aus Deutschland und Europa kamen viele Spenden (vgl. S. 86).

Verdächtiger Besitz.

Die Sozialdemokratische Partei und die Gewerkschaften vertraten auch dort die Interessen der Arbeiter am glaubwürdigsten. Ihre Forderungen fielen deswegen auf fruchtbaren Boden. Jedoch waren das keineswegs die einzigen Organisationen, in denen sich Arbeiter zusammenschlossen, um ihr alltägliches Leben und ihre Arbeitsbedingungen zu verbessern. Sie gründeten Konsumgenossenschaften, Kassen der gegenseitigen Hilfe, etwa Heirats-,Witwen- oder Sterbekassen, und sogar Wohnungsbaugenossenschaften (vgl. Kapitel „Arbeiter organisieren sich"). Als gegen Ende des 19. Jahrhunderts die durchschnittliche Arbeitszeit auf 9½ Stunden gesunken war und die Arbeiter mehr Freizeit hatten, fanden sie sich auch in Arbeitersport-, Wander-, Gesangs- und anderen Vereinen zusammen. 1913 gehörten z.B. dem Arbeiter-Sänger-Bund Ostsachsens 4956 männliche und 1018 weibliche Mitglieder an. Dort fanden sie nicht nur Entspannung, sondern sie tauschten sich auch über politische Probleme aus.
All diese Aktivitäten der sächsischen Arbeiterbewegung führten dazu, dass viele Arbeiter immer mehr der eigenen Kraft vertrauten und bei Wahlen ihre Stimme den Kandidaten der Arbeiterpartei gaben. Einer von ihnen war der Zigarrenmacher August Kaden (1850–1913). Von den Unternehmern auf die „Schwarze Liste" gesetzt, fand er in seinem Beruf keine Arbeit mehr. Unter großen Entbehrungen gründete er daraufhin ein eigenes Zigarrengeschäft in der Dresdner Neustadt, einem typischen Arbeiterviertel und Standort mehrerer Kasernen. Sein Geschäft entwickelte sich auch zum Mittelpunkt des SPD-Ortsvereins. Die Behörden ließen es streng überwachen. Ständig patroullierte auf der Straße ein Gendarm und Soldaten durften den Laden nicht betreten. Kaden genoss bei den Wählern seines Wahlkreises großes Vertrauen, er gehörte dem Reichstag als Abgeordneter von 1898 bis zu seinem Tode an.

**Q2** **Festumzug** anlässlich der 800-Jahr-Feier des Hauses Wettin in Dresden 1889, Foto

**Q4** **Maifeier 1890** im Garten der Gaststätte „Schweizerei" in Dresden-Loschwitz mit August Bebel, Foto

**Q3** **Aus dem Leben eines Leipziger Arbeitervereins** *berichtete Heinrich Lange:*

Nach den neu beratenen Statuten war der Zweck des Vereins: Die Wohlfahrt seiner Mitglieder (...) 1891/92 bestanden bereits 9 Vereinslokale (...) In diesen Lokalen, die zum Teil noch nicht ein volles Jahr bestanden, waren bereits 181 Vorträge gehalten und 161 Diskussionsabende veranstaltet worden. Unterricht wurde erteilt in Buchführung, Schreiben, Rechnen, deutscher Sprache, englischer Sprache, französischer Sprache, Zeichnen, Stenographie, Volkswirtschaft und Geschichte. Der Gesang wurde in 9 Männerchören und 6 gemischten Chören gepflegt. Dramatische Abteilungen bestanden in 8 Vereinslokalen. Turnerabteilungen übten in allen 9 Lokalen. Die Bibliothek war auf 2084 Bände gebracht (...) Alle diese Vereinsarbeit (wurde) nach Feierabend geleistet (...) ohne eine Entschädigung (...) Jede Woche wurden mindestens vier Vortragende gebraucht. Gute Referenten, die es wagten, im Arbeiterverein zu sprechen, gab es nicht viele; außerdem konnten keine hohen Honorare gezahlt werden (...)

*Zit. nach: G. A. Ritter und J. Kocka (Hg.), Deutsche Sozialgeschichte, Bd. II. München 1977, S. 404f.*

**Q5** **Hochverratsprozess in Leipzig 1872 gegen die Sozialdemokraten August Bebel, Wilhelm Liebknecht und Adolf Hepner** (Lithographie 1872). Die erste Verfolgungswelle der Sozialdemokraten erreichte damit ihren Höhepunkt. Trotz Verurteilungen zu Festungshaft brachte die Gerichtsverhandlung der Partei 1874 große Stimmengewinne ein.

## Fragen und Anregungen

**1** Reichstagswahl 1903 – zwei Urteile (VT).
a) Suche nach einer Erklärung für die sich widersprechenden Meinungen.
b) Bilde dir selbst eine Meinung zu den Wahlergebnissen von 1903.

**2** a) Sachsen – ein „Rotes Königreich"? Prüfe diese Charakteristik Sachsens (Q1–5).
b) Begib dich auf Spurensuche nach Aktivitäten der Arbeiterbewegung an deinem Heimatort oder in seiner Umgebung.

# 3. Die Gesellschaft – Wandel und Beharrung

**Der Adel**

An der Spitze der Gesellschaft stand im Kaiserreich weiterhin der Adel. Er nahm die führenden Positionen bei Hof, in der Diplomatie, in der Verwaltung und im Militär ein. Zum Beispiel waren die Oberpräsidenten, die höchsten Verwaltungsbeamten in den preußischen Provinzen – so groß wie heutige Bundesländer – bis zum Ende des Kaiserreichs ausschließlich Adelige. Vor allem in den landwirtschaftlich geprägten Gebieten Nord- und Ostdeutschlands bestimmte die adelige Gutsherrschaft noch immer den Lebensalltag der bäuerlichen Bevölkerung. Aber der Adel passte sich auch den wirtschaftlichen Veränderungen der Zeit an. Die adelige Landwirtschaft arbeitete immer mehr mit modernen Methoden, z. B. mit Maschinen und Saisonarbeit. Dass Adelige zu industriellen Unternehmern wurden, war dagegen eher selten. Das bekannteste Beispiel ist der schlesische Fürst Henckel zu Donnersmarck, der mit seinen Hochöfen zu einem der reichsten Menschen des Kaiserreichs wurde. Es gab aber auch den verarmten Adel, der nur noch den Titel, aber kein Vermögen besaß – Adel war also nicht gleich Adel.

**Das Bürgertum**

Tief greifende Veränderungen gab es im Bürgertum. Vor der industriellen Revolution bestand das alte Stadtbürgertum im Kern aus dem traditionellen Handwerk. Weitgehend neu war das wirtschaftlich erfolgreiche Großbürgertum der Unternehmer, Bankiers und wohlhabenden Kaufleute. Das industrielle Wachstum versprach schnelleren Gewinn als je zuvor. Zu den besseren Kreisen zählte auch das Bildungsbürgertum. Es verdankte seine soziale Position zunächst nicht der Herkunft oder dem Vermögen, sondern eben seiner (Aus-)Bildung. Dazu gehörten höhere Beamte und freie akademische Berufe wie Ärzte, Rechtsanwälte und Architekten. Das alte Stadtbürgertum mit Gewerbetreibenden, Gastwirten und Krämern verlor an Prestige und bildete nun zusammen mit den niederen Beamten das Kleinbürgertum. Dem Bürgertum zugehörig fühlte sich auch die neue gesellschaftliche Gruppe der Angestellten. Sie erledigten die Verwaltung und den Verkauf bei Banken und Versicherungen, im Handel und zunehmend auch in der Industrie. Weil sie kaum körperliche Arbeit leisten mussten, legten sie meist Wert darauf, sich von der Arbeiterschaft abzugrenzen.

**Das „bürgerliche Zeitalter"**

Obwohl das gesamte Bürgertum nie mehr als etwa 15 Prozent (1914) der Bevölkerung umfasste, spricht man doch vom Kaiserreich als dem „bürgerlichen Zeitalter". Denn das Bürgertum prägte mit seinen Werten, Verhaltensweisen und Lebensformen allmählich die Mentalität der ganzen Gesellschaft. Dazu gehörten das Leben in der Kleinfamilie, die „bürgerlichen Tugenden" – Fleiß, Disziplin, Sparsamkeit, gutes Benehmen –, aber auch die Kultur und ein neues, wissenschaftlich bestimmtes Weltbild. Das Bürgertum wurde damit zum Vorbild für andere Bevölkerungsgruppen – das wirkt sich aus bis in die Gegenwart. Es gab aber umgekehrt auch erfolgreiche Bürger, die sich den Adel zum Vorbild für ihre Lebensweise nahmen: Sie erwarben Rittergüter, wurden Reserveoffiziere, duellierten sich, strebten nach Orden und Titeln oder wollten sogar selber geadelt werden.

**Die Arbeiterschaft**

Durch die Industrialisierung war die neue Gruppe der Arbeiter entstanden. Im letzten Drittel des 19. Jahrhunderts entwickelte sie sich zu einer weitgehend einheitlichen Klasse, geprägt durch gleiche Arbeits- und Lebensbedingungen und ein gemeinsames soziales und politisches Bewusstsein. Sie lebte in einem eigenen, nach außen abgeschlossenen Raum – die Historiker sprechen von „Milieu". Seinen politischen Kern bildete die sozialdemokratische Partei. Eigene Vereine sorgten, abgetrennt von den bürgerlichen, für Bildung, Geselligkeit, Sport und Unterhaltung. Zwar hatten auch Arbeiter die Möglichkeit zum sozialen Aufstieg als Vor- oder Facharbeiter, aber immer blieben sie außerhalb der „bürgerlichen Gesellschaft". Der bürgerliche Lebensstil strahlte aber auch auf die Arbeiterschaft aus. So versuchte vor allem wirtschaftlich etwas besser gestellte Arbeiterfamilien bei der Kleidung und Wohnungseinrichtung dem Zeitgeschmack zu folgen. Die große Masse der Arbeiterfamilien lebte allerdings stets nahe am Rande des Existenzminimums.

**Die Landbevölkerung**

Die gesellschaftlichen Veränderungen konzentrierten sich auf die Städte. Durch die massenhafte Abwanderung war aber auch das Land davon betroffen. In vielen Gebieten nahm die Landbevölkerung rapide ab. Hergebrachte Lebensformen und Beziehungen in Familien und Dörfern lösten sich auf. Als Gegenbewegung zu den oft ungeliebten und ängstigenden Veränderungen entstand die Vorstellung von einer heilen ländlichen Welt, die gegen die verderblichen Einflüsse der Moderne geschützt werden müsse: Die städtische Lebensweise führe zum Verfall von Sitte und Ordnung, das Land sei der Hort des Gesunden und Bewährten. Die Nationalsozialisten konnten später an solche agrarromantischen Vorstellungen anknüpfen.

**Das Kaiserreich – eine Klassengesellschaft**

Typisch für das Kaiserreich war ein Nebeneinander von gesellschaftlicher Beharrung und schnellen Veränderungen: Das Bürgertum wandelte sich, mit Arbeitern und Angestellten entstanden ganz neue Schichten, im Adel und auf dem Lande dagegen blieb vieles beim Alten. Aber auch wenn die soziale Mobilität im Mittelstand zunahm: Das Kaiserreich blieb eine Klassengesellschaft, in der die soziale Situation, der Werdegang und die Lebenschancen durch die Geburt weitgehend vorbestimmt waren.

**Q1 Karikatur aus dem Jahre 1895**
„Um Gottes willen, Sie stehen ja auf dem Schatten seiner Durchlaucht".

**Q2 Röntgenlabor um 1900**
Wissenschaft und Technik beginnen sich im täglichen Leben durchzusetzen.

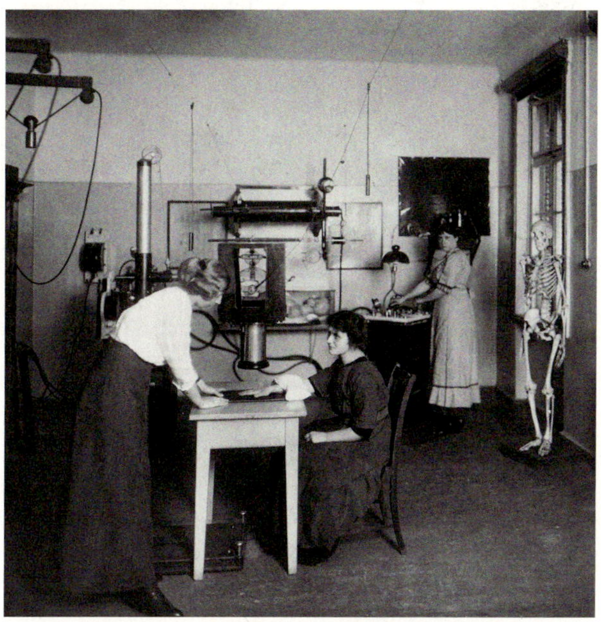

### Q3 Adel, Militär und Bürgertum

*Die beliebte Familienzeitschrift „Die Gartenlaube" druckte 1893 die Erzählung „Um meinetwillen" von Marie Bernhard ab. Der Auszug schildert eine Teegesellschaft adeliger Damen:*

Die Damen hatten im Boudoir [Privatzimmer] der Generalin gespielt, im Salon war der Theetisch gedeckt worden, neben welchem Martin [der Diener] in dienstlicher Haltung wartend stand. Es war noch eine Excellenz [hier: Gattin eines Generals] vorhanden, aber eine von allerneuestem Datum, deren Adel zudem erst in der dritten Generation bestand – mit den Guttenbergs also gar nicht zu vergleichen! (...) Diese wünschte zu wissen, wo in aller Welt die liebe, teure Excellenz Guttenberg [die Generalin aus dem ersten Satz] diesen Neffen her habe. „Nicht wahr", fragte die Generalin (...) leise, „er kann sich immerhin sehen lassen? Ich versichere Sie, er wirkt sogar im Salon unter meinen Offizieren, er macht eine so gute Figur, und ich kann es meiner verstorbenen Cousine noch heute nicht verzeihen, dass sie den hübschen, aufgeweckten Jungen nicht ins Kadettenhaus gab. Er hätte wirklich Anlagen zum Offizier gehabt und könnte jetzt in kurzer Zeit Major sein, wenn mein Vetter Guttenberg sich für ihn interessiert hätte. Stattdessen nun ... Gott ja, ein Professor ist nichts Schlechtes, es hätte schlimmer kommen können (...)

*Zit. nach: M. Zimmermann (Hg.): Die Gartenlaube als Dokument ihrer Zeit. München 1963, S. 242.*

### Q4 Heiratsannonce

Hannoverscher Anzeiger vom 24. Januar 1900.

**Jung. vermög. Mann**

28 Jahre alt, ev., Theilhaber eines flottgehenden Fabrikgeschäftes, mit jährlichem Einkommen von 5- bis 6000 ℳ, sucht die Bekanntschaft einer vermögenden jungen Dame zwecks Heirath zu machen. Bedingungen: Tadelloser Ruf, hübsche, schlanke Figur, Sinn für Häuslichkeit, Vermögen nicht unter 30 Mille. Gebildete junge Damen, die ein gl. Heim finden wollen, werden gebeten Ihre Adresse m. Photographie unter **K 752** an die Exp. dieses Blattes zu senden. · Discretion gegeben und verlangt.

### Q5 „Herrschaften" und „Spießbürger"

*Der Landarbeiter Franz Rehbein, später Mitglied und Funktionär der SPD, schreibt 1911:*

Übrigens gab es in der näheren Umgebung unseres Ortes eine ganze Anzahl adeliger Gutsherrn, die an den letzten Feldzügen teilgenommen hatten, als Herr Leutnant, Herr Hauptmann, Herr Rittmeister, Herr Major oder auch als Herr Oberst. Häufig kamen diese Herren nach unserem Städtchen, jeder Zoll ein Edelmann. Im Sommer hoch zu Ross oder per Wagen, im Winter in eleganten Schlitten, in prächtige Pelze gehüllt, oft genug „viere lang" [mit vier Pferden bespannt] mit zwei Vorreitern, Kutscher und Diener in reicher Livree. Honoratioren und Geschäftsleute standen dann nicht selten in ihren Haustüren und machten Bücklinge und Kratzfüße, und mancher zünftige Spießbürger rechnete es sich zur Ehre an, wenn er das Glück hatte, derartig vornehme Herrschaften grüßen zu dürfen und gar – wieder gegrüßt zu werden. Die Herrschaften schienen diese ehrerbietigen Grüße der Einwohner als etwas ganz Selbstverständliches zu betrachten (...).

*F. Rehbein: Das Leben eines Landarbeiters. Unveränderter Nachdruck der 1911 von P. Göhre bearb. Ausgabe, hrsg. von U. J. Diederichs und H. Riedel. Hamburg 7. Aufl. 1997, S. 14.*

### Q6 Bürgerliche Pflichten und Tugenden

*Julie, die Enkelin der berühmten Pianistin Clara Schumann, soll in deren Haus zur Klavierlehrerin ausgebildet werden. Ihre Tante Marie schreibt Julie 1891 in einem Brief, was man dort von ihr erwartet:*

Du wirst bei uns einige Pflichten im Hause übernehme, u[nd] noch einigen wissenschaftlichen Unterricht erhalten. Um nun all dies zu ermöglichen, auch das Spazierengehen u[nd] einige kleine gesellige Freuden nicht zu vernachlässigen gehört eine zweckmäßige Zeiteinteilung. Da werden wir nun einen festen Stundenplan machen, wenn er aber gemacht ist, so musst du ihn selbständig, ohne dass man dir nachschaut, einhalten, ganz gewissenhaft. Du weißt, wir haben alle zu tun den ganzen Tag (...) Wie schon gesagt, ich erwarte das Beste von deinem guten Willen und deiner Einsicht, denn schließlich ist ja alles zu deinem Besten und dass du ein gutes Fortkommen in der Welt hast und dabei zufrieden und glücklich bist, unser Streben für dich. Dazu kann man nur gelangen durch Arbeit und hast es dadurch scheinbar schwerer als viele junge Mädchen. Im Grunde ist es aber das Einzige was wahre Befriedigung gibt und wahre Freude.

*C. Schumann: Mein liebes Julchen. Briefe von Clara Schumann an ihre Enkeltochter Julie Schumann. München 1990, S. 157.*

**Q7 Das sozialdemokratische Milieu**

*Ein Sozialdemokrat berichtet über die Arbeit in einem Leipziger Arbeiterverein, nach 1890:*

Nach den neu beratenen Statuten war der Zweck des Vereins: die Wohlfahrt seiner Mitglieder nach jeder Richtung zu fördern. Diesen Zweck suchte der Verein zu erreichen:

a) durch Abhaltung von Vorträgen, Unterrichtsstunden, Versammlungen zu gemeinschaftlichen Besprechungen, Pflege des Gesanges und des Turnens;
b) durch Einrichtung und Unterhaltung von Lesezimmern und Bibliotheken;
c) durch Errichtung von Abteilungen zu besonderer Pflege menschlichen Wissens;
d) durch Einrichtung von Auskunftsstellen über alles für den Arbeiter Wissenswerte;
e) durch Pflege von volkstümlichen Festen und Unterhaltungen;
f) durch Gründung und Unterhaltung von Vereinslokalen, welche so weit als irgendmöglich in allen Stadtteilen verbreitet sein sollen, und durch gemeinschaftliche Beschaffung von Speisen und Getränken (...).

Im Geschäftsjahr 1891 bestanden bereits neun Vereinslokale. (...) Unterricht wurde erteilt in Buchführung, Schreiben, Rechnen, deutscher Sprache, englischer Sprache, französischer Sprache, Zeichnen, Stenografie, Volkswirtschaft und Geschichte. Der Gesang wurde in neun Männerchören und sechs gemischten Chören gepflegt. Dramatische Abteilungen bestanden in acht Vereinslokalen. Turnerabteilungen übten in allen neun Lokalen. Die Bibliothek war auf 2084 Bände gebracht.

*Zit. nach: G. A. Ritter/J. Kocka (Hg.): Deutsche Sozialgeschichte. Dokumente und Skizzen, Bd. II, 1879–1914. München 1974, S. 404 f.*

**Q8 Kleinbürgerliches Wohnzimmer.** Foto 1911.

**Q9 Wohnküche einer Arbeiterfamilie.** Foto 1907.

## Fragen und Anregungen

1. Charakterisiere anhand von Q1 und Q3 das Selbstverständnis des Adels. Führe in Stichworten an, was in Q3 den Wert eines Menschen ausmacht.
2. In der Karikatur Q1 und in der Erzählung Q3 wird der Adel von außen dargestellt. Erläutere die Zielrichtung, die dahinter steht. Besprecht, wie zutreffend wohl das Bild ist, das hier entworfen wird.
3. Stelle dir die in Q5 beschriebene Szene vor. Schreibe als „Denkblasen" auf, was den adeligen Herren, den Geschäftsleuten und den Dienern dabei durch den Kopf gehen mag.
4. Liste in einzelnen Stichworten die bürgerlichen Grundwerte und Grundsätze auf, die in dem Brief Q6 angesprochen werden. Erläutere, in welchem Verhältnis Leistungen, Ziele und Erfolge zueinander stehen.
5. Vergleiche die bürgerlichen mit den adeligen Werten (Q3, Q6). Welche Rolle spielen diese Werte und Grundsätze heute in unserer Gesellschaft?
6. Vergleiche die Heiratsanzeige Q4 mit Q6. Welche Werte werden jeweils geltend gemacht?
7. Ordne die Aktivitäten des Arbeitervereins (Q7) bestimmten Bereichen zu (Bildung, Unterhaltung ...). Erläutere den Begriff „Wohlfahrt seiner Mitglieder". Was will der Verein bewirken? Diskutiert, ob die Arbeit des Vereins politisch ist.
8. Vergleiche Q8 mit Q9 und erläutere, woran sich der soziale Unterschied erkennen lässt.

# 4. Nationalismus und Militarismus

**Nationalismus prägt das Kaiserreich**

Der Sieg über Napoleon 1814/15 wurde für die Deutschen zum gemeinschaftsstiftenden Erlebnis. Seitdem hatte der Nationalgedanke in Deutschland eine antifranzösische Tendenz. Der Krieg von 1870/71 führte dann zu einer neuen nationalen Hochstimmung: Der gemeinsame Kampf gegen den französischen „Erbfeind" einte die Deutschen. Weil das Kaiserreich die führende Militär- und bald auch Wirtschaftsmacht auf dem Kontinent war, fühlten sie sich anderen Völkern und Staaten überlegen. Überheblichkeit und Missachtung anderer kamen besonders unter Kaiser Wilhelm II. immer deutlicher zum Ausdruck. Mit anmaßenden Reden und seiner Vorliebe für alles Militärische rief er im Ausland Verwunderung, Ablehnung und Misstrauen hervor. „Am deutschen Wesen soll die Welt genesen", so lautete ein viel zitierter Satz, der auf den Dichter Emanuel Geibel zurückging. Dieser übersteigerte Nationalismus („Chauvinismus") prägte die Mentalität weiter Bevölkerungskreise im Kaiserreich.

An der Pflege des „vaterländischen Gedankens", wie es damals hieß, wirkten viele mit. Selbstverständlich verbreitet war er im Militär. Aber auch die Schule hatte die Aufgabe, die deutsche Geschichte, das deutsche Volk und die deutschen Herrscher zu verherrlichen. Schützen-, Turner- und Sängervereine traten oft militärisch auf. Sie feierten mit Begeisterung nationale Feste und sangen patriotische Lieder. Ihre Vereine hatten Millionen von Mitgliedern – so verwurzelte sich der „vaterländische Gedanke" in der Bevölkerung immer stärker. Die Reichsgründung wurde zugleich als Reichserneuerung aufgefasst: Das neue Kaiserreich führte nach der Meinung vieler Zeitgenossen nach Jahrhunderte langer Zersplitterung und Machtlosigkeit die Tradition des mittelalterlichen Reiches weiter.

**Das Militär als erster Stand im Staat**

Mit dem Nationalismus eng verbunden war die Hochschätzung alles Militärischen. Schließlich hatte Deutschland seine Einheit in drei Kriegen mit Waffengewalt errungen; und militärische Stärke galt als Garantie für die Sicherung der neuen Vormachtstellung in Europa. Das Militär stieg zum angesehensten Stand im Reich auf – und Militär hieß in erster Linie auch wieder Adel. Denn bis zum Ende des Kaiserreichs blieben die hohen Offiziersränge vorwiegend von Adeligen besetzt. Parlament und Regierung hatten auf das Militär praktisch keinen Einfluss. Der Oberbefehl lag beim Kaiser, der Generalstab und das Militärkabinett – zuständig für Personalangelegenheiten – wurden immer mächtiger, das Militär hatte seine eigene Gerichtsbarkeit – es bildete gleichsam einen Staat im Staate.

**Die Militarisierung der Gesellschaft**

Die Offiziere waren durch besondere Privilegien, Ehrenvorstellungen und Lebensformen von der übrigen Bevölkerung abgehoben. Sie wurden bewundert und nachgeahmt. Auf den Bürgersteigen wich man ihnen als Zivilist aus und in den Restaurants wurden sie bevorzugt bedient. Gut gestellte Bürger strebten nach militärischem Aufstieg: Sie konnten – auf eigene Kosten – den so genannten einjährig-freiwilligen Militärdienst leisten und es dann bis zum Reserveoffizier bringen. Auch das Duellwesen wurde in Bürger- und Studentenkreisen vom Militär übernommen. Militärähnliche Uniformen für Zivilberufe – von der Eisenbahn bis zur Feuerwehr – standen hoch im Kurs. Weite Kreise der Bevölkerung eigneten sich die Hierarchievorstellungen, das Verhalten und die Redeweise des Militärs an. Auch im zivilen Leben bestimmte oft der militärische Rang den gesellschaftlichen Stellenwert eines Menschen. Zum Beispiel durfte an der kaiserlichen Tafel Reichskanzler Bethmann-Hollweg als Major erst hinter den Generalen und Obersten Platz nehmen.

## Das Hermannsdenkmal im Teutoburger Wald Q1

Das Denkmal zeigt den Cheruskerfürsten Arminius (lat.), auf Deutsch Hermann genannt. Von 1838 bis 1875 wurde es auf der Grotenburg, einem Berg im Teutoburger Wald, errichtet. Es sollte erinnern an die „Schlacht im Teutoburger Wald“, in der 9 n. Chr. eine römische Armee mit drei Legionen (ca. 20 000 Soldaten) von germanischen Stämmen unter der Führung des Arminius vernichtet wurde. Heute weiß man, dass die Schlacht an einem anderen Ort, bei Kalkriese in der Nähe von Osnabrück, stattgefunden hat. Das Denkmal hat eine Höhe von ca. 54 m. Im Sockel befindet sich ein Bronzerelief Kaiser Wilhelms I., das aus einer erbeuteten französischen Kanone angefertigt wurde. Die Inschrift dazu lautet:

*Der lang getrennte Stämme vereint mit starker Hand,*
*Der welsche Macht und Tücke siegreich überwand,*
*Der längst verlorne Söhne heim führt zum Deutschen Reich,*
*Armin, dem Retter, ist er gleich. (…)*

*Am 17. Juli 1870 erklärt Frankreichs Kaiser, Louis Napoleon, Preußen Krieg, da erstunden alle Volksstämme Deutschlands und züchtigten von August 1870 bis Januar 1871 immer siegreich französischen Übermut unter Führung König Wilhelms von Preußen, den das deutsche Volk am 18. Januar zum Kaiser erkor.*

Q2 **Kaiser Wilhelm II. und seine Familie auf einer Ansichtskarte, 1906**

## Q3 Erneuerung des Kaisertums

*Der Staatsrechtler Hermann Schulze Görmitz schreibt am Tag der „Kaiserproklamation“ in einem Leitartikel für die „Schlesische Zeitung“:*

Seit Menschenaltern gilt uns das Kaisertum als das höchste Symbol nationaler Einheit. Aus den Sagen des Volkes, aus den Träumen unserer Jugend, aus den begeisterten Worten unserer Dichter hallt es wieder, „das Lied vom deutschen Kaiser“. Unsere größten Erinnerungen knüpfen sich an die markigen Gestalten unserer Kaiser, an die Heinriche und Ottone, an die Franken und Staufen (…) Alles, was das alte Reich an großen nationalen Gedanken in sich trug, ist wieder lebendig geworden. Erst mit „Kaiser und Reich“ ist die Sehnsucht der Nation erfüllt, das „Wahrzeichen ihrer alten Herrlichkeit“ hergestellt.

*Zit. nach: M. Kramp (Hg.): Krönungen, Könige in Aachen – Geschichte und Mythos. Ausstellungskatalog. Aachen 2000, S. 795 f.*

## Nationalismus und Chauvinismus

Grundlage des Nationalismus war das Bewusstsein einer gemeinsamen Sprache, Kultur, Geschichte und Religion. Daraus entsprang auch der Nationalstaatsgedanke (vgl. S. 15). In der ersten Hälfte des 19. Jahrhunderts verbanden sich Forderungen nach einem deutschen Nationalstaat mit Forderungen nach Demokratie. Im Kaiserreich trat die Abgrenzung nach außen immer stärker hervor. Wo das eigene Volk über alle anderen erhoben wird und auf andere geringschätzig herabsieht, spricht man von Chauvinismus.

**Q4 Parade der Berliner Feuerwehr zur Einweihung des Feuerwehrdenkmals.** Foto 1902.

### Q5 Militär und Gesellschaft

*Ein Artikel in einer Militärzeitschrift beschreibt 1888 die Bedeutung des Reserveoffizierswesens:*

Der Wert, den die junge Männerwelt der höheren Stände, auch der bürgerlichen Berufszweige, auf den Reserve- bzw. Landwehr-Offizier legt, tritt in mannigfachen Merkzeichen auf. Keine private Kundgebung, Familien-Anzeige und dergleichen, die nicht mindestens neben dem bürgerlichen Charakter [der Stellung] des Betreffenden auch den militärischen trüge, keine größere Festlichkeit, bei der nicht von den Berechtigten die Gelegenheit wahrgenommen würde, den Frack mit des Königs glänzendem Waffenkleide zu vertauschen.

So tritt auch im bürgerlichen Leben im Menschen, wenn man so sagen darf, der Offiziers-Beruf stets früher in die Erscheinung, als der, der sein tägliches Dasein durchs Leben geleitet, und wir verstehen vollkommen, wenn die deutsche Gesellschaft in Ausländern, wie dies tatsächlich der Fall, den Eindruck hervorruft, als werde in ihr wesentlich alles nach militärischen Gesichtspunkten beurteilt.

*Zit. nach: B. Ulrich/J. Voge/B. Ziemann (Hg.): Untertan in Uniform. Militär und Militarismus im Kaiserreich 1871–1914. Quellen und Dokumente. Frankfurt a. M. 2001, S. 135.*

### Q6 Militär und Volkserziehung

*Der Militärarzt Dr. Nütten führt 1867 in einem Vortrag vor Offizieren aus:*

Die geregelte Lebensweise, welche der Soldat führen muss, hat aber nicht bloß auf seine körperliche Gesundheit einen wohltätigen Einfluss, auch seine moralischen Eigenschaften werden dadurch gebessert. Der nicht freigiebige Sold, die einfache Kost, die regelmäßige Verabreichung von Kleidungsstücken, die Sorge für deren Instandhaltung etc. wecken und erhalten frühzeitig sein Sinnen und Trachten zur Genügsamkeit, Vorsorge und Sparsamkeit (…) Wir haben daher in unserer Armee nicht nur eine militärische Disziplin, sondern auch eine moralische, die nicht bloß Soldaten ausbildet, sondern auch den jungen Mann erzieht und den ausgebildeten Soldaten seinem bürgerlichen Lebensberufe mit dem moralischen Sinne für eine geregelte Lebensweise, für Ordnung und Gesetz zurückgibt.

*Zit. nach: B. Ulrich/J. Vogel/B. Ziemann (Hg.): a. a. O., S. 63.*

### Q7 Die Kriegervereine

*Viele ehemalige Soldaten schlossen sich Kriegervereinen an. 1903 hatten diese in Deutschland über zwei Millionen Mitglieder. In einem Rundschreiben des Vorstandes des Preußischen Landeskriegerverbandes aus diesem Jahr heißt es:*

Wir erfüllen (…) die vaterländischen Aufgaben des Deutschen Kriegervereinswesens, indem wir unsere Liebe zu Kaiser und Reich, zum Landesfürsten und zum engeren Bundesstaat, unsere monarchische und nationale Gesinnung bekennen, sie in unseren Vereinen pflegen und in weitere Kreise hineintragen und sie betätigen, wenn wir unsere staatsbürgerliche Rechte auszuüben haben. (…) Unsere Kameraden sind vollkommen frei, innerhalb der den monarchischen Staat anerkennenden bürgerlichen Parteien zu wählen, wen sie wollen (…) Unsere Mitglieder dürfen aber, sofern sie dies bleiben wollen, unter keinen Umständen, auch nicht in der Stichwahl, dem Kandidaten einer Partei, welche Kaiser, Reich und den monarchischen Staat nicht anerkennt, welche die bestehende Gesellschaftsform umstürzen will, also einem Sozialdemokraten ihre Stimme geben.

*Zit. nach: Dieter Fricke (Hg.): Dokumente zur deutschen Geschichte 1897/98–1904. Frankfurt a. M. 1977, S. 83 f.*

### Q8 Verderblicher Einfluss des Militarismus

*Der Historiker und Politiker Ludwig Quidde veröffentlichte 1893 eine Schrift gegen Militarismus im deutschen Kaiserreich:*

Die glänzenden Erfolge [im Krieg 1870/71] haben dem Militarismus den Wind in die Segel gebracht, und mit großem Geschick hat man sie für seine Herrschaft zu nutzen verstanden. Das Bürgertum aber hat sich in scheuer Ehrerbietung vor ihm verneigt, als ob nicht das deutsche Volk, sondern der preußische Lieutenant ganz allein den Krieg geführt hätte. (...) Die ganze Auffassung von Disziplin, von dem Unterordnungsverhältnis, das vom Befehlenden keine Rechenschaft fordert und dem Gehorchenden das Recht zur Kritik verweigert, diese ganze Auffassung, die für das bürgerliche und öffentliche Leben nicht zu brauchen ist, wird durch dieses Soldatenspielen in den Kriegervereinen genährt.

*L. Quidde: Der Militarismus im Deutschen Reich. Eine Anklageschrift. Stuttgart 1893, S. 27–32.*

**Q9 Militärdienst und Gleichberechtigung?**

*Die Historiker Bernd Ulrich, Jakob Vogel und Benjamin Ziemann schreiben 2001 über die Bedeutung des Militärdienstes für die unteren Schichten:*

In einem durch die extreme Abschichtung des Besitzes und den Standesdünkel der besitzenden Vollbauern geprägten Umfeld bot die verbale Berufung auf den Wehrdienst auch den Angehörigen der Unterschicht die Möglichkeit, nach sozialer Anerkennung und Wertschätzung zu streben. Die Teilnahme am Kriegervereinsleben war für die Angehörigen ländlicher und städtischer Unterschichten – welche die große Mehrzahl der einfachen Mitglieder stellten – somit vor allem ein Vehikel der Partizipation [Mittel zur Beteiligung]. Von „oben" verlangte man in der Semantik [im Sprachverständnis] des Militärdienstes die Untertänigkeit der Soldaten (...). Dagegen ließ sich aber von unten die Gleichberechtigung unter „Männern" als eine zwingende Konsequenz der Wehrpflicht einfordern.

*B. Ulrich/J. Vogel/B. Ziemann (Hg.): Untertan in Uniform. Militär und Militarismus im Kaiserreich 1871–1914. Quellen und Dokumente. Frankfurt a. M. 2001, S. 19.*

ALTES GYMNASIUM
BREMEN

SEDANFEIER 1912

1. Jubelouvertüre ........ Weber
Schülerorchester
2. Vortrag:
Die Schlacht bei Sedan am 1. September 1870
Grosse, O I b
3. Die Wacht am Rhein ........ Wilhelm
Schülerchor
4. Des deutschen Knaben Tischgebet .... Gerok
gesprochen von Wellmann, VI a
5. Aus dem Epos »Sedan« ....... Wildenbruch
gesprochen von Helmolt, O II b
6. Altniederländische Volkslieder
a) Klage
b) Wilhelmus von Nassauen
c) Kriegslied
d) Abschied
e) Berg op Zoom
f) Dankgebet
verbindender Text gesprochen von Schünemann, U I b
7. Kaiserhoch
8. Gemeinsamer Gesang: Deutschland über alles

**Q10** Programm zum Sedanstag 1912 am Alten Gymnasium in Bremen

## Fragen und Anregungen

1. Erläutere die Verbindung, die zwischen dem neuen und dem mittelalterlichen Kaiserreich hergestellt wird (VT, Q1, Q3). Was wird mit einer solchen Einschätzung bezweckt?
2. Informiere dich im Geschichtsbuch über die Varusschlacht. Begründe, warum fast zwei Jahrtausende später Arminius ein Denkmal errichtet wurde (Q1).
3. Untersuche, welche Beziehung zwischen Vergangenheit und Gegenwart die Inschrift des Denkmals (Q1) herstellt. Charakterisiere die Wortwahl des Textes. Überprüfe anhand deiner Kenntnisse die Aussage des letzten Teilsatzes.
4. Stelle zusammen, welche Gewohnheiten, Haltungen, Überzeugungen und politischen Meinungen aus dem militärischen Leben ins zivile übernommen oder daraus abgeleitet werden sollen (Q4–Q7).
5. Vergleiche die in Q5 und Q6 beschriebenen Wertvorstellungen mit den „Tugenden", die dir heute wichtig erscheinen.
6. Vergleiche, wie in Q8–Q9 jeweils Militär und Militärdienst bewertet werden.
7. Diskutiert: Das Kaiserreich – eine militarisierte Gesellschaft? (Q4–Q10)

# 5. Vom Umgang mit Minderheiten und Andersdenkenden

Transparent, Berlin 1888 Q1

**Die Sozialdemokraten**

Wer im Kaiserreich nicht mit der Mehrheit der Gesellschaft übereinstimmte, wurde schnell mit dem Etikett „Reichsfeind“ versehen. Diese Andersartigkeit konnte religiös, national, politisch-sozial oder „rassisch“ bedingt sein. Die gefährlichsten inneren Feinde des Reiches waren in Bismarcks Augen die Sozialdemokraten. Schließlich sahen ihre Programme eine grundlegende Umgestaltung von Staat und Gesellschaft vor. Zwei Attentate auf Kaiser Wilhelm I. boten 1878 den Vorwand, unter fälschlicher Beschuldigung mit gesetzgeberischen Maßnahmen gegen die Sozialdemokratie vorzugehen. Das so genannte Sozialistengesetz (1878–1890) verbot sozialdemokratische Organisationen; Schriften und Gelder wurden beschlagnahmt, aktive Mitglieder verfolgt, verhaftet und ausgewiesen. Die Partei wurde dadurch schwer getroffen, blieb aber bestehen und erhielt allen staatlichen Maßnahmen zum Trotz immer stärkeren Zulauf.

**Die Sozialgesetzgebung**

Die von Bismarck ins Leben gerufene Sozialgesetzgebung sollte gleichfalls dem Kampf gegen die Sozialdemokratie dienen. Zwar wollte Bismarck auch aus sozialen Motiven die Lage der Arbeiterschaft verbessern, zugleich aber der sozialdemokratischen Agitation den Wind aus den Segeln nehmen und die Arbeiterschaft für den Staat gewinnen. Dafür freilich waren die Fortschritte doch zu bescheiden. Arbeiter und Staat standen sich weiterhin feindselig gegenüber. Die (sozialdemokratischen) Arbeiter galten bis zum Ende des Kaiserreichs als „vaterlandslose Gesellen“. Umgekehrt sahen sie den „Klassenstaat“ und das Kapital als miteinander verbündete Gegner an.

**Die Katholiken**

Die Katholiken bildeten mit ca. 37 Prozent eine starke religiöse Minderheit im Reich. Ähnlich wie die Sozialdemokratie verfügten sie über ein Geflecht von eigenen Einrichtungen und Vereinen für alle Lebenssituationen. Bismarck sah im Katholizismus eine Bedrohung des Staates; er argwöhnte, die Katholiken fühlten sich eher ihrer geistlichen Führung als der weltlichen Obrigkeit verpflichtet. Mit diversen Gesetzen versuchte er in den 1870er Jahren den Einfluss der katholischen Kirche einzudämmen. Priester durften nicht mehr von der Kanzel über politische Fragen reden, Geistliche sollten staatliche Prüfungen ablegen und die Ehe sollte nicht mehr kirchlich, sondern durch eine staatliche Einrichtung, das Standesamt, beurkundet werden. Aber dieser so genannte Kulturkampf rief erst recht den Widerstand der Kirche und der Gläubigen hervor und die Stimmenzahlen der katholischen Zentrumspartei stiegen steil an. In den 1880er Jahren strebte Bismarck deshalb einen Ausgleich mit der Kirche an.

**Die Polen**

Im Osten Preußens lebten mehr als zwei Millionen Polen. In vielen Gegenden der Provinzen Posen und Westpreußen bildeten sie eine Mehrheit. Dass sie ihre traditionelle polnische Sprache und Kultur bewahren wollten, machte sie in den Augen der Obrigkeit verdächtig. Dazu kam ihr katholischer Glaube. Die Polen, so der Vorwurf, seien keine verlässlichen Staatsbürger, sie wollten ihre Gebiete von Preußen loslösen und einen eigenen Staat bilden. Die preußischen Behörden versuchten deshalb, das polnische Element mit Zwangsmaßnahmen zurückzudrängen: Polen durften auf Ämtern, vor Gericht und in der Schule nur noch deutsch sprechen. Veranstaltungen polnischer Vereine wurden verboten. Polnische Landgüter wurden aufgekauft und deutsche Bauern dort angesiedelt. Letztlich aber war diese Germanisierungspolitik wenig erfolgreich und stärkte eher den Widerstandswillen der polnischen Bevölkerung.

**Die Juden**

Die Juden machten im Kaiserreich etwa ein Prozent der Bevölkerung aus. Nach Jahrhunderte langer Benachteiligung hatten sie in den 1860er Jahren in einzelnen deutschen Staaten und anschließend dann im Reich die rechtliche Gleichstellung erhalten. In mancher Beziehung allerdings blieben sie Bürger zweiter Klasse. Vor allem im Staatsdienst – beim Militär, in der Verwaltung und an den Universitäten – hatten sie kaum Aufstiegschancen. In der Bevölkerung nahmen die Vorbehalte gegenüber dem Judentum sogar wieder zu. 1873 begann eine Wirtschaftskrise, die so genannte Gründerkrise. Viele Menschen machten dafür jüdische Finanziers verantwortlich – schon oft hatten die Juden in schweren Zeiten als Sündenböcke herhalten müssen. Ihr prominentester Gegner war der preußische Historiker Heinrich von Treitschke. Sein Ausspruch „Die Juden sind unser Unglück" wurde unter Gesinnungsgenossen zum geflügelten Wort und später von den Nationalsozialisten aufgegriffen.

**Antijudaismus und Antisemitismus**

Dass Juden wegen ihres Glaubens abgelehnt und verfolgt wurden, hatte eine lange, bis ins Mittelalter zurückreichende Tradition. Zu diesem religiösen Antijudaismus kam nun ein neuer rassischer Antisemitismus hinzu. Seine Vertreter waren der Überzeugung, es gebe verschiedene, höher- und minderwertige Rassen. Die arische oder nordische Rasse sei wertvoller als die jüdische. Deshalb könnten Juden nicht zum deutschen Volk gehören und keine gleichen Rechte beanspruchen. Diese unwissenschaftliche Ideologie fand im Kaiserreich zwar nie massenhafte Verbreitung, gewann aber doch zahlreiche Anhänger. Auch einzelne Parteien und Verbände vertraten antisemitische Positionen. Allerdings war das keine deutsche Besonderheit. Überall in Europa fasste der Antisemitismus Fuß. Die schlimmsten Auswirkungen hatte er in Russland. Dort kam es in den 1880er Jahren zu Ausschreitungen und Verfolgungen, so genannten Pogromen, bei denen Tausende von Juden vertrieben und getötet wurden.

**Q2 Gruß aus dem Kölner Hof**
Werbe-Ansichtskarte eines Frankfurter Hotels, um 1897.

**Q3 Durchsuchung bei einem politisch Verdächtigen**
Ausschnitt aus einem zeitgenössischen Holzstich.

### Q4 Wahlbehinderungen für die Sozialdemokraten

*Ein Arbeiter berichtet nach der Reichstagswahl 1890 in einem Brief an den im Ausland lebenden Sozialdemokraten Eduard Bernstein:*

In einigen Wahllokalen lagen die konservativen Stimmzettel im Lokal auf dem Tisch und niemand durfte sich einen Stimmzettel von draußen mitbringen [die Stimmzettel wurden von den Parteien selber gestellt]; man musste ihn im Lokal vom Tisch nehmen und dann dem Wahlvorsteher übergeben. An anderen Orten wurden Wählern unsere Stimmzettel aus der Hand genommen, zerrissen und ihnen andere mit den Worten gegeben: „Das ist der richtige für Kaiser und Reich." In einigen Dörfern haben Arbeiter sozialdemokratisch gewählt, bei der Auszählung fand sich aber kein sozialdemokratischer Stimmzettel vor – wahre Hexerei, nicht?

*Zit. nach: E. Bernstein: Die Geschichte der Berliner Arbeiter-Bewegung, Teil 2. Berlin 1907, Nachdruck Glashütten 1972, S. 298.*

### Q5 Verurteilungen von Sozialdemokraten

*Der Oberstaatsanwalt in Hamm berichtet am 13. Juni 1878 über Gerichtsurteile gegen Sozialdemokraten nach einem Attentat auf Kaiser Wilhelm I.:*

Der Fabrikarbeiter LUDWIG aus Essen äußerte am 2. Juni: „Meinetwegen können sie den Kaiser beschissen haben. Für 100 Mk. erschieße ich auch einen." Er ist heute zu 2½ Jahren Gefängnis verurteilt.
(...) Der Häusler WINNENFELD zu Essen äußerte am 3. Juni: „Es wäre gut gewesen, wenn die Kugel den Kaiser getroffen hätte. Er bedauere sehr, dass der Kaiser nicht totgeschossen sei." Er ist heute zu 2½ Jahren Gefängnis verurteilt.
(...) Ehefrau des Kutschers HOTZER aus Dortmund nannte am 5. d. Mts. zu Essen den Kaiser „so ein dummes Luder". Sofort angeklagt, ist sie bereits am 11. zu 2 Jahren Gefängnis verurteilt.

*Zit. nach G. A. Ritter/J. Kocka: Deutsche Sozialgeschichte. Dokumente und Skizzen, Bd. II: 1870–1914. München 2. Aufl. 1977, S. 392 f.*

### Q6 Feindbild Sozialdemokratie

*In einem gegen die Sozialdemokraten gerichteten Flugblatt zu den Reichstagswahlen 1898 heißt es:*

Die Sozialdemokratie will die militärische Kraft des Deutschen Reiches untergraben und damit den stärksten Schutz gegen äußere Feinde vernichten. Die Sozialdemokratie ist die geschworene Feindin der Monarchie. Sie will den Hohenzollernthron stürzen und das Herrscherhaus beseitigen, mit dem uns eine jahrhundertelange Geschichte in Glück und Unglück verbunden hat. Wer das nicht will, der stimme gegen den Sozialdemokraten. Denn die Sozialdemokratie ist der Feind!
Die Sozialdemokratie will jede Religion beseitigen. (...) Wer den Glauben seiner Väter sich nicht nehmen lassen will, wer den köstlichen Besitz seines Herzens und seiner Seele nicht preisgeben will, der stimme gegen den Sozialdemokraten!
Die Sozialdemokratie will das Eigentum vernichten. (...) Wer behalten will, was er besitzt, wer die Scholle sich nicht nehmen lassen will, auf der er und seine

### Rassismus

Die Erkenntnisse des Naturforschers Charles Darwin (1809–1882), dass die natürliche Entwicklung von Tierrassen durch Konkurrenz und Durchsetzung der Überlebensfähigsten stattfinde, wurden in vereinfachter Form auf den Menschen übertragen. Von dem Franzosen Joseph Arthur Gobineau (1816–1882) stammte die Behauptung, die „Arier" seien eine Eliterasse, die über alle anderen herrschen müsse. Diese Vorstellungen machten sich später auch Hitler und die Nationalsozialisten zu eigen.

Vorfahren sich genährt haben, wer sein blühendes Geschäft sich und seinen Kindern erhalten will, wer sein Handwerk weiter betreiben, wer die Früchte seines Fleißes selbst mit den Seinen genießen will, der stimme gegen den Sozialdemokraten!
Die Sozialdemokratie ist die Feindin und Verderberin der Familie. Sie (...) bedroht den Frieden unseres Hauses. Sie will uns alles das nehmen, was außer der Berufsarbeit und den öffentlichen Pflichten uns bisher das Leben lebenswert gemacht hat. Der Mann, dem sein häusliches Glück, dem Weib und Kind ans Herz gewachsen sind, der stimme am 16. Juni gegen den Sozialdemokraten!

*Zit. nach: D. Fricke (Hg.): Dokumente zur deutschen Geschichte 1897/98–1904. Frankfurt a. M. 1977, S. 30 f.*

**Q8 „Die Zukunft"**
Ansichtskarten-Karikatur, um 1900.

### Q7 Organisierter Antisemitismus

*Aus der Satzung der Deutschen Antisemitischen Vereinigung, 1886:*

Die Grundsätze und Ziele der Vereinigung gehen aus der Erkenntnis hervor, dass die Geschichte aller Zeiten die Unverbesserlichkeit der jüdischen Rasse erwiesen hat und dass hinsichtlich der Moral und Lebensauffassung eine unüberbrückbare Kluft zwischen Deutschtum und Judentum besteht. Die Juden haben von der ihnen unüberlegter Weise gewährten Gleichberechtigung den denkbar schlechtesten Gebrauch gemacht und die Judenfrage zu einer Existenz-Frage für das deutsche Volk gestaltet. Jüdischer Wucher hat in allen Kreisen der Bevölkerung, besonders im Beamtentum, unzählige Opfer gefordert; die Hauptstütze des Staates, der Bauernstand, ist durch Güterschlächterei und Wucher an den Rand des Ruins gebracht. In die Verwaltungs-, Kommunal-, Lehr- und Richter-Ämter sind Juden ungehindert eingedrungen und haben hier deutsche Sitte, deutsche Gesinnung und deutsches Recht verfälscht und untergraben. In den Parlamenten haben sie ein Jahrzehnt hindurch über Gebühr das Wort geführt, die Gesetzgebung zu Gunsten ihres Stammes beeinflusst und verderbliche Tendenzen in dieselbe hineingetragen. Was soll von deutschem Wesen noch übrig bleiben, wenn wir diesem Gebaren noch ferner müßig zusehen? Nirgends beteiligt sich der Jude an der ehrlichen produktiven Arbeit, aber durch Hausierhandel und Magazin-Wesen hat er das redliche Handwerk und den soliden Handel verdrängt und dem Untergang preisgegeben; durch Börsen-Jobberei und schwindelhaftes Gründertum hat er Industrie und Großhandel untergraben und in seinen Dienst gestellt. Durch internationale Verbündung beherrscht der Jude den Weltmarkt und so heimst er unverdienter Maßen alle Früchte des Kulturfleißes der Nationen ein. (...) Von einer Verfolgung der Juden unsererseits kann nicht die Rede sein, sondern nur von einer Abwehr (...).

*Zit. nach: M. Wolffsohn/U. Puschner: Geschichte der Juden in Deutschland. Quellen und Kontroversen. München 1992, S. 91 f.*

## Fragen und Anregungen

1. Wie haben Sozialdemokraten die staatlichen Maßnahmen gegen sie empfunden (Q1, Q3–Q6)? Schreibe einen Artikel für eine sozialdemokratische Zeitung, in dem du über die Vorkommnisse in Q3–Q5 berichtest und deinen Gefühlen und Hoffnungen Ausdruck verleihst. Finde dafür auch eine passende Überschrift.
2. Erläutere den Schriftzug „Neu–Jerusalem am fränkischen Jordan" auf der Ansichtskarte Q2. Überlege mögliche Gründe, weshalb der Inhaber des Hotels mit dieser Karte warb.
3. Untersuche genau, wie die Juden auf den beiden Bildern Q2 und Q8 dargestellt werden. Nenne hervorgehobene körperliche Merkmale und erläutere die Gegenstände, mit denen die Juden versehen sind. Fasse zusammen, welche Vorurteile gegenüber Juden hier dargestellt werden.
4. Prüfe die einzelnen Vorwürfe in Q7. Welche Wahrnehmungen oder Gefühle könnten dem zu Grunde liegen? Wie kann man zu der Meinung gelangen, dass ein Prozent der Bevölkerung die „Existenz des deutschen Volkes" in Frage stellt?

# 6. Frauen im Kaiserreich – der lange Weg zur Gleichberechtigung

**Karikaturistische Ansichtskarte** Q1 zu den Forderungen der Frauenbewegung, um 1900.

**Wenig Rechte für Frauen**

Frauen hatten im Kaiserreich weitaus weniger Rechte als Männer. Sie besaßen kein Wahlrecht, durften sich in der Öffentlichkeit nicht politisch betätigen und auch im Zivilrecht galten sie als nicht voll „geschäftsfähig". Sich mit solchen wichtigen und ernsthaften Dingen wie Politik oder Geschäft zu befassen, entspreche nicht dem weiblichen Charakter – darin waren sich fast alle Männer einig.

**Die bürgerliche Frauenbewegung**

Im Zuge der Revolution 1848/49 war auch die Frauenbewegung in Deutschland entstanden. Seit 1865 gab es den „Allgemeinen Deutschen Frauenverein" (ADF); seine Vorsitzende war Louise Otto-Peters. Ziele des ADF waren bessere Bildungs- und Berufschancen vor allem für bürgerliche Frauen. Nur eine Minderheit in der bürgerlichen Frauenbewegung forderte auch die völlige politische Gleichstellung und damit das Wahlrecht für Frauen.

**Die proletarische Frauenbewegung**

Um mehr Rechte und bessere Bildungsmöglichkeiten ging es auch der proletarischen Frauenbewegung. Sie wollte außerdem die Arbeitsbedingungen für Frauen in der Industrie verbessern. Ihr Endziel freilich war eine neue Gesellschaft von lauter Gleichberechtigten. Vorkämpferin der proletarischen Frauenbewegung war seit den 1890er Jahren Clara Zetkin. Sie gab die sozialdemokratische Frauenzeitschrift mit dem bezeichnenden Titel „Die Gleichheit" heraus. Aber auch die Sozialdemokraten taten sich schwer damit, die Forderungen der Frauen anzuerkennen. Erst auf dem Erfurter Parteitag 1891 wurden diese ins Parteiprogramm aufgenommen.

**Kleine Fortschritte**

Erste Schritte in Richtung Gleichberechtigung gab es erst gegen Ende des Kaiserreichs. 1908 gab das neue Reichsvereinsgesetz den Frauen das Recht, sich zu versammeln und sich in Parteien und Vereinen politisch zu betätigen. Im selben Jahr wurden in Preußen Frauen zum Studium zugelassen und die höheren Mädchenschulen den Knabenschulen wenigstens annähernd gleichgestellt. Das Wahlrecht blieb Frauen bis zum Ende des Kaiserreichs vorenthalten; erst die Weimarer Verfassung von 1919 stellte sie darin den Männern gleich.

**Der bürgerliche Haushalt**

Das Reich der bürgerlichen Hausfrau – so die von Männern geprägte Idealvorstellung – war das Haus. Sie sollte den Haushalt führen und das Personal anleiten. Sie hatte den Mann in seiner Freizeit angenehm zu unterhalten und bei Geselligkeiten zu repräsentieren. Dieser Rollenvorstellung entsprachen auch Erziehung und Ausbildung der Kinder. Für die höhere Schul- und die Berufsausbildung der Söhne gaben bürgerliche Eltern viel Geld aus; bei der „höheren Tochter" stand die musische Erziehung für das Privatleben im Vordergrund: Literatur, Malen, Musizieren, Sticken.

**Bürgerliche Frauenarbeit**

Weibliche Berufstätigkeit galt im Bürgertum als nicht standesgemäß. Für unverheiratete Frauen ohne Vermögen gab es nur wenige angemessene Berufe, etwa Gouvernante oder Mädchenschullehrerin. Wo in Bürgerfamilien das Geld knapp war, übernahm die Frau – nach außen hin oft schamhaft verborgen – textile Hausarbeiten. Neue Arbeitsmöglichkeiten entstanden erst allmählich durch die Angestelltenberufe: Sekretärin, Stenotypistin oder Telefonistin wurden um die Jahrhundertwende zu typischen Frauenberufen. Arbeitsbedingungen und Einkommen waren nicht gerade glänzend und wie überall blieben die höheren Positionen Männern vorbehalten. Immerhin aber bildeten die Büroberufe, weil dort keine körperliche Arbeit geleistet werden musste, ein neues Berufsfeld auch für bürgerliche Frauen.

**Frauenarbeit in der Arbeiterschaft**

In der Arbeiterschaft war weibliche Berufstätigkeit viel weiter verbreitet als im Bürgertum. Viele Arbeiterfamilien waren auf ein zusätzliches Einkommen angewiesen. Die meisten Frauen arbeiteten in der Textilherstellung, entweder in der Fabrik oder in Heimarbeit. Frauen mit Familie und Beruf lebten fast ständig am Rande der Erschöpfung, denn auch in Arbeiterkreisen blieben ihnen nach dem damaligen Rollenverständnis ganz selbstverständlich Hausarbeit und Kinderversorgung überlassen.

**Das Dienstbotenwesen**

Noch um die Jahrhundertwende arbeiteten allerdings mehr als doppelt so viele Frauen in der Landwirtschaft wie in der Fabrik – als „mithelfende Familienangehörige". Vom Lande kamen auch die meisten Dienstmädchen, die im Kaiserreich geradezu zum Symbol bürgerlicher Repräsentation wurden: Mit der „Dienstbotenhaltung" zeigte man, dass man es nicht nötig hatte, anstrengende Handarbeit selber auszuführen. 1882 arbeitete fast ein Viertel aller berufstätigen Frauen als Dienstmädchen. Die Arbeit war hart; es gab wenig Geld, wenig Freizeit und wenig Rechte.

**Q2** **Frauendemonstration** für Gleichberechtigung am 8. März 1911, dem Internationalen Frauentag.

### Q3 Männer- und Frauenrechte

*Aus dem „Bürgerlichen Gesetzbuch" (BGB) von 1900:*

§ 1354. Dem Manne steht die Entscheidung in allen das gemeinschaftliche eheliche Leben betreffenden Angelegenheiten zu; er bestimmt insbesondere Wohnort und Wohnung. (...)

§ 1355. Die Frau erhält den Familiennamen des Mannes. (...)

§ 1357. Die Frau ist berechtigt, innerhalb ihres häuslichen Wirkungskreises die Geschäfte des Mannes für ihn zu besorgen und ihn zu vertreten. (...)

§ 1363. Das Vermögen der Frau wird durch die Eheschließung der Verwaltung und Nutznießung des Mannes unterworfen (...)

§ 1627. Der Vater hat kraft der elterlichen Gewalt das Recht und die Pflicht, für die Person und das Vermögen des Kindes zu sorgen.

*Zit. nach A. Conrad/K. Michalik (Hg.): Quellen zur Geschichte der Frauen, Bd. 3: Neuzeit. Stuttgart 1999, S. 136 ff.*

### Q4 Forderungen der bürgerlichen Frauenbewegung

*Aus dem Programm des „Allgemeinen Deutschen Frauenvereins" von 1905:*

Die Frauenbewegung setzt sich somit das Ziel: den Kultureinfluss der Frau zu voller innerer Entfaltung und freier sozialer Wirksamkeit zu bringen. (...)

I. Bildung. (...)

b) eine Reorganisation der höheren Mädchenschule, durch welche diese, unbeschadet ihrer dem Wirkungskreise der Frau entsprechenden Besonderheit, den höheren Knabenschulen gleichwertig wird; (...)

c) unbeschränkte Zulassung ordnungsgemäß vorgebildeter Frauen zu allen wissenschaftlichen, technischen und künstlerischen Hochschulen.

II. Berufstätigkeit. Die Frauenbewegung betrachtet für die verheiratete Frau den in Ehe und Mutterschaft beschlossenen Pflichtenkreis als ersten und nächstliegenden Beruf. (...)

In Anbetracht der großen Zahl von Frauen, die unverheiratet bleiben, und der weiteren Zahl derer, die in der Ehe keine ausreichende wirtschaftliche Versorgung finden können, ist die Berufsarbeit der Frau eine wirtschaftliche und sittliche Notwendigkeit. (...)

IV. Öffentliches Leben, Gemeinde und Staat (...)

a) Zulassung der Frauen zu verantwortlichen Ämtern in Gemeinde und Staat, vor allem solchen, die zu den Interessen der Frauen in besonders naher Beziehung stehen. (...)

f) Teilnahme der Frauen am politischen Wahlrecht.

*Zit. nach: G. A. Ritter/J. Kocka (Hg.): Deutsche Sozialgeschichte. Dokumente und Skizzen, Bd. II: 1870–1914. München 1974, S. 422 ff.*

### Q5 Das Frauenbild der Männer

*Der Mediziner Professor Theodor von Bischoff äußert sich 1872 über die unterschiedlichen Charaktereigenschaften von Männern und Frauen:*

[... Die Eigenschaften des Mannes:] mutig; kühn; heftig; trotzig, rau; verschlossen; Festigkeit; Handeln nach Überzeugung; Vernunft beherrscht das Gefühl; der Geist ist tiefer, weiter, dringt mehr in das Innere der Dinge; berücksichtigt das Wesen der Dinge; erforscht gründlicher und genauer; prüft ruhiger; urteilt unbefangen; schaffendes Prinzip.

[Die Eigenschaften der Frau:] furchtsam; nachgiebig; sanft; zärtlich; gutmütig; geschwätzig; verschmitzt; wandelbar; inkonsequent; Handeln nach Gefühl; Gefühl beherrscht die Vernunft; berücksichtigt das Äußere, den Schein; Urteil befangen, oberflächlich; Wille schwach; das Handeln ist unbestimmt; (...) größere Stärke des Gefühls und der Teilnahme für die Ihrigen und Notleidenden; schamhafter; erhaltendes Prinzip. (...)

Aus dieser Verschiedenartigkeit der Geschlechter in körperlicher und geistiger Hinsicht geht unwiderleglich hervor, dass das weibliche Geschlecht für das Studium und die Pflege der Wissenschaften und insbesondere der Medizin nicht geeignet ist.

*Zit. nach: E. Glaser: „Sind Frauen studierfähig?" Vorurteile gegen das Frauenstudium. In: E. Kleinau/C. Opitz (Hg.): Geschichte der Mädchen- und Frauenbildung. Frankfurt/New York 1996, Bd. 2, S. 301.*

## Fragen und Anregungen

1. Stelle in Stichworten die Rechte des Mannes und der Frau einander gegenüber und vergleiche (Q3).
2. Erschließe den Inhalt der Karikatur Q1 und erkläre, was Männer damals daran als komisch empfunden haben mögen.
3. Vergleiche Q1 mit der Karikatur auf der ADS. Welches Frauenbild kommt zum Ausdruck?
4. Gib die Forderungen der Frauenbewegung mit eigenen Worten wieder (VT, Q4). Diskutiert, welche Forderungen eine Frauenbewegung heute stellen sollte oder könnte. Formuliert und begründet sie.
5. Untersuche die Urteile Bischoffs in Q5. Welche typischen Eigenschaften ordnet er Männern und Frauen zu? Diskutiert, ob es solche Unterschiede überhaupt gibt.

# 7. Aufbruch in die Moderne

| | |
|---|---|
| **Nach 1870** | Die massenhafte Bevölkerungswanderung in die Städte beginnt. |
| **1883** | In Berlin wird die erste Vermittlungsanlage für Telefongespräche eingerichtet. |
| **Ab 1890** | Die elektrischen Straßenbahnen verbreiten sich in den deutschen Großstädten. |
| **1900** | Die ersten deutschen Kaufhäuser entstehen. |
| **1910** | Fast die Hälfte aller Einwohner Deutschlands lebt in Städten mit mehr als 5000 Einwohnern. |

**Telefonapparat, 1907** Q1

**Zeit des Wandels – die „Moderne"**

Das Kaiserreich ist oft als „gute alte Zeit" bezeichnet worden: Die Welt war in Ordnung, durch Herkommen und Gesetz geregelt, unveränderlich. Tatsächlich trifft eher das Gegenteil zu. Spätestens seit den 1890er Jahren gerieten Gesellschaft, Wirtschaft und Kultur immer mehr in Bewegung. „Die Zeit ist aus den Fugen", schrieb der Berliner Theater- und Musikkritiker Alfred Kerr 1899. Die Zeitgenossen haben diese Veränderungen unterschiedlich wahrgenommen. Die einen beklagten den Untergang einer vertrauten Lebenswelt, die anderen bejahten das Neue als Verbesserung und Fortschritt. Krisengefühl und Fortschrittsglaube lagen nahe beieinander. Dass viele Menschen das Gefühl hatten, in einer ganz neuen Zeit zu leben, zeigt der Begriff „Moderne". Er wurde zuerst (1887) für die Literatur geprägt und bürgerte sich dann seit der Jahrhundertwende als allgemeine Zeitbeschreibung ein.

Q2 **Das Kaufhaus Wertheim in Berlin, Blick in die Strumpfabteilung**
Fotografie 1906.
Warenhäuser wurden zum Symbol für neues Konsumdenken. Voraussetzung dafür war die industrielle Massenproduktion von Gütern und Waren. Das wiederum war die Grundlage für den Massenkonsum: Immer mehr Menschen hatten Zeit und Geld dafür, Dinge über den alltäglichen und unbedingt notwendigen Bedarf hinaus zu kaufen; allerdings traf dies nicht auf alle Schichten zu.

**Deutschland wird Industriestaat**

In den 1890er Jahren wurde Deutschland endgültig zum Industrieland. Zum ersten Mal arbeiteten mehr Menschen in Industrie und Bergbau als in der Landwirtschaft. In die Industrie flossen die meisten Gelder und sie machte die höchsten Gewinne. Auch international wurde die deutsche Industrie immer stärker: Insgesamt nahm sie hinter den USA und England den dritten Platz ein; Elektro- und Chemieindustrie (Siemens, AEG; Bayer, Hoechst, BASF) waren sogar weltweit führend.

**Wissenschaft und Bildung**

Wie in keinem anderen Land trugen in Deutschland Wissenschaft und Bildung zur industriellen Entwicklung bei. Wo in England oft noch gelernte Handwerker mit ihrem Erfahrungswissen arbeiteten, wurden in Deutschland schon Fachkräfte eingestellt, die an Universitäten und vor allem Technischen Hochschulen ausgebildet worden waren. Auch die Forschung trug viel zum industriellen Aufschwung Deutschlands bei. In Firmen oder staatlichen Instituten entstanden die ersten Großlabore. Es ging dabei aber nicht nur um Entdeckungen und Erfindungen, die man unmittelbar industriell auswerten konnte. Neu war auch die wissenschaftliche Grundlagenforschung, die ihren Fragen systematisch und breit gefächert nachging. Von 1901 bis 1918 erhielten deutsche Wissenschaftler sechsmal den Nobelpreis für Physik, siebenmal den für Chemie und viermal den für Medizin.

**Die Volksschule – Fortschritt und Bildungsbegrenzung**

Auch die Volksschule, besucht von mehr als 90 Prozent aller Schüler, galt international als besonders weit entwickelt. Etwa um 1880 war die Schulpflicht in Deutschland durchgesetzt. Damit erhielten zum ersten Mal in der Geschichte alle Kinder, egal welcher Herkunft, wenigstens eine Grundlage an schulischer Bildung vermittelt. Aber es gab auch klare Grenzen. Volksschüler sollten nicht zu viel lernen. Die Schule erzog sie zu „Untertanen“: Sie sollten ihrem Herrscherhaus treu ergeben sein, die politisch-gesellschaftlichen Verhältnisse nicht kritisieren und mit ihrer persönlichen Situation zufrieden sein. Die zukünftige Elite blieb für sich – sie besuchte die Höheren Schulen, die sogar ihre eigenen Vorschulen hatten.

**Moderne Zeiten im alltäglichen Leben: Verkehr, Kommunikation und Kultur**

Die Eisenbahn war das erste Massenverkehrsmittel. Menschen und Waren konnten jetzt in Deutschland wesentlich schneller und billiger als zuvor transportiert werden. Als städtisches Massenverkehrsmittel kam ab 1890 die elektrische Straßenbahn hinzu. Mit dem Auto und dem Fahrrad begann sich in den 1890er Jahren zugleich die individuelle Fortbewegung zu verändern – zunächst allerdings nur sehr zögernd. Auch das Telefon verbreitete sich erst allmählich, revolutionierte aber letztlich die private Kommunikation. Mit der Telegrafie konnte man Signale drahtlos über weite Entfernungen übertragen. Und schließlich ließ sich jetzt die Welt in Tönen und Bildern festhalten: durch Schallplatte und Grammofon, durch die Verbesserung der Fotografie und durch den Film. Damit wurden auch Kultur und Unterhaltung für viele zugänglich. Konzert, Schauspiel und Oper waren lange Zeit dem Adel vorbehalten gewesen, jetzt nahm auch das Bürgertum daran teil. Die ersten Kinos, Kabaretts und Zoos fanden Zuspruch bei allen Bevölkerungsschichten. Allerdings konzentrierten sich all diese Veränderungen auf die großen Städte. Sie waren die „Vorreiter der Moderne“ – auf dem Lande blieb noch lange vieles beim Alten.

**Q3 Zeppelin**

Seit der Jahrhundertwende begann auch die Eroberung der Luft mit Zeppelin und Flugzeug. Zum Massenverkehrsmittel wurde das Flugzeug allerdings erst im letzten Drittel des 20. Jahrhunderts.

### Q4 Kritik an der industriellen Moderne

*Im Mitteilungsblatt des Deutschen Bundes Heimatschutz heißt es 1904:*

Immer mehr verwüstet im Zeitalter der Maschine die Herrschsucht der Industrie alles, was dem Einzelnen seit den Tagen der Kindheit traut und heimisch, was dem deutschen Volke die Grundlage seiner Stärke war. (...) Die kleinen, freundlichen Städte, in denen überall eine harmlose und künstlerische Freude am Besitz nistete, sind entstellt, die Dörfer zu wüsten Steinhaufen geworden, die Berge an den schönsten Stellen durch Steinbrüche angetastet, der deutsche Laubwald durch den Forstbetrieb seiner traulichen Waldschönheit beraubt. (...) Auf der einen Seite gewinnen wir dem Leben neue Wohltaten ab, verlängern das Leben selbst, erwerben Reichtümer und arbeiten mit steigernder Anspannung aller Kräfte, auf der anderen Seite aber verliert das Leben an seinem Inhalt und der Mensch wird zur reinen Arbeitsmaschine.

*Zit. nach: K. Ditt: Die deutsche Heimatbewegung 1871–1945. In: Heimat. Analysen, Themen, Perspektiven, Bd. 1. Bonn 1990, S. 139.*

### Q5 Landwirte gegen Industrie

*Die Zeitschrift „Korrespondenz des Bundes der Landwirte" veröffentlicht am 6. April 1898 einen Artikel mit dem Titel „Deutschland Industriestaat?":*

Man braucht auch gar nicht weiter gelehrter Professor zu sein, sondern nur offene Augen und etwas gesunden Menschenverstand zu haben, um den Unterschied zwischen einem wettergebräunten Landmann und einem ausgemergelten Fabrikarbeiter, zwischen der kräftigen und frischen Land- und der blassen, hohläugigen Stadtjugend erkennen zu können. Selbst wenn der Landmann, was durchaus nicht der Wahrheit entspricht, sich schlecht nährte wie der Industriearbeiter, so ist er dennoch infolge seiner gesunden Tätigkeit, des fortwährenden Aufenthaltes in der frischen Luft Letzterem körperlich weit überlegen, und dass er die geistige Nahrung des Fabrikarbeiters, die Lektüre sozial- und jüdisch-demokratischer Hetz- und Schimpfblätter entbehren kann, gereicht ihm wahrlich auch nicht zum Nachteil. Der Jungbrunnen des deutschen Volkes ist und wird stets das platte Land sein, hier schöpft das deutsche Volk immer neue Kraft, von hier aus wird den in der dumpfen Asphaltatmosphäre der Städte verkümmerten Generationen frisches Blut zugeführt. Die Industrie dagegen produziert nicht, sie konsumiert nur besonders wertvolle Volkskräfte.

*Zit. nach: D. Fricke (Hg.): Dokumente zur deutschen Geschichte 1897/98–1904. Frankfurt a. M. 1977, S. 25.*

### Q6 Warnung vor Warenhäusern

*In einem Zeitungsartikel von 1903 warnt der Verfasser vor den schädlichen Einflüssen der Warenhäuser:*

Noch gefährlicher gestaltet sich dieses „Umherbummeln" in den Warenhäusern für die heranwachsende Jugend. Sie gewöhnen sich schon frühzeitig an dieses gewissermaßen so spielend vor sich gehende Einkaufen und werden wohl in neunzig von hundert Fällen es vorziehen, ihre Einkäufe hier zu machen als in mittleren Geschäften, in denen es so ehrbar und demnach „langweilig" vor sich hergeht. Die Jugend, bei vernachlässigter Erziehung ohnehin zu Ausschreitungen leicht geneigt, wird hier systematisch zur „Oberflächlichkeit" herangebildet. Tand und wertloser Flitter werden ihr auch für die Zukunft mehr imponieren als solide Ware, wenn dieser Tand nur in gefälligem glänzenden Gewande dargeboten wird.

*Zit. nach: U. Spiekermann: „Hereinspaziert in die Welt Ihrer Träume!" Das Warenhaus als Ort des Konsums. In: Praxis Geschichte H. 4/1998, S. 38.*

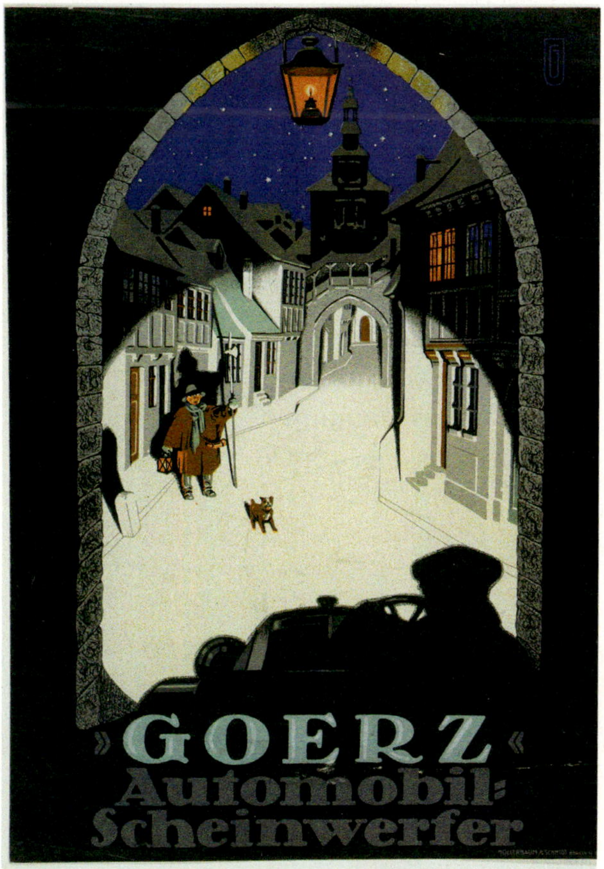


**Q7 Werbeplakat**

Entworfen von Carl Otto Gadau, vor 1914.

**Q8 Das Berliner Union-Filmtheater**
Foto von 1912.

**Q9 Warnung vor Kinos**

*Ein Erlass des preußischen Kultusministers warnt 1912 vor den Gefahren des Kinos:*

Die Kinematografentheater haben neuerdings nicht nur in den Großstädten, sondern auch in kleineren Orten eine solche Verbreitung gefunden, dass schon in dem hierdurch veranlassten übermäßigen Besuche solcher Veranstaltungen, durch den die Jugend vielfach zu leichtfertigen Ausgaben und zu einem längeren Verweilen in gesundheitlich unzureichenden Räumen verleitet wird, eine schwere Gefahr für Körper und Geist der Kinder zu befürchten ist. Vor allem aber wirken viele dieser Lichtbildbühnen auf das sittliche Empfinden dadurch schädigend ein, dass sie unpassende und grauenvolle Szenen vorführen, die die Sinne erregen, die Phantasie ungünstig beeinflussen und deren Anblick daher auf das empfängliche Gemüt der Jugend ebenso vergiftend einwirkt wie die Schmutz- und Schundliteratur. Das Gefühl für das Gute und Böse, für das Schickliche und Gemeine muss sich durch derartige Darstellungen verwirren; und manches unverdorbene kindliche Gemüt gerät hierdurch in Gefahr, auf Abwege gelenkt zu werden. Aber auch das ästhetische Empfinden der Jugend wird auf diese Weise verdorben; die Sinne gewöhnen sich an starke, nervenerregende Eindrücke (…)

*Zentralblatt für die gesamte Unterrichtsverwaltung in Preußen. Berlin 1912, S. 358 f.*

## Fragen und Anregungen

1. Nimm Stellung zur Kritik in Q4: Was hältst du daran für berechtigt, was für übertrieben?
2. Stelle dir vor, Q4 sei nicht vor mehr als 100 Jahren, sondern heute geschrieben worden. Prüfe, was daran noch heute bedenkenswert sein könnte.
3. Stelle in zwei Listen die Begriffe einander gegenüber, mit denen Stadt und Stadtbewohner bzw. Land und Landbewohner in Q5 beschrieben werden. Erläutere an dieser Gegenüberstellung die Position, die der Autor vertritt.
4. Schreibe als Fabrikdirektor eine Erwiderung auf Q5. Stelle vorher deine Argumente in einer Stichwortliste zusammen.
5. Stelle Vermutungen über die Interessen und Motive an, die hinter dem Artikel Q5 stehen. Finde heraus, welcher politischen Richtung der Autor zuzuordnen ist. Führe den Satz an, der dies am deutlichsten erkennen lässt.
6. Erläutere anhand des Fotos Q2 den Begriff „Konsumtempel".
7. Interpretiere das Werbeplakat Q7 anhand des Stichworts „Fortschritt". Beschreibe die Wirkung, die es beim Betrachter hervorrufen soll.
8. Erläutere die Befürchtungen, die Q6 und Q9 zugrunde liegen. Erörtere anhand des Stichworts „Reizüberflutung", welche Grundzüge der „Moderne" in beiden Texten angesprochen werden.
9. Erstelle einen Überblick über die Veränderungen in der Gesellschaft, die berechtigen, von der „Zeit der Moderne" zu sprechen (VT, Q1–Q3, Q7, Q8).

# Eine Geschichtszeitung zur Kaiserzeit

Eine gute Möglichkeit, wie ihr euer Wissen über eine Zeit zusammenfassen könnt, ist eine Geschichtszeitung: Ihr versetzt euch als Zeitgenossen in eine historische Situation und berichtet über die Ereignisse, die sich gerade abspielen. Handlungsreiche und dramatische Zeiten eignen sich dafür besonders gut. Jeweils drei bis vier Mitschülerinnen und Mitschüler können eine Redaktion bilden.

**Arbeitsanleitung:**

1. Überlegt euch, welche historische Zeit ihr behandeln wollt.
2. Denkt euch eine Zeitung aus – wichtig ist, wo sie erscheint und wie sie politisch ausgerichtet ist.
3. Wählt einzelne Themen aus, über die ihr berichten wollt. Informationen dazu findet ihr in diesem Buch.
4. Verfasst zu diesen Themen kurze Texte, so wie sie damals in der Zeitung gestanden haben könnten. Achtet darauf, dass verschiedene journalistische Formen vorkommen: Leitartikel, Kommentar, Glosse, vielleicht sogar Anzeigen.
5. Sucht hier im Schulbuch oder in anderen Büchern Bilder, mit denen ihr eure Texte illustrieren könnt.
6. Gestaltet mit euren Texten ein oder zwei Zeitungsseiten (auf jeden Fall eine Titelseite). Dafür müsst ihr euch ein geeignetes Layout (Entwurf für die Seitengestaltung mit Spaltenbreite, Schriften usw.) ausdenken. Seht euch dafür eure Tageszeitung an.
7. Wer sich technisch gut auskennt, kann seine Seiten am Computer gestalten. Ihr könnt eure Texte aber auch in der richtigen Anordnung auf ein Blatt Papier kleben. Allerdings müssen sie auch dafür auf dem Computer erfasst und in der richtigen Spaltenbreite ausgedruckt werden.

Berliner
Illustrirte Zeitung
Erscheint jeden Sonntag.

Abonnement: 1,90 Mark vierteljährlich, 45 Pfg. monatlich bei jeder Postanstalt (Postliste 996) und im Buchhandel sowie direkt durch die Expedition frei ins Haus.

Redaktion und Expedition: Berlin SW. 12, Charlottenstraße 9.

Einzelnummern: 10 Pfennig bei allen Zeitungs-Verkaufsstellen. Anzeigen: Mark 1.50 die 5 gespaltene Nonpareille-Zeile.

Die Jahrhundertwende: Deutschlands große Zukunft

Weltfrieden

Der Kaiser weiht Bismarckdenkmal ein

Die ersten Lichtspieltheater

Gegen die Auswüchse der Frauenbewegung

Gründung der Nobelstiftung in diesem Jahr

# IMPERIALISMUS UND ERSTER WELTKRIEG

Zwischen 1880 und 1914 unterwarfen die Europäer innerhalb weniger Jahre die noch „freie" Welt. Industrialisierung und technischer Fortschritt waren eine wesentliche Voraussetzung für diese Europäisierung der Erde. Damit einher gingen ein übersteigerter Nationalismus und das Gefühl rassischer Überlegenheit sowie der Wille, für die eigenen Industrien neue Absatzmärkte und Rohstoffquellen zu erschließen. Das Gleichgewicht der Mächte in Europa geriet dadurch zunehmend ins Wanken; am Ende stand der Ausbruch des Ersten Weltkriegs. Diese „Urkatastrophe" zerstörte nicht nur das alte Europa, sie beeinflusste auch den weiteren Verlauf der Geschichte des 20. Jahrhunderts. Dies gilt insbesondere für die Beziehungen zu den ehemaligen Kolonien, die heute noch unter den Folgen der „Europäisierung der Erde" leiden.

Kolonialreiche 1914

**„Deutsche Tüchtigkeit in den Kolonien"**
Karikatur in der Zeitschrift „Jugend" (München), 1896, die die Verhältnisse in Afrika bei Ankunft und nach erfolgreicher Tätigkeit eines deutschen Offiziers beschrieb.

**Soldatenfrau verabschiedet 1914 ihren Mann in den Ersten Weltkrieg**

Otto Dix: Der Krieg (1929–1932)
Mittelteil des Tryptichons.

Deutscher Soldat an der Westfront

Ein Buch für deutsche Schüler, 1891

# 1. Das Deutsche Reich in der Mitte Europas

| | |
|---|---|
| **1873** | Der Dreikaiservertrag wird zwischen Deutschland, Österreich-Ungarn und Russland abgeschlossen. |
| **1879** | Der deutsch-österreichische Zweibund wird geschlossen. |
| **1881** | Deutschland, Österreich-Ungarn und Russland beschließen das Dreikaiserbündnis. |
| **1882** | Deutschland, Österreich-Ungarn und Italien einigen sich über den Dreibund. |
| **1887** | Der Rückversicherungsvertrag zwischen Deutschland und Russland wird unterzeichnet. |
| **1887** | Großbritannien, Österreich-Ungarn und Italien schließen den Orient-Dreibund ab. |

**Verändert die Reichsgründung das Gleichgewicht der Mächte?**

Die Reichsgründung erfüllte die Träume der großen Mehrheit der deutschen Bevölkerung. Die Großmächte in Europa – Großbritannien, Russland und Österreich-Ungarn – betrachteten das Deutsche Reich hingegen nicht ohne Misstrauen. Sie befürchteten, dieses könnte die Vorherrschaft auf dem Kontinent anstreben und das bisherige Gleichgewicht zerstören. Die unerwarteten Siege der preußischen Armee in drei Kriegen, die Bevölkerungszahl und die Wirtschaftskraft des geeinten Reiches sowie Bismarcks Ruf, ein skrupelloser Machtpolitiker zu sein, ließen deren Sorgen berechtigt erscheinen. Bereits 1871 bezeichnete der spätere englische Premierminister Disraeli die Reichsgründung daher als „ein größeres politisches Ereignis als die Französische Revolution". Sollte er Recht behalten?

**Deutschland ist „saturiert"**

Bismarck war sich über das Misstrauen der anderen Großmächte von Anfang an im Klaren. Er versicherte diesen daher immer wieder, das Deutsche Reich sei „saturiert", d.h. es habe keine Absicht, weitere Gebiete in Europa zu erwerben. Diese Haltung war zunächst Ausdruck kluger Außenpolitik. Da der Reichskanzler glaubte, dass jede französische Regierung nach der als demütigend empfundenen Niederlage „die Revanche als ihre Hauptaufgabe" betrachten würde, war er allerdings auch darauf angewiesen, das Vertrauen der anderen Mächte zu gewinnen. Nur wenn Frankreich keinen Bündnispartner fand, isoliert blieb, schien die Zukunft des Reiches sicher. Einen Zweifrontenkrieg konnte Deutschland nicht gewinnen.

**Bismarck als „ehrlicher Makler"**

Die Konflikte auf dem Balkan, die Europa seit der Mitte der 1870er Jahre erschütterten und die Großmächte an den Rand eines großen Krieges brachten, gaben Bismarck Gelegenheit, die Leitgedanken seiner Außenpolitik unter Beweis zu stellen. Anlass dafür war das Unabhängigkeitsstreben der slawischen Völker Bulgarien, Rumänien, Mazedonien und Bosnien-Herzegowina. Diese wollten sich endgültig von der türkischen Herrschaft lösen und ihre eigenen Nationalstaaten gründen. Russland unterstützte diese Bestrebungen auch militärisch, rief dadurch aber den Widerspruch Österreich-Ungarns und Großbritanniens hervor. Beide Mächte hatten eigene Interessen auf dem Balkan und an den Meerengen von Konstantinopel. Als „ehrlicher Makler" trug Bismarck auf dem Berliner Kongress 1878 dazu bei, einen drohenden Krieg der Großmächte durch Verhandlungen zu verhindern.

**Europäische Bündnisse werden geschmiedet**

Der Berliner Kongress war ein eindrucksvoller Beweis von Bismarcks Politik des Augenmaßes, der Mäßigung und des Verzichts auf weitere Expansion. Dennoch litt er weiterhin unter dem „Alptraum", andere Mächte könnten Koalitionen gegen das

**Q1 Verantwortlicher Posten. Europas Central-Weichensteller**
Karikatur im „Simplicissimus“, 1887.
Im Februar 1888 erklärte Bismarck im Reichstag: „Wir Deutsche fürchten Gott, aber sonst nichts in der Welt; und die Gottesfurcht ist es, die uns den Frieden leben und pflegen lässt.“ Der erste Teil des Satzes wurde bald zu einem geflügelten Wort, der zweite hingegen bald vergessen.

Reich schmieden: Der Balkankonflikt war nicht wirklich gelöst worden. Russland fühlte sich zudem um seinen Sieg über das schwache Osmanische Reich betrogen. Neue Krisen um das Erbe des „kranken Mannes am Bosporus“, wie die Türkei genannt wurde, konnten unabsehbare Folgen haben. Auch war eine Entspannung der Beziehungen zu Frankreich keineswegs in Sicht. Seit 1879 errichtete Bismarck daher behutsam ein kompliziert erscheinendes System von Bündnissen. Diesem gehörten mit Russland, Österreich-Ungarn, Italien und indirekt auch Großbritannien bald alle europäischen Großmächte an – außer Frankreich. Ziel dieses Systems war es, einen großen europäischen Krieg zu verhindern und Frankreich weiterhin zu isolieren. Nur wenn einer der beteiligten Staaten angegriffen wurde, waren die anderen zur Unterstützung verpflichtet. Trotz neuer großer Krisen in den 1880er Jahren trugen diese Bündnisse dazu bei, den Frieden zu bewahren. In einer Zeit, in der alle anderen Mächte sich auszudehnen begannen, beurteilten viele Zeitgenossen Bismarcks Politik jedoch zunehmend kritisch. Sie wollten nicht einsehen, dass dem Deutschen Reich verboten bleiben sollte, was die anderen vormachten. Schätzten sie die damit verbundenen Gefahren aber richtig ein?

**Q2 Fächer mit den Unterschriften der Delegierten des Berliner Kongresses**

**D1 Bündnisse zur Zeit Bismarcks,** Geschichtskarte

### Q3 Welche Folgen hätte ein Krieg?

*Bismarck schrieb Kaiser Wilhelm I. vor einer Unterredung mit dem Zaren im November 1887:*

In der Politik haben wir ebenso sehr mit den Parteien wie mit den Nationen zu rechnen. Der Kampf geht heute nicht so sehr zwischen Russen, Deutschen, Italienern, Franzosen wie zwischen der Revolution und der Monarchie. Die Revolution hat Frankreich erobert, England berührt; sie ist stark in Italien und Spanien. Nur noch die drei Kaiserreiche vermögen ihr Widerstand zu leisten. Das republikanische Frankreich bedroht in erster Linie Deutschland. Wenn es siegreich wäre, würde sein Sieg die demokratische und republikanische Partei in Deutschland stärken. Darf ein russischer Kaiser das republikanische Frankreich ermutigen, sein Vorschreiten gegen den Osten Europas vorbereiten und die deutschen Monarchien mit der französisch-russischen Allianz bedrohen? (...) Der Kaiser Alexander will den Frieden. Er hat Recht. Der Krieg, sei er nun siegreich oder nicht, wird die Revolution in mehr als einem Lande entfesseln.

*Zit. nach: W. Bußmann: Die auswärtige Politik des deutschen Reiches unter Bismarck 1871–1890. Stuttgart 1973, S. 63.*

### Q4 Deutsche Interessen und Ziele

*Die Grundlagen seiner Politik erläuterte Bismarck Kaiser Friedrich III. im März 1888:*

Seit siegreiche Kriege zur Errichtung des Norddeutschen Bundes und demnächst des deutschen Reichs geführt hätten, sei die Politik Seiner Majestät [Kaiser Wilhelms I.] vornehmlich darauf gerichtet gewesen, den Frieden zu bewahren und Koalitionen auswärtiger Mächte gegen Deutschland vorzubeugen. Eine Koalition hätte (...) leicht (...) Russland, Frankreich und Österreich umfassen können. Es sei deshalb geboten gewesen, eine Versöhnung mit einer der beiden bekämpften Großmächte zu suchen und diese habe nur Österreich sein können. Diese Versöhnung sei geglückt und habe zu einem Bündnis geführt. Hierbei falle uns die Aufgabe zu, wenn der Widerstreit der Interessen Österreichs und Russlands einen schärferen Charakter annehme, auf die Kriegslust der befreundeten Macht – auf die Gefahr hin, dort russenfreundlich zu erscheinen – mäßigend einzuwirken, denn ein für Österreich unglücklich verlaufender Krieg zwischen jenen nötige uns, selbst über die vertragsmäßige Pflicht hinaus Österreich Hilfe zu leisten, da dessen ungeschwächte Großmachtstellung für uns ein Bedürfnis des europäischen Gleichgewichtes sei. Wir hätten keine eignen Interessen auf der Balkanhalbinsel, die den russischen entgegenständen. (...). Englands Bestand sei uns ebenso wichtig wie die Erhaltung Österreichs. (...) Frankreich allein sei uns nicht gewachsen. Nur als Verbündeter Russlands sei Frankreich gefährlich und von dort drohe überhaupt die größte Gefahr. Er könne nur befürworten, dass die deutsche Politik nach wie vor die Aufrechterhaltung des Friedens zum Ziele nehme, ohne Voreingenommenheit für die eine oder andere auswärtige Macht (abgesehen von unseren Bündnisverträgen).

*Zit. nach: M. Stürmer (Hg.): Bismarck und die preußisch-deutsche Politik 1871–1890. München 1970, S. 251 f.*

## Fragen und Anregungen

1. Beschreibe die Grundprinzipien von Bismarcks Außenpolitik nach 1881 (Q2, Q3, D1).
2. Erkläre, warum Bismarck als „europäischer Weichensteller" beschrieben wurde (Q1). Formuliere deine Meinung dazu.
3. Beschreibe die Haltung der anderen Mächte gegenüber dem Deutschen Reich und versuche diese zu erklären (VT, Q2, Q3).
4. Vergleiche Bismarcks Außenpolitik vor und nach 1871 und erkläre die Unterschiede.

# 2. Die Vorherrschaft Europas in der Welt

| | |
|---|---|
| **1881** | Tunesien wird französische Kolonie. |
| **1882** | Ägypten kommt unter englische Herrschaft. |
| **1884** | Frankreich erobert Annam und Tongking. |
| **1884/85** | Südwest- und Ostafrika, Kamerun, Togo und einige Inseln im Pazifik werden unter deutschen Schutz gestellt. |
| **1885** | Auf der Kongo-Konferenz in Berlin einigen sich 16 Staaten über die Grundsätze bei der weiteren Aufteilung Afrikas. |
| **1889** | Italien unterwirft Eritrea und Somaliland, doch die Eroberung Abessiniens scheitert. |

**Ägypten – ein Land wird abhängig**

Im Herbst 1869 versammelten sich die führenden Repräsentanten Europas und anderer Staaten in Ägypten, um der feierlichen Eröffnung des Suez-Kanals beizuwohnen. Dieser verkürzte den Seeweg von Europa nach Asien um viele Wochen. Die Einwohner Ägyptens hatten hingegen keinen Anlass zum Feiern. Durch den Bau des Kanals hatte sich das Land bei ausländischen Banken hoch verschuldet. Zur Begleichung dieser Schulden war die Regierung bald gezwungen, die Steuern immer weiter zu erhöhen. Dennoch war das Land 1875 bankrott und musste seine Aktien der Kanalbaugesellschaft an die englische Regierung verkaufen. Die bisherigen Schulden lasteten aber weiterhin auf dem Land. 1882 kam es daher zu einem Aufstand. Dieser richtete sich gegen die eigene Regierung, aber auch gegen die Fremden, die für das Elend der Masse der Bevölkerung verantwortlich gemacht wurden. Die englische Regierung entsandte daraufhin Kriegsschiffe und Soldaten, die den Aufstand niederschlugen. Damit wollte sie das in den Bau des Kanals investierte Kapital, aber auch den militärisch und wirtschaftlich wichtigen Seeweg nach Indien, der bedeutendsten englischen Kolonie, sichern. Für Ägypten war dieses Ereignis jedoch der Anfang einer Fremdherrschaft, die erst 1956 endete. Formell blieb das Land zwar unabhängig, englische Berater hatten in allen wichtigen Fragen jedoch ein Mitspracherecht.

**Voraussetzungen der Expansion**

Die englische Besetzung Ägyptens beschleunigte die weitgehende Aufteilung der Welt unter den europäischen Großmächten innerhalb weniger Jahre. Auch die Vereinigten Staaten und Japan beteiligten sich schließlich an der Unterwerfung fremder Völker. Industrieller und technischer Fortschritt waren wesentliche Voraussetzungen für diese Ausdehnung der Europäischen Staaten. Kaufleute und Forschungsreisende, Abenteurer und Soldaten konnten nun schnell an jeden Punkt der Erde gelangen. Auf systematisch geplanten Reisen wurden alle noch unbekannten Gebiete erforscht. Eisenbahnen, Straßen und neue Häfen erschlossen diese dem internationalen Verkehr und Handel. Widerstand gegen die Kolonialmächte hatte wenig Erfolg. Den modernen Waffen der Europäer waren die Einheimischen hoffnungslos unterlegen.

**Formen der Herrschaft**

Die Formen der Herrschaft, mit der die Europäer ihre Kolonien regierten, waren unterschiedlich. Teilweise verwalteten sie diese direkt mit Hilfe eigener Kolonialbeamter. In manchen Gebieten beließen sie die Verwaltung in den Händen einheimischer Fürsten oder Stammesführer und beschränkten sich auf eine allgemeine, indirekte Herrschaft. Einheimische Eliten arbeiteten auch häufig aus unterschied-

**Q1** **Ein kolonialer Koloss.** Die englische Karikatur zeigt den Traum des Kolonialpioniers Cecil Rhodes.

**Q2** **Auf zum Angriff auf Asien!** Umschlag eines französischen Jugendbuches, um 1902.

lichen Gründen mit den Kolonialmächten zusammen. In einigen Regionen wurde Herrschaft nur indirekt ausgeübt. Dazu gehörten China oder das Osmanische Reich, aber auch Teile Mittel- und Südamerikas. Hier konnten sich die Mächte entweder nicht über eine Aufteilung einigen oder aber die Errichtung einer Kolonie erschien ihnen nicht notwendig. Durch Stützpunkte, Anleihen oder direkte Investitionen versuchten sie aber, ihre politischen, wirtschaftlichen und militärischen Interessen in diesen Gebieten zu wahren.

**Internationale Spannungen**

Die Expansion der Mächte in Afrika und Asien hatte jedoch nicht nur schwerwiegende Folgen für die einheimische Bevölkerung. Auch das Gleichgewicht unter den Großmächten geriet zunehmend aus den Fugen. Rivalitäten um Gebiete in Übersee entwickelten sich bald zu Konflikten, die den allgemeinen Frieden bedrohten: Großbritannien und Russland stießen Mitte der 1880er Jahre in Mittelasien zusammen. In Afrika lösten Bestrebungen der Regierungen in London und Paris, geschlossene Kolonialreiche zu errichten, 1898 ebenfalls fast einen Krieg aus. Im Pazifik stritten Großbritannien, die Vereinigten Staaten und das Deutsche Reich jahrelang um die kleinen Samoa-Inseln. Würde es gelingen, diesen Wandel des internationalen Systems in friedliche Bahnen zu lenken?

## Fragen und Anregungen

1. Erläutere das Vorgehen der europäischen Großmächte bei der Kolonialisierung der Welt (VT).
2. Werte Q1 und Q2 aus. Welche Vorstellungen und Ziele der Europäer kommen zum Ausdruck?

# 3. Warum erobern die Europäer die Welt? – Mission, Zivilisation und Ausbeutung

**Ist die „weiße Rasse" überlegen?**

„Es ist unser Ziel", erklärte der König von Belgien 1897, „zur materiellen und geistigen Erneuerung von Völkern beizutragen, deren Erniedrigung und Elend fast unvorstellbar sind." Damit umschrieb er in wenigen Worten die Rechtfertigungsversuche vieler Politiker und Gelehrter, Kaufleute und Kolonialpropagandisten, aber auch so genannter „kleiner Leute", die seit den 1870er Jahren die Inbesitznahme von Gebieten in Übersee befürworteten, wenn sie nicht sogar dorthin auswanderten. Sie hielten die „weiße Rasse" anderen Völkern gegenüber für kulturell überlegen. Viele glaubten daher, die „unterentwickelten Völker" in Afrika und Asien in deren eigenem Interesse zivilisieren und missionieren zu müssen. Zu diesen zählten sie selbst alte Hochkulturen wie Indien, China oder die der Aschanti in Westafrika.

**„Kampf ums Dasein"**

Eine wesentliche Triebkraft der europäischen Expansion war im ausgehenden 19. Jahrhundert auch die heute schwer verständliche Überzeugung, Kolonien seien notwendig, da im „Kampf der Staaten ums Dasein" nur mächtige und reiche Nationen in Zukunft eine Chance zum Überleben hätten. Die von dem englischen Biologen Charles Darwin entwickelte Theorie über die Entwicklung der Tierwelt, wonach nur derjenige überlebe, der sich am besten an seine Umwelt angepasst habe, wurde von den Anhängern dieser Idee einfach auf Menschen und Staaten übertragen. Beispiele aus der Geschichte schienen diese Theorie zu bestätigen. Damit einher ging die Überzeugung von der Bedeutung von Macht und Prestige für die Stellung des eigenen Staates im internationalen System. Nur wenn ein Staat ein großes Kolonialreich besaß, gehörte er demnach zu den führenden Mächten in der Welt.

**Q1 Die Zivilisation hält ihren Einzug**
Zeitgenössische Propagandapostkarte über die Zukunft von Kumasi (Ghana) nach dessen Eroberung durch Großbritannien.

**Wirtschaftliche Interessen und Ausbeutung**

„Sendungsbewusstsein" und Angst vor dem eigenen Niedergang in einer Zeit, in der alle europäischen Staaten glaubten, um ihrer Zukunft willen expandieren zu müssen, waren häufig genug nur eine Rechtfertigung für die wirtschaftlichen Interessen von Industriellen, Kaufleuten und Politikern. Diese betrachteten Kolonien als billige Lieferanten von Rohstoffen für die einheimische Industrie oder Gebiete zur Abnahme der im eigenen Lande hergestellten Waren. Industrielle, Händler und Planatagenbesitzer versprachen sich davon zugleich hohe Gewinne. Politiker vieler Länder hingegen hofften, dadurch die von häufigen Krisen erschütterten heimische Konjunktur stabilisieren und so sozialen Unruhen im Innern vorbeugen zu können. Kaum eine dieser Hoffnungen erfüllte sich. Der Handel mit den Kolonien spielte im Vergleich zu dem mit „entwickelteren" Staaten nur eine untergeordnete Rolle. Die Kosten für den Bau von Verkehrsverbindungen, Verwaltung und militärische Besatzung sowie die Niederschlagung von Aufständen überwogen meistens die Einnahmen. Auch als Siedlungsgebiete für weiße Auswanderer waren die meisten Kolonien nicht geeignet.

**„Die Opfer"**

Das Schicksal der einheimischen Bevölkerung interessierte die Kolonialherren – von wenigen Missionaren oder Kritikern des Imperialismus abgesehen – in der Regel kaum. So weit es ihren Interessen entsprach, versuchten sie das alltägliche Leben der Einheimischen zu bestimmen. Westliche Verwaltung und Gerichtsbarkeit, Grenzziehungen und militärische Besatzung dienten der Sicherung der Herrschaft, der Ausbeutung der Bodenschätze und dem Anbau von Produkten, die für die heimische Industrie und Bevölkerung wichtig waren. Durch Gesetze oder auch mit brutaler Gewalt wurden die Einheimischen gezwungen, in den Bergwerken oder auf den riesigen Plantagen zu niedrigsten Löhnen zu arbeiten. Die Entwicklung einer eigenen Industrie wurde hingegen ebenso wenig gefördert wie der Aufbau eines modernen Bildungswesens. Schwerwiegende Auswirkungen auf das Leben der Einheimischen hatte auch die Durchdringung überlieferter Moralvorstellungen und Lebensformen durch westliche Werte und Rechtsnormen. Die eigene kulturelle Identität ging in dieser Auseinandersetzung mit einer fremdartigen Kultur zunehmend verloren. Die Folgen dieser Entwicklung belasten noch heute das Verhältnis zwischen der so genannten „Ersten Welt" und „Dritten Welt".

**Q2 Wie sich die Eroberer selbst sahen**
Titelbild einer zeitgenössischen Beschreibung von „Leben und Forschungsreisen" des britischen Afrikaforschers und Missionars Dr. David Livingstone.

**Q3 Ausbeutung.** Foto, 1907.
Einheimische im belgischen Teil des Kongo, denen die Hände abgehackt wurden, weil sie zu wenig Kautschuk abgeliefert hatten. Da die wachsende Elektro-, Auto- und Fahrradindustrie immer größere Mengen Gummi benötigte, war der Handel mit Kautschuk ein lohnendes Geschäft.

### Q4 Die Aufgaben der englischen Rasse

*Der Kaufmann und Politiker Cecil Rhodes, 1877:*

Ich behaupte, dass wir die erste Rasse der Welt sind und dass es für die Menschheit umso besser ist, je größere Teile der Welt wir bewohnen (...) Darüber hinaus bedeutet es einfach das Ende aller Kriege, wenn der größere Teil der Welt in unserer Herrschaft aufgeht (...) Da (Gott) sich die Englisch sprechende Rasse offensichtlich zu seinem auserwählten Werkzeug geformt hat, (...) muss es auch seinem Wunsch entsprechen, dass ich alles in meiner Macht Stehende tue um jener Rasse so viel Spielraum und Macht wie möglich zu verschaffen. Wenn es einen Gott gibt, denke ich, so will er daher eines gern von mir getan haben: Nämlich so viel von der Karte Afrikas britisch-rot zu malen wie möglich und anderswo zu tun, was ich kann um die Einheit der Englisch sprechenden Rasse zu fördern und ihren Einflussbereich auszudehnen.

*W. T. Stead (Hg.): The Last Will and Testament of Cecil J. Rhodes. London 1902, S. 58 f. u. S. 98 (Übersetzung von P. Alter).*

### Q5 Die Bedeutung von Kolonien für große Mächte

*Der deutsche Historiker Heinrich v. Treitschke, 1890:*

Alle großen Völker der Geschichte haben, wenn sie stark geworden waren, den Drang gefühlt, Barbarenländern den Stempel ihres Wesens aufzudrücken. Und heute sehen wir die Völker Europas drauf und dran, weit über den Erdkreis eine Massenaristokratie der weißen Rasse zu schaffen. Wer bei diesem gewaltigen Wettkampf nicht mitwirkt, wird später einmal eine klägliche Rolle spielen. Es ist daher eine Lebensfrage für eine große Nation heute, kolonialen Drang zu zeigen. Das erste Volk der Geschichte, das die Majestät des Welthandels erkannt hatte, die Phöniker, sind auch große Kolonisatoren gewesen. Dann folgt die Kolonisation der Griechen im östlichen und westlichen Becken des Mittelmeers, dann die Römer, im Mittelalter die Deutschen, Spanier und Portugiesen, schließlich Holland und England (...) Ganz ohne Zweifel ist eine große koloniale Entwicklung ein Glück für ein Volk.

*Zit. nach: H. Gründer: Der Imperialismus von 1870 bis 1914. Paderborn 1982, S. 53 f.*

**Q6 Zivilisation.** Foto, 1906.
Das Bild zeigt eine Dorfschule in der französischen Kolonie Senegal. Schulen besuchten allerdings nur wenige Kinder.

### Q7 Die Bedeutung von Kolonien für Frankreich

*Der Ministerpräsident Jules Ferry am 28. Juli 1885:*

Diese kluge und maßvolle Kolonialpolitik ist für Frankreich einfach lebensnotwendig zu einer Zeit, in der alle Länder sich gegen ausländische Erzeugnisse sperren, was jedes Land nötigt, sich die für seine Landwirtschaft und seine Industrie unentbehrlichen Absatzmärkte zu sichern (...). Die überlegeneren Rassen haben außerdem ein Recht gegenüber den unterlegenen Rassen und in dieser Hinsicht sollte Frankreich sich nicht der Pflicht entziehen die Völker zu zivilisieren, die mehr oder minder barbarisch geblieben sind (...). Wenn Frankreich verzichtet (...), werden andere seinen Platz einnehmen und während es auf den dritten oder vierten Platz herabfallen wird, werden sie auf den ersten gelangen.

*Zit nach: L. Zimmermann: Der Imperialismus. Stuttgart 1971, S. 27.*

### Q8 „Missbrauch der Macht"

*Der spätere französische Ministerpräsident Georges Clemenceau antwortet Ferry am 30. Juli 1885:*

Überlegene Rassen! Minderwertige Rassen! Das ist leicht gesagt! Ich für meinen Teil bin da vorsichtig, seit ich erlebt habe, wie deutsche Gelehrte wissenschaftlich nachgewiesen haben, dass Frankreich den Krieg gegen Deutschland verlieren musste, weil die Franzosen den Deutschen gegenüber eine minderwertige Rasse seien. Die Hindus – eine minderwertige Rasse (...)? Die Chinesen? (...) Nein! Nein, es gibt kein Recht für so genannte überlegene Nationen gegenüber unterlegenen Nationen. Wir sollten nicht die Gewalt mit der heuchlerischen Bezeichnung Kultur verhüllen. Sprechen wir nicht von Recht oder Pflicht. Die Eroberung, die Sie propagieren, ist nichts anderes als der Missbrauch der Macht, die die Wissenschaft unserer Kultur gegenüber zurückgebliebenen Kulturen gibt. Sie dient dazu, sich der Menschen zu bemächtigen, sie zu foltern oder alles aus ihnen herauszuholen zum Profit des angeblichen Kulturbringers. Das ist nicht das Recht, das ist seine Negation. In diesem Zusammenhang von Kultur zu sprechen, bedeutet zur Gewalt noch die Heuchelei hinzuzufügen.

*Zit. nach: K. Wohlt: „Gloire à la plus grande France". Imperialismus – das französische Beispiel. In: Praxis Geschichte. 1/1993, S. 22.*

### Q9 Die Rolle der Vereinigten Staaten in der Welt

*Aus einer Rede des Senators Beveridge im April 1898:*

Amerikanische Fabriken stellen mehr her, als für die Versorgung des amerikanischen Volkes notwendig ist. Die amerikanische Erde erzeugt mehr, als es verzehren kann. Das Schicksal hat uns unsere Politik vorgeschrieben: Der Handel der Welt muss und wird unser sein. (...) Wir werden in der ganzen Welt Handelsniederlassungen als Umschlagplätze für amerikanische Waren gründen. Unsere Handelsflotte wird bald über den ganzen Ozean fahren. Wir werden eine Kriegsmarine aufbauen, die unserer Größe entspricht. Aus unseren Handelsniederlassungen werden Kolonien erwachsen, die sich selbst regieren, unsere Flagge führen und mit uns Handel treiben. Auf den Bahnen des Handels werden unsere Institutionen unserer Flagge folgen. Und das amerikanische Recht, die amerikanische Ordnung, die amerikanische Zivilisation und die amerikanische Flagge werden an bis dahin blutigen und unkultivierten Ufern Fuß fassen, (...) die durch diese Werkzeuge Gottes aber von nun an schöner und zivilisierter werden. (...) Wenn dies bedeutet, dass das Sternenbanner über dem Panama-Kanal (...), über Hawaii (...), über Kuba und der Südsee wehen wird, so lassen Sie uns dies mit großer Freude begrüßen. (...) Kuba muss in unsere Hände fallen; aber das kann erst geschehen, wenn Spanien besiegt ist. (...) Im Pazifik liegt das eigentliche Feld unserer nächsten Aufgaben. (...) Die Philippinen müssen also logischerweise unser nächstes Ziel sein.

*Zit. nach: W. J. Mommsen: Imperialismus. Seine geistigen, politischen und wirtschaftlichen Grundlagen. Hamburg 1977, S. 211.*

### Q10 Die russische Expansion

*Der Außenminister Gortschakow erläuterte 1864:*

Die Situation Russlands in Zentralasien ist die aller zivilisierten Staaten, welche sich in Kontakt mit nomadisierenden, halb wilden Völkerschaften ohne feste Organisation befinden. Die Sicherheit der Grenzen und des Handels verlangt in solchem Falle, dass der zivilisierte Staat ein gewisses Übergewicht über seine Nachbarn ausübe. Zunächst sind ihre Einfälle und Plünderungen zurückzuweisen. Um demselben ein Ende zu machen ist man genötigt die Grenzbevölkerung zu einer mehr oder minder direkten Unterwerfung zu zwingen. Ist dieses Resultat erreicht, so nehmen die Grenzbewohner ruhigere und sesshaftere Gewohnheiten an, dafür werden sie aber nunmehr von ferner lebenden Stämmen beunruhigt. Der Staat ist verpflichtet jene zu schützen, diese zu züchtigen. Daraus entspringt die Notwendigkeit entfernter, kostspieliger, sich stets wiederholender Expeditionen gegen einen Feind, den seine Organisation eigentlich unangreifbar macht.

*Zit. nach: O. Hoetzsch: Russland in Asien. Geschichte einer Expansion. Stuttgart 1966, S. 27.*

### Q11 Keine Erfahrung mit den Weißen

*Der Schriftsteller Cheikh Hamidou Kane aus Senegal schildert die Überlieferung seines Volkes an die Ankunft der Franzosen:*

Einige (...) schwenkten ihre Schilde, senkten ihre Speere und zielten mit ihren Flinten. Man ließ sie herankommen, dann ließ man die Kanone donnern. Die Besiegten verstanden nichts. Andere wollten palavern [verhandeln]. Man schlug ihnen vor, zwischen Freundschaft und Krieg zu wählen. Sehr vernünftig wählten sie die Freundschaft: Sie hatten nicht die geringste Erfahrung. Das Ergebnis war nämlich überall das gleiche. Die gekämpft hatten und die sich ergeben hatten, die Verträge geschlossen und die stur geblieben waren, fanden sich am nächsten Tag gezählt, aufgeteilt, in Klassen eingeteilt, etikettiert, zur Armee eingezogen und verwaltet.

*Ch. H. Kane: L'Aventure ambiguë. Paris 1961, S. 65. Dt. nach F. Ansprenger: Geschichte Afrikas. München 2002, S. 81 f.*

**Q12 Angriff der Dahomeer [Einwohner Benins] – abgeschlagen von einem französischen Kanonenboot**
Französische Zeichnung, 1892.

### D1 Westliche Werte und Lebensformen gebracht

*Ein deutscher Historiker über die Folgen des Imperialismus, 1993:*

Ungeachtet der großen humanen Kosten, die der Prozess der Expansion Europas über den Erdball mit sich gebracht hat, sollte nicht übersehen werden, dass dieser unter anderem auch ein säkularer Akkulturationsprozess [Kulturwandel] gewesen ist, durch welchen westliche Wertideale, westliche Lebensformen, westliche Technologie und Wissenschaft, westliche Modelle politischer Organisation – beispielsweise der Nationalstaat mit bürokratischem Verwaltungsstab – und vieles andere mehr an die Peripherie gebracht worden sind, Dinge, auf die auch die heutigen Führungseliten in der post [nach]-imperialistischen überseeischen Welt keinesfalls verzichten wollen.

*W. Mommsen: Die Epoche des europäischen Imperialismus. In: Praxis Geschichte 1/1993, S. 7.*

### D2 Eine tiefe politische Leere hinterlassen

*Der in Kenia geborene Politikwissenschaftler Ali A. Mazrui schrieb 1980:*

Die Europäer zerstörten die afrikanischen Einrichtungen für die Ausübung von Autorität und Regierungsgewalt; sie hinterließen eine tiefe politische Leere. Die Regeln des Zusammenlebens, wie sie in der vorkolonialen Zeit bestanden, die Werte der indigenen Gesellschaften und die gemeinsam getragenen Verantwortlichkeiten für das Miteinanderauskommen wurden von künstlichen, aus Europa importierten Vorstellungen ersetzt. (…) Die Europäer unterschieden in den Kolonien einen so genannten „Stamm" vom anderen, während sie gleichzeitig die Stämme zwangen, in neuen staatlichen Grenzen zu leben. Eine koloniale Gesellschaft nach der anderen erlebte das Entstehen neuer sozialer Klassen, ohne dabei auch die Fähigkeit zu entwickeln, soziale Konflikte wirkungsvoll beizulegen. Und in jene Kolonien, die sich aufgrund ihrer klimatischen und sonstigen Bedingungen für Europäer besonders gut eigneten, ergoss sich ein Strom europäischer Siedler, die den Boden bereiteten für künftige Konflikte mit den indigenen Bewohnern. (…) Ebenfalls ein Produkt wechselseitiger Einwirkung zwischen Afrika und Europa ist das ganze Problem des Rassismus. Das Kreuz der Erniedrigung, das Afrika durch die Jahrhunderte getragen hat und noch immer trägt, gründet zu einem erheblichen Teil auf dem Rassismus und der kulturellen Arroganz der Europäer.

*Zit. nach: P. Alter (Hg.): Der Imperialismus. Stuttgart 1991, S. 66 f.*

## Fragen und Anregungen

1. Mit welchen Gründen rechtfertigten Zeitgenossen den Erwerb von Kolonien (Q1, Q2, Q5–Q7, Q9, Q10)?
2. Warum beurteilten Zeitgenossen damals und beurteilen Historiker heute das Zeitalter des Imperialismus sehr kritisch (Q3, Q4, Q8, Q11, D1, D2)? Finde ein eigenes Urteil.
3. Beschreibe das Verhältnis zwischen der einheimischen Bevölkerung und den Europäern (Q3, Q4, Q11, Q12).
4. Wie beurteilen Mommsen und Mazrui die Folgen des Imperialismus für die einheimische Bevölkerung in Afrika? Diskutiere deren Meinung (D1, D2).
5. Informiere dich über die heutigen Probleme zwischen Europa und der so genannten „Dritten Welt". Inwieweit haben diese historische Ursachen?
6. Nenne Methoden imperialistischer Expansion und diskutiere deren Folgen.

# 4. „Kein Sonnenuntergang in unserem Reich" – Das Deutsche Reich als Kolonialmacht

**„Deutschland ist zu kurz gekommen"**

Der Wettlauf der anderen Mächte um Kolonien ließ auch in Deutschland den Ruf immer lauter werden, sich daran zu beteiligen. Politiker, Kaufleute und Kolonialpropagandisten versuchten seit Beginn der 1880er Jahre, die Öffentlichkeit und die politisch Verantwortlichen von deren Nutzen zu überzeugen. Im April 1884 veröffentlichte eine eigens gegründete „Gesellschaft für deutsche Kolonisation" einen Aufruf, in dem es hieß: „Die deutsche Nation ist bei der Verteilung der Erde, wie sie vom Ausgang des 15. Jahrhunderts bis auf unsere Tage stattgefunden hat, leer ausgegangen." Wenige Wochen später sollte sich die darin enthaltene Forderung nach dem Erwerb von Kolonien erfüllen. Nach langem Zögern wies Bismarck den Konsul in Kapstadt an, die von einem Bremer Kaufmann im Tausch für 200 alte Gewehre und 100 englische Pfund gekauften Gebiete im heutigen Südwestafrika unter den Schutz des Deutschen Reiches zu stellen. Wie ist dieser Umschwung zu erklären?

**Bismarck und die Kolonien**

Bisher hatte Bismarck den Erwerb von Kolonien aus finanziellen, vor allem aber aus außenpolitischen Gründen abgelehnt. Er befürchtete, eine deutsche Beteiligung am Wettrennen um Kolonien könnte Konflikte mit anderen Großmächten zur Folge haben. Diese drohten seine Politik der Sicherung des Reiches in der Mitte Europas zu gefährden. Um die anderen Großmächte, namentlich Frankreich, von Deutschland abzulenken, förderte er sogar deren Kolonialstreben. 1884/85 erschien ihm die außenpolitische Lage frei von Konflikten. Im Hinblick auf die bevorstehenden Reichstagswahlen und angesichts einer länger anhaltenden Konjunkturkrise sprachen auch innenpolitische und wirtschaftliche Gründe für eine Kursänderung in der Kolonialfrage. Die von Kaufleuten wie Adolf Lüderitz und Adolf Woermann, Forschungsreisenden wie Gustav Nachtigall und Abenteurern wie Carl Peters erworbenen Gebiete an der West- und Ostküste Afrikas erhielten nun den Schutz des Reiches. Hinzu kamen einige Inseln im Pazifik. Zur Enttäuschung vieler Zeitgenossen blieb Bismarck jedoch ein vorsichtiger Kolonialpolitiker. Die Gründe dafür erläuterte er einem Afrikaforscher 1888: „Ihre Karte von Afrika ist ja sehr schön, aber meine Karte von Afrika liegt in Europa. Hier liegt Russland, und hier (...) liegt Frankreich und wir sind in der Mitte; das ist meine Karte von Afrika." Viele seiner Zeitgenossen und führende Politiker mit dem jungen Kaiser Wilhelm II. an der Spitze teilten diese Auffassung jedoch nicht. Sie träumten von einem „Weltreich", ohne die damit verbundenen Gefahren realistisch einzuschätzen.

**Q1 Reichskolonialuhr**
Kein Sonnenuntergang in unserem Reich, um 1900.

**Die einheimische Bevölkerung**

Die deutsche Kolonialherrschaft unterschied sich kaum von der anderer Mächte. Um die eigene Herrschaft zu sichern und die erworbenen Gebiete Gewinn bringend nutzen zu können, griff die Kolonialverwaltung massiv in das Alltagsleben der Einheimischen ein und veränderte es innerhalb kurzer Zeit. Wegen der oft ungerechten und willkürlichen Behandlung der Bevölkerung durch deutsche Beamte, Soldaten und Siedler kam es in fast allen Kolonien zu Aufständen. Diese wurden durch deutsche Truppen oft mit großer Brutalität niedergeschlagen. In Südwestafrika lebten nach einem Aufstand in den Jahren 1904–1907 von den ursprünglich ca. 80 000 Hereros nur noch 15 130; in Ostafrika verloren 75 000 Menschen ihr Leben, als die Kolonialherren eine Erhebung in den Jahren 1906/07 niederschlugen. Erst die öffentliche Kritik in Deutschland an der fast vollständigen Vernichtung des Stammes der Nama in Südwestafrika hatte eine Reform der Kolonialverwaltung zur Folge.

**Q2 Züchtigung eines Eingeborenen**
Diese Karte von 1913 wurde als Gruß verschickt, da die Prügelstrafe als „normales" Mittel der Erziehung betrachtet wurde.

### Q3 Kolonialpolitik ist Ausbeutung

*Der Führer der oppositionellen Sozialdemokratischen Partei August Bebel am 26. Januar 1889 im Reichstag:*

Wo immer wir die Geschichte der Kolonialpolitik in den letzten drei Jahrhunderten aufschlagen, überall begegnen wir Gewalttätigkeiten und der Unterdrückung der betreffenden Völkerschaften, die nicht selten schließlich mit deren vollständiger Ausrottung endet. Und das treibende Motiv ist immer, Gold, Gold und wieder nur Gold zu erwerben. (...) Ich gehe weiter und sage, dass sogar im Falle einer kolonialen Bearbeitung der ostafrikanischen Ländereien, wie sie unter die deutsche Schutzherrschaft gestellt sind, durch eine europäische oder deutsche Kolonialgesellschaft für die Einwohner der betreffenden Länder nicht einmal irgendein Vorteil erwächst. (...) Der Arbeiter ist selbst in den Augen vieler unserer zivilisierten europäischen Unternehmer eigentlich nur ein Werkzeug, ein Arbeitsmittel, das nach Möglichkeit ausgenutzt werden muss. Dieses gilt noch in viel höherem Maße von den tiefer stehenden Rassen, die man als inferior (minderwertig) betrachtet, und gegen die instinktiv eine gewisse Verachtung und ein großer Hass vorhanden ist. Man gewöhnt sich zu leicht, in dem Schwarzen einen Menschen inferiorer Rasse zu sehen, gegen den man sich alles erlauben dürfe, gegenüber dem es in der Behandlung gar keine andere Grenze gebe als die des eigenen persönlichen Nutzens, des größten Vorteils für den Unternehmer.

*Stenographische Berichte über die Verhandlungen des Reichstages. Bd. 105, Berlin 1889, S. 628.*

### Q4 Kolonialpolitik als Wirtschaftspolitik

*Der deutsche Staatssekretär im Reichskolonialamt, Bernhard Dernburg, im November 1907:*

1. Sie sichert der stetig wachsenden Bevölkerung unseres Vaterlandes, die (...) auf den Export angewiesen bleibt, zunächst große und sich steigernde Aufträge, also: Arbeit (...)
2. Kolonien sichern der deutschen Produktion einen großen Teil derjenigen Rohstoffe, welche zum eigenen Gebrauch innerhalb der Nation und zum Zwecke der Veredelung des Arbeitsmaterials vieler Millionen deutscher Arbeiter dienen.
3. Sie sichert dem deutschen Fabrikanten, dem deutschen Arbeiter einen Einfluss auf die Preisgestaltung dieser Rohmaterialien gegenüber monopolistischen Tendenzen des Auslandes (...)
4. Sie schützt und stärkt unsere nationale Zahlungsbilanz (...) Das ist die Bedeutung einer deutschen kolonialen Wirtschaft im Lichte der gegenwärtigen handelspolitischen Weltlage. Ihre Ausführung bedeutet demnach nicht mehr und nicht weniger als die Frage der Zukunft der nationalen Arbeit, die Frage des Brotes vieler Millionen Industriearbeiter, die Frage der Beschäftigung der heimischen Kapitalien im Handel, im Gewerbe, in der Schifffahrt. Es wäre demnach nichts weniger als ein großes Vergehen an Deutschland und seiner industriellen Zukunft, wenn nicht alle ernsthaften kaufmännisch gebildeten Deutschen dieser Frage ihr allergrößtes Interesse zuwenden würden.

*J. Hohlfeld (Hg.): Dokumente der deutschen Politik und Geschichte, Bd. 2. Berlin o. J, S. 167–169.*

**Q5 Der Häuptling von Balibe mit seinen zwanzig Frauen**

### Q6 „Arbeit ohne Unterlass"

*Ein 85-jähriger Häuptling aus Togo erinnert sich an die deutsche Kolonialzeit:*

Neben der harten Arbeit beim Straßen- und Brückenbau galt es, schwere Lasten (...) zu tragen. Baumwollsäcke und anderes Gepäck der Weißen. Nach dem Ende der festgesetzten Frist von zwölf Tagen wurde einem ein Stück Papier oder eine kleine Aluminiummarke ausgehändigt. Das war die „Steuerbescheinigung". (...) Sie ließen die Menschen auf die Wege und Straßen (...) bringen, um die „Bayari" (Steuerarbeit) abzuleisten. Ha, ha! Wissen Sie, die „Bayari": eine Arbeit ohne Pause. Wenn du dich bücktest, um Erde auszuheben oder mit der Kreuzhacke zu arbeiten, hattest du kein Recht, dich wiederaufzurichten. (...) Wer auch nur innehielt und sich eine Sekunde aufrichtete, erhielt von den rüden Wachsoldaten eine unbarmherzige Bastonnade (Prügel). (...) Einige Leute starben davon! (...) Diejenigen, die es schafften, etwa durch Flucht, sich den harten, von den „Djama" (Deutsche) auferlegten Arbeiten zu entziehen, diese gewannen dadurch wahrlich nichts: Die Soldaten kamen und konfiszierten all ihr Gut und trugen es weg.

*Zit. nach: H. Gründer (Hg.): „... da und dort ein junges Deutschland gründen". Rassismus, Kolonien und kolonialer Gedanke vom 16. bis zum 20. Jahrhundert. München 1999, S. 281 f.*

**Q7 Lehrer in Kamerun nach der Trauung**
Foto 1902. Auch zutiefst private Bereiche wandelten sich unter dem Einfluss europäischer Vorstellungen von Recht, Sitte und Moral.

## Fragen und Anregungen

1. Wie begründeten Befürworter und Gegner ihre Haltung hinsichtlich des Erwerbs von Kolonien (Q3, Q4)?
2. Stelle die Ausführungen Bebels und Dernburgs gegenüber (Q3, Q4). Vergleiche mit Argumenten für und gegen die „Globalisierung" heute.
3. Wie beurteilte die afrikanische Bevölkerung die Kolonisierung (Q7)?
4. Beschreibe die Methoden deutscher Kolonialherrschaft (Q2, Q3, Q7).
5. Erörtere die Auswirkungen der Kolonialherrschaft auf den Alltag der Kolonisierten sowie die unmittelbaren und die langfristigen Folgen (Q5–Q7).
6. Beschreibe das Selbstverständnis Deutschlands als Kolonialmacht und suche nach möglichen Erklärungen dafür (Q1).

# 5. Deutsche Weltpolitik, internationales Wettrüsten und neue Bündnisse in Europa

| | |
|---|---|
| **1897/98** | Das Deutsche Reich beginnt Weltpolitik zu treiben. |
| **1904** | Großbritannien und Frankreich bereinigen ihre kolonialen Differenzen und schließen sich zur „Entente Cordiale" zusammen. |
| **1907** | Großbritannien und Russland einigen sich über eine Aufteilung ihrer Interessensphären in Asien. |
| **1912** | Versuche, das deutsch-englische Wettrüsten zur See durch Verhandlungen zu beenden, scheitern. |
| **1912/13** | Das internationale Wettrüsten zu Lande beschleunigt sich. |

**L'enfant terrible** Q1
Englische Karikatur aus dem Jahre 1890.

**Kurswechsel – Deutschland Erbe Großbritanniens?**

„Die leitenden deutschen Staatsmänner und allen voran Kaiser Wilhelm", so berichtete der österreichische Botschafter in Berlin am 21. Mai 1900, „haben den Blick in die ferne Zukunft geworfen und streben danach, die in letzter Zeit mit großen Schritten heranwachsende Stellung Deutschlands als Weltmacht zu einer dominierenden zu machen, und rechnen hierbei darauf, seinerzeit auf diesem Gebiet die lachenden Erben Englands zu werden." War dieses Urteil berechtigt?

**Warum will Deutschland Weltmacht werden?**

In der Mitte der 1890er Jahre schlugen die verantwortlichen deutschen Politiker einen neuen Kurs in der Außenpolitik ein. Deutschland sollte nicht mehr nur eine führende Rolle auf dem Kontinent spielen, sondern wie Großbritannien, Russland und die Vereinigten Staaten auch eine bedeutende Welt- und Kolonialmacht sein. Wichtigster Repräsentant dieser Strömung war Kaiser Wilhelm II. Bei öffentlichen Auftritten verkündete er, „ohne Deutschland und ohne den Deutschen Kaiser [dürfe] keine große Entscheidung mehr fallen". Ausgelöst wurde dieser Kurswechsel durch die Sorge, bei dem Wettrennen um die letzten noch „freien" Gebiete der Erde – den „Platz an der Sonne", wie es der spätere Reichskanzler Bülow 1897 im Reichstag ausdrückte – erneut zu spät zu kommen. Um das Erreichte zu sichern und die weitergehenden Ziele zu erreichen, erschien der Bau einer mächtigen Kriegsflotte notwendig. Diese war ein weithin sichtbares Symbol der Stärke. Notfalls konnte sie die eigenen Ansprüche auch militärisch durchsetzen. In weiten Kreisen der Bevölkerung stieß diese Politik auf große Zustimmung. Das zeigte sich auch in der Mode: Viele Jungen und Mädchen aus bürgerlichen Familien trugen voller Stolz den Matrosenanzug. Mehr als eine Million Menschen waren bald auch Mitglieder des Deutschen Flottenvereins und anderer „nationaler" Verbände. Diese warben mit modernen Mitteln – Vorträgen, Diaschauen, Flottenschauspielen und Plakaten – für die Politik der Regierung. Sie versprachen sich davon mehr Macht und Prestige, Einfluss und Reichtum für das Deutsche Reich. Allein die Anhänger der Sozialdemokratischen Partei und einige Linksliberale beobachteten den Übergang von der Kontinental- zur Weltpolitik mit großer Sorge.

**Das Deutsche Reich – eine „nervöse Großmacht"**

Diese Sorgen sollten sich sehr bald als berechtigt erweisen. Um seinen Weltmachtanspruch deutlich zu machen, mischte sich das Deutsche Reich seit der Mitte der 1890er Jahre immer wieder in internationale Konflikte ein: 1896 griff es Großbritanniens Politik in Südafrika in unnötig scharfer Form öffentlich an, 1897 besetzte es einen Küstenstreifen in China, im Pazifik stritt es mit den Regierungen in Washington und London viele Jahre um die Aufteilung der Samoa-Inseln. Im Osmanischen Reich schließlich sollte der Bau einer Bahnlinie bis an den Persischen Golf die deutschen Interessen wahren helfen. Diese Region betrachtete Großbritannien jedoch als seine Einflusssphäre. Erst 1914 konnten die Auseinandersetzungen über den Verlauf der „Bagdadbahn" in Verhandlungen beigelegt und mit dem Bau begonnen werden. Diese Ungeduld der Reichsleitung bei der Verwirklichung ihrer Ziele weckte zunehmend das Misstrauen der anderen Großmächte. Vergeblich klagte der deutsche Botschafter in London bereits 1901: „Wenn man in Deutschland doch nur stillsitzen könnte, dann würde die Zeit kommen, wo uns die gebratenen Tauben in den Mund fliegen." Historiker bezeichnen das Deutsche Reich daher heute auch als „nervöse Großmacht", die nicht berechenbar und daher äußerst gefährlich erschien.

**Wettrüsten zur See**

Großbritannien fühlte sich durch das deutsche Auftreten in der internationalen Politik und den Bau einer starken Flotte besonders bedroht. Dessen Stellung als führender Weltmacht beruhte auf der Überlegenheit der eigenen Flotte gegenüber möglichen Konkurrenten. Verhandlungen über eine Begrenzung der Flottenrüstung lehnte die Regierung in Berlin mehrfach ab. Sie hoffte, nach Fertigstellung der Flotte für ihr Entgegenkommen einen viel höheren Preis erzielen zu können. Die Folge war ein gefährliches und kostspieliges Wettrüsten zur See. Ab 1905/06 begann die englische Regierung ihrerseits neue und stärkere Kriegsschiffe bauen zu lassen. Obwohl auch Deutschland seine Flotte mehrfach verstärkte, konnte Großbritannien die Vorherrschaft zur See wahren.

**Q2 Zeitgenössischer Einband einer Publikation über die deutsche Flottenpolitik, 1896**

„Deutschlands Zukunft liegt auf dem Wasser", behauptete Kaiser Wilhelm II., der sich selbst mit der Planung der Flotte beschäftigte.

**Q3 Die Welt wird aufgeteilt**
Den Kampf um die besten „Stücke" bei der Verteilung der Welt illustriert diese Postkarte der Zentrumspartei anlässlich des Reichstagswahlkampfes 1912.

**Einkreisung Deutschlands?**

Der deutsch-englische Rüstungswettlauf war auch maßgeblich für Veränderungen in den Beziehungen zwischen den Mächten verantwortlich. Großbritannien hatte bereits um die Jahrhundertwende begonnen, sich mit seinen Rivalen – den USA (1901) und Japan (1902) – in Mittel- und Südamerika sowie in Asien zu einigen. Von besonderer Bedeutung für die Stellung Deutschlands unter den Mächten waren jedoch die Abkommen Großbritanniens mit Frankreich (1904) und Russland (1907) über die Beilegung kolonialer Streitfragen. Diese Abkommen entwickelten sich bald zu bündnisähnlichen Vereinbarungen. Durch aggressives und ungeschicktes Verhalten festigte das Deutsche Reich die Verbindungen dieser Mächte weiter: In zwei Krisen, die sich 1905 bzw. 1911 um wirtschaftliche Interessen in Marokko entspannen, hatte die Reichsleitung versucht, mit einer Politik der Stärke und der Androhung von militärischer Gewalt, die deutschen Ansprüche bei der Verteilung der noch „freien" Gebiete gegenüber Frankreich deutlich zu machen. Die englische Regierung stellte sich jedoch schützend hinter Frankreich. Dadurch wiederum wuchs in Deutschland das Gefühl, von der „Triple-Entente" – wie dieser bündnisähnliche Zusammenschluss genannt wurde – „eingekreist" zu werden.

**Allgemeines Wettrüsten**

Seit der diplomatischen Niederlage in der zweiten Marokkokrise rüstete das Deutsche Reich daher neben der Flotte nun auch die Armee in großem Umfang auf. So begann ein internationales Wettrüsten zu Lande. Unterstützt wurde dies von nationalistischen Agitationsvereinen wie dem Deutschen Flottenverein oder dem Alldeutschen Verband, die sich lautstark für die Wahrung deutscher Interessen einsetzten. Die anderen Mächte beantworteten die deutsche Aufrüstung mit weiteren Rüstungen. Dadurch entstand ein allgemeines Wettrüsten, das die Spannungen zwischen der Triple-Entente und dem Dreibund (Deutschland, Österreich-Ungarn und Italien) weiter verschärfte. Bemühungen, das Wettrüsten durch Verhandlungen, zu denen der englische Kriegsminister Haldane im Februar 1912 eigens nach Berlin gereist war, zu beenden, scheiterten am gegenseitigen Misstrauen. Viele Menschen hatten daher bald das Gefühl, Europa stünde am Rande einer Katastrophe. Sollten sie Recht behalten?

## D1 Rüstungsausgaben (in Millionen Mark):

| | 1905 | 1910 | 1913 |
|---|---|---|---|
| Frankreich | 991 | 1177 | 1327 |
| Russland | 1069 | 1435 | 2050 |
| England | 1263 | 1367 | 1491 |
| Deutschland | 1064 | 1377 | 2111 |
| Österreich-Ungarn | 460 | 660 | 720 |

*Nach: Reichsarchiv (Hg.): Kriegsrüstung und Kriegswirtschaft. Anlagenband. S. 530.*

## D2 Der Bau schwerer Kampfschiffe

| | 1889 bis 1900 | 1900 bis 1910 | 1910 bis 1913 |
|---|---|---|---|
| England | 38 | 36 | 20 |
| Deutschland | 12 | 25 | 13 |
| Frankreich | 15 | 11 | 11 |
| Russland | 15 | 6 | 4 |

*Nach: W. Kleinknecht/H. Krieger (Hg.): Handbuch des Geschichtsunterrichts, Bd. 5. Frankfurt a. M. 1965, S. 119 f.*

## Q4 „Der Hergott ist bei den Starken"

*Der nationalliberale Reichstagsabgeordnete Gustav Stresemann zur Flottenpolitik, 1907:*

Man klagt in sozialdemokratischen Kreisen über das Geld für Heer und Flotte. Man sagt, Milliarden steckt ihr hinein, was könntet ihr damit tun für die Kultur, für die Geisteswissenschaften und Armenfürsorge. Zunächst sind wir aber in der Technik so weit, dass das Geld zum größten Teil in die Taschen des deutschen Volkes zurückkommt. Die Schiffe, die wir bauen, konstruiert der deutsche Techniker und baut der deutsche Arbeiter, die Kasernen baut der deutsche Maurer, die Kleider machen deutsche Fabriken; man kann nicht sagen, dass das deutsche Nationalvermögen um Milliarden ärmer wird. Diese Beträge fließen durch eine große Reihe von Kanälen an das deutsche Volk. Aber selbst wenn wir Ausgaben machten, die wir nicht zurückbekämen, dann muss man doch zugeben, dass wir durch unser starkes Heer, durch unsere Rüstungen zu Lande 35 Jahre dem deutschen Volke den Frieden erhalten, jedem Einzelnen die Möglichkeit gegeben haben, für sich und seine Familie zu schaffen und zu wirken, und dadurch erst den Untergrund für unsere wirtschaftliche Entwicklung gelegt haben. So haben wir auch dadurch sehr viel für die Kultur getan, und zwar mehr, als wir jemals auf anderem Wege dafür hätten tun können. Auf diesem Boden stehen wir (...), wenn wir die Anschauungen hinaustragen in das Volk: Bitter Not ist uns eine starke Flotte. Wenn wir den Nachdruck auf das Wort „starke" legen, so ist es deshalb, weil wir sehen, dass in der Weltgeschichte immer ein Volk an die Stelle des anderen tritt und schließlich der Herrgott im Kampfe bei den starken Bataillonen ist.

*Zit. nach: D. Fricke (Hg.): Dokumente zur deutschen Geschichte 1905–1907. Frankfurt a. M. 1977, S. 74 f.*

## Q5 Englands Haltung zur deutschen Flottenpolitik

*Der deutsche Botschafter nach einem Treffen mit den britischen Ministern Grey (Außenminister) und Lloyd George (Schatzkanzler), Sommer 1908:*

Beide Minister waren der Ansicht, dass die Situation zwischen England und Deutschland sich um die Flottenfrage drehe. Die Auslagen für die englische Flotte würden infolge des deutschen Flottenprogramms und des beschleunigten Flottenbaues dermaßen in die Höhe gehen und das Gefühl von der deutschen Gefahr würde damit dermaßen an Intensität zunehmen, dass die Beziehungen zwischen den Ländern sich nicht bessern könnten, solange sie sich in der Flottenkonkurrenz gegenseitig in die Höhe schraubten. Jeder Engländer würde seinen letzten Pfennig daransetzen, um sich die Überlegenheit zur See zu wahren, von welcher nicht nur die Weltstellung Englands, sondern auch seine Existenz als unabhängiger Staat abhänge. Die ruinösen Ausgaben, zu denen die Flottenkonkurrenz triebe, könnten vertrauensvolle Beziehungen zwischen beiden Nationen nicht aufkommen lassen. Wer auch nur einigermaßen England kenne, wisse, dass hier nicht die Absicht bestehe, Deutschland mit der englischen Flotte zu bedrohen oder gar Deutschland anzugreifen. Eine Landung sei schon in Anbetracht der englischen Armeeverhältnisse gänzlich ausgeschlossen. (...) Für England dagegen sei eine mächtige deutsche Flotte mit einer noch mächtigeren Armee im Hintergrund eine reale Gefahr.

*J. Lepsius u. a. (Hg.): Die Große Politik der europäischen Mächte. Berlin 1925, Bd. 24, S. 99 f.*

## Q6 „Kämpfen oder ehrenvoll untergehen?"

*Aufzeichnung über eine Rede von Admiral von Tirpitz vom 9. Oktober 1913:*

Unser Auswärtiges Amt kommt seit Jahren den englischen Bestrebungen offenkundig entgegen. Dort

treibt man Augenblickspolitik und arbeitet für den Schein der Gegenwart anstelle große Ziele ins Auge zu fassen und an die zukünftige Gestaltung der Dinge zu denken. Die Verbrüderung mit England – deren Vorbedingung das Fallenlassen des Flottengesetzes ist – scheint dort als das bequemste Mittel, billige Erfolge einzuheimsen. (...) Die Frage, (...) ob Deutschland seine Weltstellung wenn nötig England gegenüber erkämpfen soll – mit dem großen Einsatz, den dieser Kampf in sich schließt – oder ob es sich auf die Stellung als europäische Kontinentalmacht zweiter Ordnung von vornherein beschränken soll, diese Frage ist letzten Endes Sache des politischen Glaubens. Schließlich scheine es einer großen Nation würdiger, um das höchste Ziel zu kämpfen und vielleicht ehrenvoll unterzugehen als ruhmlos auf die Zukunft zu verzichten.

*Bundesarchiv-Militärarchiv, Nachlass Tirpitz N 253/423.*

### Q7 Neue nationalistische Welle in Frankreich

*Der englische Botschafter über die französische Aufrüstung, Februar 1913:*

Die Gründe für vermehrte Rüstungen wurden der Öffentlichkeit mit großer Überzeugungskraft und Geschicklichkeit dargelegt, namentlich vom „Temps“, der seit einiger Zeit durch eine Reihe von Artikeln über deutsche Politik und Rüstungen (...) einer neuen Entwicklung der Militärpolitik den Weg bereitet hat. Der bemerkenswerteste Umstand in der inneren Lage Frankreichs während der letzten zwölf Monate war das Wiederaufleben eines Geistes willensstarker Vaterlandsliebe. Monsieur Poincarés (Ministerpräsident und Außenminister) Ministerium und insbesondere Monsieur Millerand als Kriegsminister haben viel zur Förderung dieses Geistes getan. Eins der ersten Anzeichen der „nationalistischen“ Welle, die jetzt über Frankreich hinwogt, war die außerordentliche Begeisterung der Volksmassen bei den (...) wiedereingeführten wöchentlichen Zapfenstreichen durch die Straßen von Paris. Man betrachtet Monsieur Poincaré, mit Recht oder Unrecht, als Verkörperung des neuen Geistes in Frankreich, und seine derzeitige große Beliebtheit ist in hohem Grad diesem Umstand zuzuschreiben. Die Öffentlichkeit wird häufig daran erinnert, dass er aus Französisch-Lothringen stammt, und man sagt von ihm, er teile die Gefühle seiner lothringischen Landsleute, die für die patriotischsten aller Franzosen gelten.

*Zit. nach: E. Hölzle (Hg.): Quellen zur Entstehung des Ersten Weltkrieges. Internationale Dokumente 1901–1914. Darmstadt 1978, S. 145.*

### Q8 Im Dreadnought-Fieber

Die Karikatur von 1909 illustriert die Gefahren des Wettrüstens. Dreadnought war ein britisches Schlachtschiff.

### Q9 „Krieg sei uns heilig“

*Der Vorsitzende des Alldeutschen Verbandes, 1912:*

Wie die Gebildeten in unserem Volke, die Leute mit etwas politischem Blicke, allmählich erkannt haben, dass die Politik der Saturiertheit unserer wirklichen Lage nicht mehr entspricht, so ist es geboten, dass alle am öffentlichen Leben Interessierten umdenken lernen und verlangen, dass wir tätige äußere Politik treiben, sagen wir ruhig aggressive (...) Der Krieg sei uns heilig wie das läuternde Schicksal; wie dieses das Leben des Einzelnen oder eines Geschlechtes bessern kann oder vernichten, so denke man sich den Krieg und glaube daran, dass nur der im Sinne der Ewigkeit Schlechte und Unbrauchbare unterliegen wird. Heilig sei uns der Krieg wie das läuternde Schicksal, denn er wird alles Große und Opferbereite, also Selbstlose wecken in unserem Volke und seine Seele reinigen von den Schlacken der selbstischen Kleinheit. Wert sei er uns als der Prüfstein der Kraft und Tüchtigkeit und aller männlichen Tugenden. Willkommen sei er uns als der Arzt unserer Seelen, der mit stärksten Mitteln uns heilen wird.

*D. Frymann (= Heinrich Claß): Wenn ich Kaiser wär. Politische Wahrheiten und Notwendigkeiten. Leipzig 1912, S. 137, 182 f.*

### Q10 Gegen die imperialistische Rüstungspolitik

*Aus dem Manifest der Sozialdemokratischen Partei Deutschlands und der Sozialistischen Partei Frankreichs vom 1. März 1913:*

Die französische und die deutsche Sozialdemokratie erheben einmütig und einstimmig Protest gegen die unaufhörlichen Rüstungen, die die Völker erschöpfen, sie zur Vernachlässigung der wichtigsten Kulturaufgaben zwingen, das gegenseitige Misstrauen steigern und, statt den Frieden zu sichern, Konflikte heraufbeschwören, die zu einer Weltkatastrophe führen mit Massenelend und Massenvernichtung im Gefolge. (...) Die herrschenden Klassen hüben und drüben sind es, die die nationalen Gegensätze, statt sie zu bekämpfen, künstlich verschärfen, die gegenseitige Feindseligkeit schüren und dadurch die Völker von ihren Kulturbestrebungen und ihrem Befreiungskampf im Innern ablenken. Um den Frieden, die Unabhängigkeit der Völker und den Fortschritt der Demokratie auf allen Gebieten in beiden Staaten zu sichern, fordert die Sozialdemokratie, dass alle Streitigkeiten zwischen den Völkern schiedsgerichtlich geschlichtet werden (...) Sie fordert weiter die Beseitigung des stehenden Heeres, das eine stete Bedrohung der Nationen bildet, und an dessen Stelle die Einführung einer Volkswehr auf demokratischer Grundlage, die nur der Landesverteidigung zu dienen hat.

*D. Fricke (Hg.): Dokumente zur deutschen Geschichte 1910–1914. Frankfurt a. M. 1977, S. 101.*

**Q12** SPD-Plakat zu den Reichstagswahlen 1912

### Q11 Soll Deutschland einen Präventivkrieg führen?

*Der Staatssekretär des Auswärtigen Amts, Jagow, nach einem Gespräch mit dem Chef des Generalstabs, General Moltke, Ende Mai/Anfang Juni 1914:*

Die Aussichten in die Zukunft bedrückten ihn (Moltke) schwer. In 2–3 Jahren würde Russland seine Rüstungen beendet haben. Die militärische Übermacht unserer Feinde wäre dann so groß, dass er nicht wüsste, wie wir ihrer Herr werden könnten. Jetzt wären wir ihnen noch einigermaßen gewachsen. Es bleibe seiner Ansicht nach nichts übrig als einen Präventivkrieg zu führen um den Gegner zu schlagen, solange wir den Kampf noch einigermaßen bestehen könnten. Der Generalstabschef stellte mir demgemäß anheim unsere Politik auf die baldige Herbeiführung eines Krieges einzustellen.

*Zit. nach: W. Baumgart (Hg.): Die Julikrise und der Ausbruch des Ersten Weltkriegs 1914. Darmstadt 1983, S. 30.*

## Fragen und Anregungen

1. Nenne die Gründe, mit denen die deutsche Welt- und Flottenpolitik begründet oder abgelehnt wird und diskutiere diese (Q2–Q6, Q8).
2. Charakterisiere anhand von Q2 das Selbstverständnis des Deutschen Reiches und erläutere anhand von Q1 die Haltung des Auslandes.
3. Versuche zu erklären, warum Historiker die Zeit vor 1914 auch als ein „Zeitalter des Wettrüstens" bezeichnen (Q6, Q7, D1, D2). Diskutiert die damit verbundenen Gefahren (Q8).
4. Beschreibe die Haltung vieler Zeitgenossen zum Krieg. Versuche diese Haltung zu erklären (Q6, Q9, Q12).
5. Setze dich mit den Argumenten der Gegner des Wettrüstens auseinander (Q10, Q11). Erläutere, warum deren Vorschläge wirkungslos blieben.

# 6. Der Balkan – ein „Pulverfass“ für Europa?

**1912/13 – Krieg auf dem Balkan**

Anfang Oktober 1912 erklärten Serbien, Montenegro, Bulgarien und Griechenland der Türkei den Krieg. Innerhalb weniger Wochen verdrängten sie diese in blutigen Kämpfen aus ihren restlichen europäischen Besitzungen. Bereits am 20. Oktober verabschiedeten Anhänger der deutschen Sozialdemokraten eine Resolution. Darin protestierten sie gegen das „Völkermorden“ auf dem Balkan und forderten die Reichsleitung auf, neutral zu bleiben und „in dieser Hinsicht auch bei den übrigen Großmächten ihren Einfluss“ geltend zu machen. Anlass für diese Resolution war die Sorge, die „Kriegsfackel auf dem Balkan“ könnte „in dem waffenstarrenden Europa einen Weltbrand entzünden“. War diese Sorge berechtigt?

**Nationale Bestrebungen**

Seit Beginn des 19. Jahrhunderts war der Balkan ein „Pulverfass“. Der „nationale Gedanke“ hatte auch die Menschen in dieser Region Europas erfasst. Wie die Deutschen, Italiener und Polen strebten sie danach, ihre Völker, die teilweise weit verstreut über Staatsgrenzen hinweg wohnten, in einem Staat zu vereinen. Das hatte eine Reihe von Konflikten untereinander über die bestehenden Staatsgrenzen hinaus zur Folge. Jede Verschiebung der Gewichte auf dem Balkan berührte direkt oder indirekt auch die Großmächte. Diese verfolgten ihre eigenen Interessen bei der Verteilung des osmanischen „Erbes“. Regionale Konflikte waren daher im 19. und zu Beginn des 20. Jahrhunderts immer auch eine Gefahr für den Frieden.

**Balkan bleibt Krisenherd**

Es war aber nicht nur das Osmanische Reich, gegen das sich der Nationalismus der Balkanvölker richtete. Auch auf die Donaumonarchie, die seit 1878 über Bosnien und die Herzegowina herrschte und zu der Kroatien und Slowenien gehörten, wirkte er sich zunehmend destabilisierend aus. So wollte z. B. Serbien alle Serben in einem Großserbischen Reich vereinen. Dazu sollten auch die in der Donaumonarchie lebenden Serben gehören. Da Russland sich als Beschützer aller Slawen, also auch der Serben, betrachtete, waren häufige Spannungen zwischen beiden Großmächten die Folge. So auch 1912: Um den serbischen Nationalismus zurückzudrängen, lehnte Österreich-Ungarn dessen Gebietsforderungen ab. Da Serbien jedoch auf die Unterstützung Russlands vertraute, drohte eine große europäische Krise. Auf einer internationalen Konferenz in London gelang es den nicht unmittelbar betroffenen Großmächten unter Führung Deutschlands und Großbritanniens, diese zu entschärfen und den Balkan neu zu ordnen.

Diese Neuordnung war jedoch nicht von Dauer. Im Streit um die Beute, in den auch Rumänien eingriff, bekämpften sich bereits im Sommer 1913 alle Balkanstaaten untereinander. Nur mit großer Mühe gelang es den europäischen Großmächten, diesen Krieg zu beenden. Von einer Entspannung auf dem Balkan konnte dennoch keine Rede sein. Österreich betrachtete die großserbische Bewegung weiterhin als ernsthafte Bedrohung für seinen Vielvölkerstaat. Gegen Serbien militärisch vorzugehen konnte allerdings unabsehbare Konsequenzen haben, denn hinter diesem stand Russland. Würde es noch einmal gelingen, einen „Weltbrand“ zu verhindern?

Q1 **Der vereinigten europäischen Feuerwehr gelang es nicht, den Brand zu löschen**
Zeitgenössische Karikatur.

**D1** **Der Balkan 1908–1913,** Geschichtskarte

### Q2 Österreichs Haltung gegenüber Serbien

*Der österreichische Generalstabschef am 20. 1. 1913:*

Die Entwicklung eines selbstständigen großserbischen Staates ist eine eminente Gefahr für die Monarchie, sie liegt darin: dass (...) die Slawen der Monarchie (...) ihren Hort in diesem neuen, von Russland unterstützten Staatswesen suchen, dass vor allem die Serben der Monarchie die Angliederung an dasselbe anstreben werden; damit droht der Monarchie der Verlust der wichtigsten Gebiete für ihre Großmachtstellung und ihr wirtschaftliches Gedeihen (...). Eingekeilt zwischen Russland, dann einem mächtig gewordenen Serbien und Montenegro und einem auf die Dauer kaum verlässlichen Italien wird die Monarchie zur politischen Ohnmacht und damit zum sicheren Niedergang verurteilt sein (...). Die Monarchie muss durch eine militärische Kraftäußerung (...) ihre politische Geltung wiederherstellen (...). Es ist (...) auch für Deutschland nur von Vorteil, wenn die Kraftprobe zwischen Dreibund und Tripel-Entente möglichst bald zum Austrag kommt.

*Zit. nach: F. Conrad v. Hötzendorff: Aus meiner Dienstzeit 1906–1918, Bd. 3. Wien 1922, S. 12 f.*

### Q3 Serbien und die „zweite Türkei"

*Die serbische Zeitung „Piemont" schrieb am 8. Oktober 1913, dem Jahrestag der Annexion Bosniens und der Herzegowina durch Österreich:*

Den Schmerz, der an diesem Tage dem serbischen Volke zugefügt wurde, wird das serbische Volk noch durch Jahrzehnte fühlen (...) Das Volk legt das Gelübde ab, Rache zu üben, um durch einen heroischen Schritt zur Freiheit zu gelangen. Serbische Soldaten (...) legen heute das Gelübde ab, dass sie gegen die „zweite Türkei" ebenso vorgehen werden, wie sie (...) gegen die Balkan-Türkei vorgegangen sind (...) Der Tag der Rache naht. Eine Türkei verschwand. Der gute serbische Gott wird geben, dass auch die „zweite Türkei" verschwindet.

*Nach: W. Kleinknecht/H. Krieger (Hg.): Materialien für den Geschichtsunterricht in den mittleren Klassen, Bd. 5. Frankfurt a. M. 1965, S. 140.*

### Q4 Warnung vor einem Krieg

*Aus einem Brief des Reichskanzlers an den österreichischen Außenminister im Februar 1913:*

Man [muss] bei objektiver Prüfung zu dem Ergebnis kommen, dass es für Russland bei seinen traditionellen Beziehungen zu den Balkanstaaten beinahe unmöglich ist, ohne einen ungeheuren Verlust an Prestige einem militärischen Vorgehen Österreich-Ungarns gegen Serbien tatenlos zuzusehen. Die Vertreter einer friedlichen Richtung (...) würden von dem Sturm der öffentlichen Meinung einfach fortgeweht werden, falls sie versuchen sollten, sich ihm entgegenzustellen. Die Folgen eines russischen Eingreifens liegen aber offenbar zu Tage. Sie würden auf einen kriegerischen Konflikt des von Italien voraussichtlich nicht mit großem Enthusiasmus unterstützten Dreibundes gegen die Mächte der Tripelentente hinauslaufen, bei dem Deutschland das ganze Schwergewicht des französischen und englischen Angriffes zu tragen hätte. (...) Ich möchte nicht unterlassen, bei dieser Gelegenheit auf ein Symptom hinzuweisen, das (...) die allerernsteste Betrachtung verdient: Ich meine die Haltung der englischen Politik in der letzten Zeit. (...) Heute bildet England ein vermittelndes Element, durch welches wir immer wieder vermocht haben, einen beruhigenden und hemmenden Einfluss auf Russland auszuüben. (...) Die englische Haltung gesellt sich den mancherlei Anzeichen zu, die darauf hindeuten, dass die Ententepolitik ihren Höhepunkt überschritten hat. (...) Eine gewaltsame Lösung aber, selbst wenn manche Interessen der österreichisch-ungarischen Monarchie auf eine solche hindrängen sollten, in einem Augenblick

**Q5 Die Friedensglocke am Balkan will gar nicht recht klingen – sollten zu viele daran ziehen?**
Karikatur aus „Der wahre Jacob“, 1909.

herbeizuführen, in dem sich uns eine wenn auch nur entfernte Aussicht eröffnet, den Konflikt unter für uns wesentlich günstigeren Bedingungen auszutragen, würde ich für einen Fehler von unermesslicher Tragweite halten.

*W. Baumgart (Hg.): Die Julikrise und der Ausbruch des Ersten Weltkrieges 1914. Darmstadt 1983, S. 16 f.*

## Q6 Kriegsstimmung in Frankreich

*Aus einem Brief des englischen Politikers Sir Joseph Austen Chamberlain vom 1. März 1913:*

Wir waren gestern Abend in Paris auf einer sehr netten Gesellschaft und hatten ein ausgezeichnetes Essen. Le Bon, früherer Kolonialminister, und Noetzlin, Direktor der „Banque de Paris et des Pays Bas“, waren die hervorragendsten Gäste. Jedermann bespricht den Vorschlag zur dreijährigen Dienstzeit zurückzukehren, zu der, wie man sagt, die jungen Leute durchaus bereit sind. Man sagte mir, der Kammer [dem Parlament] werde die längere Dienstzeit von der öffentlichen Meinung aufgezwungen werden (...) Ich finde, die Franzosen sind der ständigen Nadelstiche Deutschlands und dessen ständigen Drohungen und Einschüchterungen müde.

„Nun, mein Herr, wann kommt der Krieg?“, waren Le Bons erste Worte, als wir die Damen allein gelassen hatten. „Dieses Mal nicht, mein Herr, wie ich jedenfalls glaube.“ „Meiner Ansicht nach je eher, je besser“, erwiderte er. Ich frug weshalb, und er sagte, einmal wegen des wachsenden Missverhältnisses der Bevölkerungszahlen in Frankreich und Deutschland und der fallenden französischen Geburtenziffer. Zum anderen, weil die öffentliche Meinung sich ändere. Sie sei jetzt in der richtigen Verfassung, aber das sei vielleicht nicht immer so. Schließlich: Hätte die augenblickliche Lage zum Krieg geführt, so würde Russland, das durch sie unter allen Ententemächten am stärksten berührt wurde, bestimmt sofort und mit Kraft gehandelt haben. Überdies sei Österreich durch die Volksbewegung unter seinen eigenen Slawen und durch die Furcht vor möglichen Rückschlägen auf seinen Balkanbesitz lahm gelegt; Italien habe (...) weitgehende militärische Schwäche gezeigt.

*Zit. nach: W. Lautemann/M. Schlenke (Hg.): Geschichte in Quellen. Das bürgerliche Zeitalter. München 1980, S. 739 f.*

## Fragen und Anregungen

1. Warum bezeichneten Zeitgenossen den Balkan als ein „Pulverfass“ (Q1–Q3)?
2. Beschreibe die Interessen der Großmächte auf dem Balkan (Q2, Q4, Q5).
3. Informiere dich über die unterschiedlichen Nationalitäten auf dem Balkan und deren Siedlungsgebiete. Versuche die damit verbundenen Spannungen zu erklären (D1, Q2, Q3).
4. Vergleiche die Haltung des österreichischen Generalstabschefs, des deutschen Reichskanzlers und des französischen Kolonialministers Anfang 1913 und erkläre diese (Q2, Q4, Q6). Welche Gefahren erwuchsen daraus?
5. Beschreibe den Zusammenhang zwischen dem Balkankonflikt und der Stellung der Großmächte zueinander (Q2, Q4, Q6).
6. Versuche die Haltung Serbiens zu erklären (Q3). Versucht den Begriff „Nationalismus“ zu beschreiben und diskutiert die Folgen nationalistischen Denkens.
7. Analysiere die Karikaturen Q1 und Q5. Welche politischen Haltungen werden kritisiert?

## Der kaiserliche „Kriegsrat" vom 8. Dezember 1912 – eine Tagebucheintragung und ihre Wirkungen

Viele Menschen schreiben Tagebuch. Darin schildern sie ihre Erlebnisse, Beobachtungen und Gefühle an dem Tag der Eintragung oder an vorangegangenen Tagen. Sie tun dies, um später nachschlagen zu können, was sie früher getan oder gedacht haben, oder um eine Arbeitsgrundlage für ihre „Memoiren" zu haben. Doch nur die wenigsten Tagebücher werden veröffentlicht. Viele werden in den Familien als Erinnerung aufbewahrt. Manchmal werden sie jedoch an Archive abgegeben, wo Historiker sie einsehen können, wenn sie die Geschichte vergangener Epochen erforschen. Was aber müssen diese beachten, wenn sie ein Tagebuch benutzen und vielleicht sensationell erscheinende Eintragungen finden?

Eines der bekanntesten Tagebücher ist das eines Admirals, der Kaiser Wilhelm II. sehr nahe stand. Am 8. Dezember 1912, einem Sonntag, schilderte er darin eine Zusammenkunft des Kaisers mit hohen Generälen und Admirälen. Anlass dafür war ein Bericht des deutschen Botschafters in London über Englands Haltung in einem Krieg Deutschlands gegen Frankreich. Wilhelm II. war darüber sehr aufgebracht und hielt es nun für notwendig, sich auf einen Krieg unter den Großmächten vorzubereiten.

Seit Entdeckung des Tagebuches streiten Historiker darüber, ob in dem darin geschilderten „Kriegsrat" eine wichtige Erklärung für die deutsche Politik im Sommer 1914 zu sehen ist, die den Ersten Weltkrieg auslöste.

### Methodische Arbeitsschritte:

**Wie benutze ich ein Tagebuch?**

1. Ist das Tagebuch echt und wann wurden die Eintragungen verfasst (am gleichen Tag, Tage oder Wochen später)?
2. Welche Stellung hatte der Verfasser des Tagebuches?
3. Gibt es weitere Zeugnisse für das Geschilderte?
4. Wie beurteilten andere Zeitgenossen die beschriebenen Ereignisse?
5. Wie beurteilen Historiker die Eintragungen? Stimmen sie überein oder wo und warum weichen ihre Urteile voneinander ab?

**Q7 Das veröffentlichte Tagebuch des Chefs des Marinekabinetts, Georg Alexander v. Müller**
Es enthielt sensationelle Neuigkeiten über das Leben und Denken Kaiser Wilhelms II. Doch inwieweit kann man ihm glauben?

**Q8 Der Generalstabschef forderte den Krieg**

*Tagebucheintrag des Admirals v. Müller vom 8. Dezember 1912:*

S.M. habe sich folgendes Bild gemacht: Österreich müsse den auswärtigen Slaven (den Serben) gegenüber kraftvoll auftreten, sonst verliere es die Macht über die Slaven der österreichisch-ungarischen Monarchie. Wenn Russland die Serben stütze, was es offenbar tue (...) wäre der Krieg auch für uns unvermeidlich. Wir könnten aber hoffen, Bulgarien und Rumänien und auch Albanien, auch vielleicht die Türkei auf unserer Seite zu haben. (...) Treten diese Mächte auf Österreichs Seite, dann seien wir so weit frei, um den Krieg mit ganzer Wucht gegen Frankreich zu führen. Die Flotte müsse sich natürlich auf den Krieg gegen England einrichten. (...) An Tirpitz: Schleunige Mehrbauten von U-Booten etc. Empfehlung einer Konferenz aller interessierten Marinestellen. General v. Moltke: „Ich halte einen Krieg für unvermeidbar und je eher je besser. Wir sollten aber durch die Presse besser die Volkstümlichkeit eines Krieges gegen Russland im Sinne der Kaiserlichen Ausführungen vorbereiten." S.M. bestätigt dies und fordert Staatssekretär auf, auch mit seinen Pressemitteln nach dieser Richtung hin zu wirken. Tirpitz macht darauf aufmerksam, dass die

Marine gern das Hinausschieben des großen Kampfes um 1½ Jahre sehen würde. Moltke sagt, die Marine würde auch dann nicht fertig sein, und die Armee käme in immer ungünstigere Lage, denn die Gegner rüsteten stärker als wir, die wir mit dem Gelde sehr gebunden seien. Das war das Ende der Besprechung. Das Ergebnis war so ziemlich 0.
Der Chef des großen Generalstabes sagt: Krieg je eher je besser, aber er zieht nicht die Konsequenz daraus, welche wäre, Russland oder Frankreich oder beide vor ein Ultimatum zu stellen, das den Krieg mit dem Recht auf unserer Seite entfesselte.
Nachmittags noch an Reichskanzler wegen der Pressebeeinflussung geschrieben.

*Zit. nach: J. C. G. Röhl: An der Schwell zum Weltkrieg: Eine Dokumentation über den „Kriegsrat" vom 8. Dezember 1912. In: Militärgeschichtliche Mitteilungen 10 (1977), S. 100.*

**Q9 Keine „Hampelmannpolitik"**

*Der Reichskanzler am 20. Dezember 1912 in einem Brief an den preußischen Gesandten in Karlsruhe:*

S. M., der trotz seiner Politik verlangt, dass England uns um den Hals fällt, hat sich darüber [den Bericht des Botschafters, M.E.] entsetzlich erregt, sofort – natürlich hinter meinem und Kiderlens [Außenminister] Rücken – mit seinen Getreuen von Heer und Flotte einen Kriegsrat abgehalten, die Vorbereitung einer Heeres- und Flottenvorlage anbefohlen und das sowie das haldanesche Gespräch [Haldane war britischer Kriegsminister], phantastisch ausgeschmückt, Gott und der Welt ausposaunt. (...) Bei verständiger Politik erblicke ich dagegen in den haldaneschen Äußerungen nichts Bedrohliches. (...) Aber wir dürfen keine nervöse Hampelmannpolitik treiben, sonst reißt den andern doch einmal die Geduld.

*Zit. nach: Ebenda. S. 124 f.*

**Q10 Bereitete das Deutsche Reich seit 1912 den Krieg vor? Urteile zweier Historiker:**

*Ein englischer Historiker, 1978:*

Die Schlussfolgerung aus allen diesen Maßnahmen drängt sich unmissverständlich auf. Nicht nur der Kaiser und seine Generäle, sondern auch die gesamte zivile Reichsleitung waren im Dezember 1912 an der Präparierung eines Zeitzünders beteiligt, dessen Laufzeit auf etwa anderthalb Jahre bemessen war.

*Zit. nach: J. C. G. Röhl: Die Generalprobe. Zur Geschichte und Bedeutung des „Kriegsrates" vom 8. Dezember 1912. In: D. Stegmann u. a.: Industrielle Gesellschaft und politisches System. Beiträge zur politischen Sozialgeschichte. Bonn1978, S. 372 f.*

*Ein deutscher Historiker über den „Kriegsrat", 1995:*

Wenn am Jahresende 1912 auch nicht die Kriegsauslösung beschlossen wurde, lag die Bedeutung des „Kriegsrates" doch in der erneuten Artikulation einer Kriegsbereitschaft, die für den zukünftigen Gang deutscher Außenpolitik maßgeblich wurde. Eine tiefe Kluft zwischen politischer und militärischer Führung hatte sich einmal mehr aufgetan: Sie verdeutlichte nur die Unvereinbarkeit zwischen der englischen Detentepolitik der Zivilisten, die den Frieden bewahren wollten, und der gegen Westen zielenden Aufmarschplanung der Militärs, die den Krieg auslösen wollten.

*Zit. nach: K. Hildebrand: Das vergangene Reich. Deutsche Außenpolitik von Bismarck bis Hitler. Stuttgart 1995, S. 288–290.*

**Q11 Kaiser Wilhelm II. mit Großadmiral v. Tirpitz, Staatssekretär des Reichsmarineamtes, und General v. Moltke, Chef des Generalstabs**

Am liebsten zeigte sich der Kaiser im Kreis seiner Admiräle und Generäle, mit denen er auch alle wichtigen politischen Fragen beriet.

## Fragen und Anregungen

1. Bilde dir mithilfe der Arbeitsschritte und der Quellen eine Meinung darüber, ob bereits im Dezember 1912 der Krieg beschlossen wurde. Beziehe in deine Überlegungen auch das Quellenmaterial aus den Kapiteln 5 und 6 mit ein. Verdeutliche auch, welche Fragen offen bleiben.

# 7. Europa im „Juli 1914" – Wie ein „Weltbrand" entsteht

| | |
|---|---|
| **28. Juni 1914** | Der österreichisch-ungarische Thronfolger wird in der bosnischen Stadt Sarajewo ermordet. |
| **5./6. Juli 1914** | Deutschland versichert Österreich-Ungarn seiner Bündnistreue. |
| **23. Juli 1914** | Wien stellt Serbien ein Ultimatum. |
| **28. Juli 1914** | Österreich erklärt Serbien den Krieg. |
| **30. Juli 1914** | Russland verkündet die Generalmobilmachung. |
| **1./3. August 1914** | Deutschland erklärt Russland und Frankreich den Krieg. |
| **4. August 1914** | Großbritannien erklärt Deutschland den Krieg. |

**Germania** Q1
Ausschnitt aus einem Gemälde vonFriedrich August von Kaulbach, 1914.

**In Europa gehen die Lichter aus**

„In Europa gehen die Lichter aus. Wir werden es nicht mehr erleben, wenn sie wieder angehen." Mit diesen Worten beschrieb der englische Außenminister Grey am Abend des 4. August 1914 die Zukunft Europas, nachdem Großbritannien als letzte europäische Großmacht in den Krieg zwischen dem Deutschen Reich und Österreich-Ungarn auf der einen, Russland und Frankreich auf der anderen Seite eingetreten war. Wie konnte es dazu kommen – und sollte er Recht behalten?

**Krieg statt Diplomatie**

Am 28. Juni hatte ein serbischer Nationalist in der bosnischen Hauptstadt Sarajewo den österreichisch-ungarischen Thronfolger Franz Ferdinand und seine Frau erschossen. Für die Regierung in Wien war dieser Mord ein geeigneter Anlass, mit Serbien abzurechnen. Das Deutsche Reich versicherte wenige Tage später seine uneingeschränkte Bündnistreue. Dieser später so genannte „Blankoscheck" war erstaunlich. Auch Reichskanzler Bethmann Hollweg war sich darüber im Klaren, dass ein lokaler Krieg auf dem Balkan aufgrund der Bündnisverpflichtungen aller Mächte einen „Weltkrieg" auslösen könnte. Er hoffte aber, dass die russische Regierung Serbien dieses Mal nicht unterstützen würde. Sollte diese aber dennoch als Beschützer aller Slawen der Regierung

Q2 **Das Attentat von Sarajewo**
Zeichnung nach Schilderungen eines Augenzeugen. Der serbische Nationalist Gavrilo Princip wollte damit die Unterdrückung der bosnischen Serben durch Österreich rächen.

in Belgrad beistehen, war er dennoch bereit, diesen „Sprung ins Dunkle“ zu wagen. Nur so glaubte er, den „Ring“ um Deutschland sprengen und das durch den serbischen Nationalismus bedrohte Österreich als Bündnispartner erhalten zu können. Er vertraute dabei auf die Zusagen der militärischen Führung, einen Krieg gegen Frankreich und Russland gewinnen zu können.

**Ein „Weltbrand“ entsteht**

Am 23. Juli stellte die Regierung in Wien Serbien ein unannehmbares Ultimatum. Serbien war zwar zu großem Entgegenkommen bereit, lehnte aber Eingriffe in seine Souveränität bei der Untersuchung des Attentats ab. Am 28. Juni erklärte Österreich daher Serbien den Krieg. Als Russland daraufhin seine Armee zu dessen Unterstützung mobilisierte, machte Deutschland ebenfalls mobil. Englische Vorschläge, durch gemeinsame Vermittlung zwischen den Großmächten den Frieden zu erhalten, lehnte die Regierung in Berlin ab. Der Kanzler war überzeugt, dass angesichts der Konstellation der Mächte nur ein voller diplomatischer oder militärischer Erfolg politisch von Vorteil sei. Zudem hoffte er, dadurch auch die wachsende Zahl der Kritiker im „nationalen Lager“ zum Schweigen bringen zu können. Am 1. August erklärte das Deutsche Reich daher zunächst dem Zarenreich, dann auch Frankreich den Krieg. Als deutsche Truppen am 4. August in das neutrale Belgien einmarschierten, um Frankreich militärisch schneller zu besiegen, trat auch Großbritannien in den Krieg ein. Der „Weltbrand“, den Reichskanzler Bethmann Hollweg befürchtet hatte, war damit Wirklichkeit geworden.

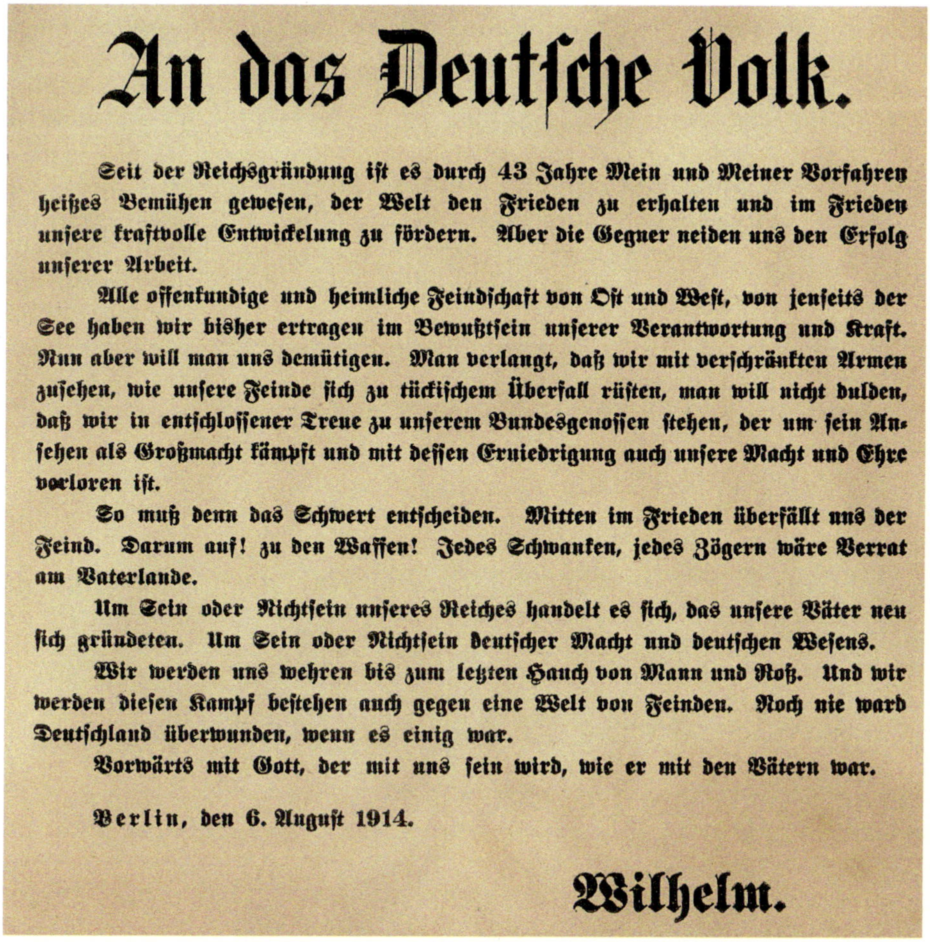

# An das Deutsche Volk.

Seit der Reichsgründung ist es durch 43 Jahre Mein und Meiner Vorfahren heißes Bemühen gewesen, der Welt den Frieden zu erhalten und im Frieden unsere kraftvolle Entwickelung zu fördern. Aber die Gegner neiden uns den Erfolg unserer Arbeit.

Alle offenkundige und heimliche Feindschaft von Ost und West, von jenseits der See haben wir bisher ertragen im Bewußtsein unserer Verantwortung und Kraft. Nun aber will man uns demütigen. Man verlangt, daß wir mit verschränkten Armen zusehen, wie unsere Feinde sich zu tückischem Überfall rüsten, man will nicht dulden, daß wir in entschlossener Treue zu unserem Bundesgenossen stehen, der um sein Ansehen als Großmacht kämpft und mit dessen Erniedrigung auch unsere Macht und Ehre verloren ist.

So muß denn das Schwert entscheiden. Mitten im Frieden überfällt uns der Feind. Darum auf! zu den Waffen! Jedes Schwanken, jedes Zögern wäre Verrat am Vaterlande.

Um Sein oder Nichtsein unseres Reiches handelt es sich, das unsere Väter neu sich gründeten. Um Sein oder Nichtsein deutscher Macht und deutschen Wesens.

Wir werden uns wehren bis zum letzten Hauch von Mann und Roß. Und wir werden diesen Kampf bestehen auch gegen eine Welt von Feinden. Noch nie ward Deutschland überwunden, wenn es einig war.

Vorwärts mit Gott, der mit uns sein wird, wie er mit den Vätern war.

Berlin, den 6. August 1914.

**Wilhelm.**

**Q3 Aufruf Kaiser Wilhelms II. „An das deutsche Volk“ vom 6. August 1914**
Darin rechtfertigt er die Poltik der Reichsleitung.

## Q4 „Abrechnung mit Serbien"

*Der österreichische Ministerpräsident Stürgkh erläuterte am 7. Juli 1914 die Politik der Regierung:*

Die Besprechungen in Berlin hätten zu einem sehr befriedigenden Resultate geführt, indem sowohl Kaiser Wilhelm als Herr von Bethmann Hollweg uns für den Fall einer kriegerischen Komplikation mit Serbien die unbedingte Unterstützung Deutschlands mit allem Nachdrucke zugesichert hätten. (...) Er sei sich klar darüber, dass ein Waffengang mit Serbien den Krieg mit Russland zur Folge haben könnte. Russland treibe aber gegenwärtig eine Politik, die, auf lange Sicht berechnet, den Zusammenschluss der Balkanstaaten, inbegriffen Rumänien, zum Zwecke hat, um dieselben sodann im geeignet scheinenden Momente gegen die Monarchie ausspielen zu können. Er sei der Ansicht, dass wir uns darüber Rechenschaft geben müssen, dass unsere Situation sich einer solchen Politik gegenüber immer mehr verschlechtern müsse (...). Die logische Folge, die sich aus dem Gesagten ergebe, wäre, unseren Gegnern zuvorzukommen und durch eine rechtzeitige Abrechnung mit Serbien den bereits in vollem Gange befindlichen Entwicklungsprozess aufzuhalten, was später zu tun nicht mehr möglich sein würde.

*Zit. nach: W. Baumgart (Hg.): Die Julikrise und der Ausbruch des Ersten Weltkrieges 1914. Darmstadt 1983, S. 66.*

## Q5 „Wir dürfen nicht kneifen"

*Am 18. Juli 1914 erläuterte der Staatssekretär des Auswärtigen Amtes, Jagow, dem Botschafter in London die Politik der Reichsleitung:*

Österreichs Erhaltung, und zwar eines möglichst starken Österreichs, ist für uns aus inneren und äußeren Gründen eine Notwendigkeit. (...) Wir müssen sehen, den Konflikt zwischen Österreich und Serbien zu lokalisieren. Ob dies gelingen kann, wird zunächst von Russland und in zweiter Linie von dem mäßigenden Einfluss seiner Ententebrüder abhängen. (...) In einigen Jahren wird Russland nach aller kompetenten Annahme schlagfertig sein. Dann erdrückt es uns durch die Zahl seiner Soldaten, dann hat es seine Ostseeflotte und seine strategischen Bahnen gebaut. Unsere Gruppe wird inzwischen immer schwächer. (...) Ich will keinen Präventivkrieg, aber wenn der Kampf sich bietet, dürfen wir nicht kneifen. Ich hoffe und glaube auch heute noch, dass der Konflikt sich lokalisieren lässt. Englands Haltung wird dabei von großer Bedeutung sein.

*Zit. nach: W. Baumgart (Hg.): Die Julikrise und der Ausbruch des Ersten Weltkrieges 1914. Darmstadt 1983, S. 100 f.*

## Q6 Diplomatie

*Am 27. Juli 1914 warnte der deutsche Botschafter in London, Max Fürst von Lichnowsky, nach einem Gespräch mit dem englischen Außenminister:*

Die britische Regierung, ob liberal oder konservativ, sieht in der Erhaltung des europäischen Friedens auf Grundlage des Gleichgewichts der Gruppen ihr vornehmstes Interesse (...) Der Eindruck greift hier immer mehr Platz (...), dass die ganze serbische Frage sich auf eine Kraftprobe zwischen Dreibund und Dreiverband (Triple-Entente) zuspitzt. Sollte daher die Absicht Österreichs, den gegenwärtigen Anlass zu benutzen um Serbien niederzuwerfen (...) immer offenkundiger in Erscheinung treten, so wird England, dessen bin ich gewiss, sich unbedingt auf die Seite Frankreichs und Russlands stellen um zu zeigen, dass es nicht gewillt ist, eine moralische oder gar militärische Niederlage seiner Gruppe zu dulden. Kommt es unter diesen Umständen zum Krieg, so werden wir England gegen uns haben.

*Zit. nach: I. Geiss (Hg.): Juli 1914. München 1980, S. 235.*

## Q7 Beschützer der Balkanstaaten

*Der russische Außenminister Sasonow sagte am 8. August 1914 vor dem Parlament:*

Durch innere Unruhen zerrissen suchte Österreich einen Schlag zu führen, der gleichzeitig seine Kraft beweisen und uns demütigen sollte. Dafür musste Serbien herhalten (...), mit dem uns die Bande der Geschichte sowie gemeinsame Abstammung und Glauben vereinigen. Sie kennen die Umstände, unter welchen das Ultimatum an Serbien gerichtet wurde. Hätte sich Serbien diesen Bedingungen unterzogen, so wäre es Österreichs Vasall geworden. Ein gleichgültiges Verhalten unsererseits hätte die Aufgabe unserer jahrhundertealten Rolle als Beschützer der Balkanstaaten bedeutet.

*Zit. nach: Berliner Monatshefte 8 (1930), S. 7670.*

## Q8 Soldatenpuppen

Kriegsvorbereitung der anderen Art.

Kontro vers

## Wer trägt die Schuld am Kriegsausbruch?

**Über diese Frage ist viel geschrieben worden. Hier die Meinung zweier deutscher Historiker.**

**Q9** *Thomas Nipperdey, 1992:*

Die deutsche Regierung hat (...) ihren erheblichen Anteil am Kriegsausbruch gehabt. Ihre Planungen und Aktionen haben, vom „Blankoscheck" angefangen, das Kriegsrisiko von vornherein einkalkuliert und insoweit schon objektiv die Zuspitzung der Krise zum Krieg mitbewirkt: Aus der Möglichkeit, wenn es sie denn gab, die Krise durch Vermittlung friedlich zu lösen, ist auch wegen des Verhaltens der deutschen Regierung nichts geworden. Sodann gilt (...): Die Reichsleitung ist nicht der alleinige Urheber des Weltkrieges gewesen, nicht auch der Hauptverantwortliche. Die russische Mobilmachung ist so entscheidend wie der Blankoscheck. Im deutschen Fall, wie in den Fällen der andern, greifen Schuld und Verhängnis ineinander. (...) Der Krieg kam, weil alle oder einige am Frieden verzweifelten, nicht weil alle oder einige zum Krieg unter allen Umständen entschlossen waren.

*Th. Nipperdey: Deutsche Geschichte 1866–1918. Bd. 2: Machtstaat vor der Demokratie. München 1992, S. 695 ff.*

**Q10** *Sönke Neitzel, 2002:*

Nachdem sich im Sommer 1914 (...) der Handlungsspielraum des Deutschen Reiches weiter verringert hatte, war der Mord von Sarajewo das Signal zu einer Risikopolitik (...). Wenngleich die deutsche und die österreichisch-ungarische Politik in der Juli-Krise einer defensiven Grundhaltung entsprangen, trugen sie doch die Hauptverantwortung für den Ausbruch des Ersten Weltkriegs. Gewiss darf die Rolle der anderen Mächte, insbesondere diejenige Russlands, nicht außer Acht gelassen werden. Tatsache bleibt jedoch, dass Berlin und Wien gleichermaßen zum Krieg drängten. Für den heutigen Betrachter mutet ihr Handeln, in Kenntnis der Folgen, als unverantwortlich an. In der Tat muss der entscheidende Vorwurf lauten, dass sich weder der österreichische Ministerrat noch die deutsche Reichsleitung ausreichende Gedanken zur Gestalt eines großen Krieges gemacht haben. Beide verließen sich allzu blauäugig auf die optimistischen Versprechungen der Militärs. Insofern kommt diesen eine bedeutende Mitschuld am Ausbruch des Ersten Weltkrieges zu.

*S. Neitzel: Kriegsausbruch. Deutschlands Weg in die Katastrophe 1900–1914. München und Zürich 2002.*

**Q11 Europa trauert**

Schweizer Postkarte, 1914. Ein ausländischer Student schrieb angesichts des Jubels der Menschen in Dresden über die österreichische Kriegserklärung an Serbien: „Das Uhrwerk Europas ist so vollständig zum Stehen gekommen, und diese Zivilisation, die ich so sehr bewunderte, reißt nun offensichtlich sich selber in Stücke, dass ich an Europa überhaupt nicht mehr denken mag."

### Fragen und Anregungen

1. Vergleiche die Politik der österreichischen, der englischen und der russischen Regierung in der Julikrise mit der deutschen Haltung (VT, Q1, Q4–Q7).
2. Vergleiche die Stellungnahmen der beiden Historiker miteinander → **Kontrovers**
3. Vergleiche die deutsche Politik im Juli 1914 mit der Haltung während der Balkankriege 1912/13 (Kapitel 6, Q4).
4. Schreibe einen Lexikoneintrag zum Stichwort „Julikrise 1914" (Q1–Q10).

# 8. Jubel, Kriegsziele und Massentod

**Jubel bei Kriegsausbruch**

In vielen Städten Europas jubelten Menschen bei der Nachricht über den Ausbruch des Krieges. Unzählige Männer meldeten sich freiwillig an die Front. Wie der Dichter Thomas Mann empfanden sie den Krieg nach den vielen Krisen und der sich immer schneller drehenden Rüstungsspirale als „Reinigung, Befreiung … und ungeheure Hoffnung“. Auch die Arbeiter der am Krieg beteiligten Staaten, die zuvor noch gemeinsam für den Frieden demonstriert hatten, eilten ohne Zögern zu den Waffen, um ihr Vaterland zu verteidigen. Im Zeitalter der Geheimdiplomatie hatten sie nicht erkennen können, wie der Krieg herbeigeführt worden war.

**Kriegsziele**

Der Ausbruch des Krieges verleitete viele Staatsmänner, Generäle und Industrielle in allen kriegführenden Ländern bereits in den ersten Wochen dazu, weitreichende Kriegszielkataloge aufzustellen. Je länger der Krieg dauerte und je größer die Opfer wurden, umso schwieriger wurde daher dessen Beendigung durch Verhandlungen.

**Materialschlachten und Stellungskrieg**

Verantwortlich dafür war auch der gewandelte Charakter des Krieges. Entgegen den ursprünglichen Erwartungen war dieser nicht innerhalb weniger Wochen zu Ende. Nachdem der deutsche Vormarsch auf Paris am Widerstand der alliierten Armeen zum Stehen gekommen war, erstarrte die Front im Westen in einem Netz von Schützengräben und Stacheldraht, das sich von der Schweizer Grenze bis zum Ärmelkanal zog. Neue Waffen wie Giftgas und Flammenwerfer, Panzer und Flugzeuge machten das Leben in diesen Gräben zur Hölle. Zugleich zeigte sich, dass Industrialisierung und Technik die Kriegführung grundlegend verändert hatten. In grausamen „Materialschlachten“ versuchten die Generäle bald, die Entscheidung zu erzwingen. In sinnlosen Angriffen opferten sie bei Verdun und an der Somme allein 1916 eine Million deutsche und alliierte Soldaten.
Nur im Osten konnten deutsche Truppen größere Erfolge erringen, bevor auch hier die Front zum Stehen kam. Erst der Zusammenbruch des Zarenreiches 1917 ermöglichte ein Vordringen in weite Teile Russlands. Zuvor hatte die englische Blockade in der Nordsee die Reichsleitung veranlasst, alles auf eine Karte zu setzen. Da sich die Hochseeflotte militärisch als weitgehend nutzlos erwiesen hatte, wollte sie durch rücksichtslosen Unterseebootskrieg gegen feindliche und neutrale Handelsschiffe diese Blockade brechen und den alliierten Nachschub an Waffen und Lebensmitteln unterbinden. Der erhoffte Erfolg blieb jedoch angesichts der ungebrochenen englischen Seeherrschaft aus. Stattdessen traten nun aber die Vereinigten Staaten in den Krieg ein und stärkten damit die Alliierten in entscheidender Weise.

**Q1 Frontabschnitt bei Boesinghe in Belgien**
Neue Waffen verwüsteten weite Landstriche in Belgien und Frankreich, Foto

**D1** **Der Erste Weltkrieg 1914–1918,** Geschichtskarte

## Q2 „Unsere Sache ist gerecht"

*Die Stimmung in Deutschland beschreibt ein Gutsbesitzer aus Ostwestfalen Mitte August 1914 seinem Sohn an der Front:*

Welche Wendung durch Gottes Fügung ist eingetreten, seit ich dir zuletzt am Sonntag, den 26. Juli ausführlich nach Lockstedt schrieb. Wenn auch schon damals die Kriegsgewitterwolken sich auftürmten, so hoffte man doch allgemein, dass man noch zu einer friedlichen Lösung kommen würde, ja, groß war unsere Hoffnung, ja noch als wir am 1. August nachmittags zusammen (…) saßen. Nun ist schon seit 14 Tagen der grausame Krieg über uns hereingebrochen und du (…) hast gewiss schon allerlei Schreckliches erlebt und dich hoffentlich schon etwas an die Strapazen, Entbehrungen und die Gräueltaten einer Schlacht gewöhnt. (…) Nach allen Nachrichten ist es aber gut, dass der Krieg jetzt, wo man bestimmt annehmen darf, dass unsere Feinde noch nicht ganz gerüstet sind, ausgebrochen ist, denn er war nach kurzer Zeit unausbleiblich. Betrübt ist es, wie alles über Deutschland herfällt, aber unsere Sache ist gerecht und wir dürfen zuversichtlich hoffen, dass uns der liebe Gott zum Siege verhilft.

*Zit. nach: Der Landkreis Lübbecke und der 1. Weltkrieg. Alltagserfahrungen in einem ländlichen Raum Ostwestfalens. S. 247.*

## Q3 „Es lebe Frankreich"

*Über die Abfahrt aus Paris berichtete ein französischer Offizier Anfang August 1914:*

Um 6 Uhr morgens dampfte der Zug, ohne irgendein Signal, langsam aus dem Bahnhof. In diesem Augenblick stieg ganz spontan – wie ein schwelendes Feuer, das plötzlich in prasselnden Flammen auflodert – ein gewaltiger Schrei auf und tausend Kehlen stimmten die Marseillaise an. Alle Männer standen an den Zugfenstern und winkten mit ihren Käppis. Vom Gleis, von den Bahnsteigen und den Nachbarzügen winkten

**Q4 Jubelnde Freiwillige in Berlin „Unter den Linden“**

die Menschenmassen zurück (...) Auf jedem Bahnhof, hinter jeder Schranke und an jedem Fenster entlang der Bahnstrecke standen zahllose Menschen. Überall ertönten Rufe „Vive la France! Vive l'armee!", dabei winkten die Menschen mit ihren Taschentüchern und Hüten. Die Frauen warfen uns Kusshände zu und überhäuften unseren Transport mit Blumen. Die jungen Männer riefen: „Au revoir! A bientôt!" [Bis bald!]

*Zit. nach: J. Keegan: Der Erste Weltkrieg. Eine europäische Tragödie. München 2000, S. 114.*

### Q5 Deutsche Kriegsziele

*Aus dem geheimen „Septemberprogramm" vom 9. September 1914 :*

Das allgemeine Ziel des Krieges: Sicherung des Deutschen Reiches nach West und Ost auf erdenkliche Zeit. Zu diesem Zweck muss Frankreich so geschwächt werden, dass es als Großmacht nicht neu erstehen kann, Russland von der deutschen Grenze nach Möglichkeit abgedrängt und seine Herrschaft über die nichtrussischen Vasallenvölker gebrochen werden. Die Ziele des Krieges im Einzelnen:

1. Frankreich. Von den militärischen Stellen zu beurteilen, ob die Abtretung von Belfort, des Westabhangs der Vogesen, die Schleifung der Festungen und die Abtretung des Küstenstrichs von Dünkirchen bis Boulogne zu fordern ist (...)

2. Belgien. Angliederung von Lüttich und Verviers an Preußen (...) Jedenfalls muss ganz Belgien, wenn es auch als Staat äußerlich bestehen bleibt, zu einem Vasallenstaat herabsinken, in etwa militärisch wichtigen Hafenplätzen ein Besatzungsrecht zugestehen, seine Küste militärisch zur Verfügung stellen, wirtschaftlich zu einer deutschen Provinz werden.

*Zit. nach: W. Basler: Deutschlands Annexionspolitik in Polen und im Baltikum 1914–1918. Berlin 1962, S. 383 f.*

### Q6 Frankreichs Kriegsziele

*Der russische Botschafter im September 1914:*

Für sich suche Frankreich in Europa keine Gebietserwerbungen, natürlich mit Ausnahme der Rückgabe Elsass-Lothringens. In Afrika strebe es ebenfalls nach keinen neuen Erwerbungen (...). Sodann sei das Hauptziel Frankreichs – und darin seien alle drei verbündeten Mächte völlig solidarisch – die Vernichtung des Deutschen Reiches und die möglichste Schwächung der militärischen und politischen Macht Preußens. (...) England werde wahrscheinlich die Wiederherstellung eines selbständigen Hannovers verlangen, und dem würden sich natürlich weder Russland noch Frankreich widersetzen. (...) England suche ebenfalls keine Eroberung in Europa, werde aber kolonialen Zuwachs auf Kosten Deutschlands verlangen, wogegen Frankreich nichts einzuwenden habe. Was Russland betreffe, so seien seine territorialen Forderungen in großen Zügen festgesetzt, und es verstehe sich von selbst, dass Frankreich im Voraus mit ihnen einverstanden sei. Außerdem werde Russland natürlich die Freiheit der Meerengen und genügende Garantien in dieser Hinsicht fordern, und hier werde Russland volle Unterstützung bei Frankreich finden.

*Zit. nach: W. J. Mommsen (Hg.): Imperialismus. Seine geistigen, politischen und wirtschaftlichen Grundlagen. Hamburg 1977, S. 238.*

**Q7 Italienische Postkarte aus dem Jahr 1915**
1915 tritt auch Italien an der Seite der Alliierten in den Krieg ein. Ebenso wie die anderen Mächte will es ebenfalls umfangreiche Kriegsziele verwirklichen.

**Q8 Alle sind zu Opfern bereit**

*Gedicht von Martha Lewertott in einer großen Berliner Zeitung im August 1914:*

Gebet der deutschen Frau 1914

Nun streift den Goldring von der Hand,
Als Deutsche Euch zu weisen,
Die Ehe binde nun ein Band,
Ein schlichtes Band von Eisen!
Denn eisern ist die Not der Zeit,
Was soll uns Putz am Kleide?
Zu opfern sind wir gern bereit –
Fort, fort mit dem Geschmeide!
Mit tapferm Mut und stolzem Sinn
Im Feld stehn unsre Söhne,
Wir geben freudig alles hin,
Wir weinen keine Träne.
Für unser heißgeliebtes Land
Woll'n leben wir und sterben,
Zum Schwüre heben wir die Hand:
Du brichst niemals in Scherben.
Ein Siegesmorgen flammt heran!
Fort mit dem Leid, der Trauer.
Wir kämpfen bis zum letzten Mann,
Wir stehn wie eine Mauer.
Hoch fliegt, mein Deutschland, dein Panier,
Es lodern die Flammenzeichen –
Gott schütze dich, Kaiser, so beten wir,
Gott schütze die deutschen Eichen!

*Zit. nach: Berliner Geschichtswerkstatt (Hg.): August 1914. Ein Volk zieht in den Krieg. Berlin 1989, S. 247.*

**Q9 „Das Sprungbrett"**
offenbart bereits im Herbst 1914 deutsche Kriegsziele. Aus: 12. Kriegsnummer der „Lustige[n] Blätter", Oktober 1914.

**Q10 Ergreift das Schwert der Gerechtigkeit**

Amerikanisches Propagandaplakat zum Eingreifen in den Weltkrieg. Im Hintergrund die nach einem U-Boot-Angriff sinkende „Lusitania". 128 US-Bürger verloren 1915 dabei ihr Leben.

**Q11 „Die Freiheit verteidigen"**

*Ein englischer Soldat schreibt im Dezember 1915:*

Um die Freiheit der Welt zu verteidigen, um unsere politische Freiheit zu bewahren, um die Ehre der Frauen und Kinder zu schützen, ist jeder, der die Freiheit liebt und die Ehre, jeder, der Prinzipien höher als sein Wohlergehen hält, das Leben höher als bloß zu leben; alle diese sind in einem gewaltigen Kreuzzug vereint, um – es lässt sich nicht leugnen – Deutsche zu töten, nicht um des Tötens willen, sondern um die Welt zu erretten, den guten wie den schlechten Deutschen, die jungen wie die alten (...) sie allesamt zu töten, auf dass nicht die menschliche Zivilisation selbst getötet werde.

*Zit. nach: Die letzten Tage der Menschheit. Bilder des Ersten Weltkrieges. hrsg. von R. Rother im Auftrag des Deutschen Historischen Museums. Berlin 1994, S. 68.*

**Q12 Warum kämpfen Soldaten?**

*Brief, verfasst am 25. April 1915 in Sadowa (Galizien), aus einer Sammlung von Briefen gefallener Soldaten:*

Lieber Vater!

Auf den Zusammenstoß mit dem Feinde freue ich mich, das darf ich dir ohne Übertreibung wirklich sagen. Und es übertrifft meine kühnsten Erwartungen, dass ich eine Truppe führen darf. – Gott gebe, dass ich es zum Nutzen unseres Vaterlandes tun werde. Ich hoffe, euch wiederzusehen mit dem freudigen Gefühl, endlich einmal mich nützlich erwiesen zu haben; sollte ich euch, dich und Mutter, nicht wiedersehen können, so hoffe ich, dass ihr meiner denken dürft als eines Mitgliedes unserer Familie, das wenigstens zuletzt ihren Traditionen gefolgt ist. Ich bin in meinem ganzen Leben nie so glücklich gewesen wie jetzt, und ich danke dir, lieber Vater, und ich danke es auch Mutter, dass ich vor allem an eurem Beispiel gelernt habe, dass eure Erziehung mich doch letzten Endes dazu befähigt hat, ein preußischer Soldat und Offizier zu werden. Ich bitte dich, falls es mir nicht mehr möglich ist, alle Verwandten zu grüßen.

*Zit. nach: P. Witkop: Kriegsbriefe gefallener Studenten. Leipzig 1915, S. 85.*

## Fragen und Anregungen

1. Versuche die Begeisterung der Soldaten wie auch der Bevölkerung in der Heimat zu Beginn des Krieges zu erklären (Q2–Q4, Q8).
2. Vergleiche die Haltung des deutschen und des englischen Soldaten miteinander (Q11, Q12). Was würdest du beiden antworten?
3. Beschreibe die deutschen und die alliierten Kriegsziele (Q5–Q7, Q9). Diskutiere deren mögliche Folgen.
4. Informiere dich über die Auswirkungen von Industrialisierung und moderner Technik auf die Kriegführung und halte ein Referat über den „Krieg im Zeitalter der Industrialisierung" (Q1).
5. Analysiere die Propagandaplakate hinsichtlich Sprache und grafischer Gestaltung (Q7, Q9, Q10) und erkläre deren Wirkung.
6. Erkläre den Begriff „Stellungskrieg". Welche Folgen hatte dieser Stellungskrieg?

# 9. Warum gibt es keinen Frieden?

**Gibt es eine Friedensbewegung?**

Bereits in den ersten Kriegsmonaten wurden neben jenen Stimmen, die den Krieg als ein „reinigendes Gewitter“ betrachteten, auch solche laut, die darin eine menschliche Katastrophe erblickten. Um den Siegeswillen an der Front und in der Heimat nicht zu gefährden, unterdrückten die Regierungen aller am Krieg beteiligten Staaten jegliche Kritik durch eine strenge Pressezensur und Demonstrationsverbote. Bürgerliche Pazifisten wie der Nobelpreisträger Albert Einstein und Vertreter sozialistischer Parteien machten dennoch vom neutralen Ausland aus Vorschläge, den Krieg zu beenden und den Frieden sicherer zu machen.

**Friedensdemonstrationen und Friedensangebote**

Auch in den kriegführenden Staaten kam es vereinzelt zu Protesten gegen den Krieg. 1915 demonstrierten Berliner Frauen erstmals trotz Verbot vor dem Reichstag gegen die Fortdauer des Krieges. Nach den blutigen Materialschlachten des Jahres 1916 erkannten auch Regierungen die Notwendigkeit, den Krieg zu beenden. Doch wie die deutsche Regierung, die nach dem Sieg über Rumänien Weihnachten 1916 Frieden anbot, wollten auch die Alliierten nur aus einer Position der Stärke heraus verhandeln, um einen Teil der „Kriegsbeute“ zu behalten. Vergeblich bot auch der Papst 1917 seine Bereitschaft zur Vermittlung von Friedensverhandlungen an.

**Frieden ohne Annexionen?**

Die verantwortlichen Politiker der Mittelmächte, in deren Ländern die Kriegsmüdigkeit angesichts großer Verluste und schlechter Versorgung inzwischen zugenommen hatte, waren daher alarmiert, als im März 1917 russische Revolutionäre einen Frieden ohne Annexionen und ohne Zahlungen für Kriegsfolgen forderten. In Russland hatte inzwischen die materielle Not und die Forderung nach Beendigung des Krieges zum Sturz des Zaren geführt. Seit dem Frühjahr 1917 demonstrierte auch ein immer größer werdender Teil der deutschen Bevölkerung für einen Frieden ohne Gebietsforderungen.

**Das „Diktat“ von Brest-Litowsk und Wilsons 14 Punkte**

Doch solche Forderungen verhallten ungehört. Der Zusammenbruch Russlands stärkte vielmehr die Anhänger weitreichender Kriegsziele. Im „Diktatfrieden“ von Brest-Litowsk zwangen sie Russland zur Abtretung großer Gebiete im Osten. Dennoch rückten deutsche Truppen bis ans Schwarze und Kaspische Meer vor. Die Forderungen der Alliierten erschwerten einen Verhandlungsfrieden jedoch ebenfalls. Im Januar 1918 verkündete der amerikanische Präsidenten Wilson in seinen „14 Punkten“ Vorschläge für eine dauerhafte Sicherung des Friedens. Für die Regierungen der Mittelmächte waren diese aber nicht annehmbar.

**Q1 Deutsches U-Boot**
Bis zuletzt wurden die Matrosen in dem längst verlorenen Krieg sinnlos geopfert. Gemälde von Claus Bergen, 1917.

**Q3 Herr! Lass es genug sein, gieb uns Frieden**
Postkarte, 1917.

**Q2 „Aufruf an die Europäer"**

*Bürgerliche Pazifisten, zu denen u. a. Albert Einstein gehörte, veröffentlichten im Oktober 1914 diesen Aufruf:*

Während Technik und Verkehr uns offensichtlich zur faktischen Anerkennung internationaler Beziehungen und damit zu einer allgemeinen Weltkultur drängen, hat noch nie ein Krieg die kulturelle Gemeinschaftlichkeit des Zusammenleben so intensiv unterbrochen wie der gegenwärtige. Vielleicht kommt es uns allerdings auch nur deshalb so auffällig zum Bewusstsein, weil eben so zahlreiche Bande vorhanden waren, deren Unterbrechung wir schmerzlich verspüren. (...) Der heute tobende Kampf wird kaum einen Sieger, sondern wahrscheinlich nur Besiegte zurücklassen. Darum scheint es nicht nur gut, sondern auch bitter nötig, dass gebildete Männer aller Staaten ihren Einfluss dahin aufbieten, dass (...) die Bedingungen des Friedens nicht die Quelle künftiger Kriege werden, dass vielmehr die Tatsache, dass durch diesen Krieg alle europäischen Verhältnisse in einen gleichsam labilen (...) Zustand geraten sind, dazu benutzt werde, um aus Europa eine organische Einheit zu schaffen. (...) Wir (...) betonen, dass wir fest davon überzeugt sind, dass die Zeit da ist, in der Europa als Einheit auftreten muss, um seinen Boden, seine Bewohner und seine Kultur zu schützen. Zu diesem Zwecke erscheint es vorerst notwendig, dass sich alle diejenigen zusammentun, die ein Herz haben für die europäische Kultur, die also das sind, was Goethe einmal vorahnend gute Europäer genannt hat.

*Zit. nach: D. Fricke (Hg.): Dokumente zur deutschen Geschichte 1914–1917. Frankfurt a. M. 1977, S. 53.*

**Q4 „An die Völker der ganzen Welt"**

*Appell des Petrograder Sowjets (revolutionärer Rat aus Soldaten und Arbeitern) vom 27. März 1917:*

Genossen – Proletarier und Werktätige aller Länder!

Die russische Demokratie hat den alten Despotismus des Zaren gestürzt und tritt nun ebenbürtig in eure Familie ein, um ihre ganze Kraft in dem Kampf für unsere allgemeine Befreiung einzusetzen. Unser Sieg ist ein großer Sieg für die Freiheit und Demokratie der ganzen Welt. (...) Wir rufen euch zu: Befreit euch vom Joch eures halbautokratischen Regimes, wie sich das russische Volk von der zaristischen Autokratie befreit hat. Weigert euch, zum Werkzeug der Eroberung und Gewalttätigkeit in den Händen von Königen, Grundbesitzern und Bankiers zu werden, und wir werden in gemeinsamer Anstrengung der fürchterlichen Schlächterei ein Ende bereiten, die eine Schande für die Menschheit ist und den Anbruch der russischen Freiheit verdüstert.

Arbeiter aller Länder! Wir reichen euch brüderlich die Hand über Berge von gefallenen Brüdern, über Ströme von Tränen und unschuldigem Blut, über die rauchenden Ruinen der Städte und Dörfer, über die Schutthaufen der Kultur und fordern euch auf, die internationale Einigkeit wiederherzustellen und zu stärken. Darin liegt die Garantie unserer zukünftigen Siege und der völligen Befreiung der Menschheit. Proletarier aller Länder, vereinigt euch!

*Zit. nach: M. Hellmann (Hg.): Die russische Revolution 1917. Von der Abdankung des Zaren bis zum Staatsstreich der Bolschewiki. München 1977, S. 182.*

**Q6 Immer mehr Menschen wollen Frieden**
Ankündigung einer Veranstaltung mit dem Vorsitzenden der SPD, Friedrich Ebert, am 20. November 1917 in Bremen.

### Q5 Argumente gegen Friedensverhandlungen

*Der Abgeordnete Kuno Graf von Westarp (Deutschkonservative Partei) im Reichstag am 19. 7. 1917:*

Auf das Urteil unserer Heerführer gestützt, erwarten wir mit unerschütterlicher Zuversicht den vollen Sieg unserer Waffen. Ihm allein werden wir den Frieden verdanken. Bis er eintritt, muss, will und kann unser Volk aller Entbehrungen, aller Schwierigkeiten unserer wirtschaftlichen Lage Herr werden. Zu Friedensverhandlungen wird Deutschland bereit sein, sobald die Feinde unter uneingeschränktem Verzicht auf ihre Forderungen zwangsweiser Gebietserwerbungen und Entschädigungen sie anbieten. Dann wird es die Aufgabe sein, den Frieden so zu gestalten, dass er Deutschland und seinen Verbündeten Dasein, Zukunft und Entwicklungsfreiheit wirksam sichert. Unsere Grenzmarken müssen für alle Zeiten besser geschützt sein; Ostpreußen darf nicht wieder den Gräueln eines Russeneinfalls ausgesetzt werden.

*Zit. nach: H. Michaelis/E. Schraepler (Hg.): Ursachen und Folgen. Vom deutschen Zusammenbruch 1918 und 1945 bis zur staatlichen Neuordnung Deutschlands, Bd. 1. Berlin 1959, S. 40 f.*

### Q7 Denkschrift für den Frieden

*Vorstände und Reichstagsfraktion der SPD, 28. 6. 1917:*

Die Stimmung der Bevölkerung ist durch die anhaltenden Entbehrungen aufs Tiefste herabgedrückt. (...) Auch bei den Truppen greift die Kriegsmüdigkeit um sich. (...) Der Glaube an die Möglichkeit eines entscheidenden Sieges ist mehr und mehr erschüttert. (...) Durch das offene Bekenntnis der Reichsleitung zu einem allgemeinen Frieden ohne Annexionen und Kontributionen würde in allen Ententeländern die aus der Tiefe des Volkes kommende Friedensströmung (...) sehr gestärkt werden. Auch die Wirkungen einer solchen Erklärung auf die nach Frieden verlangenden Massen unseres Volkes würde die denkbar beste sein. Die Überzeugung würde allgemein und fest begründet werden, dass wir nicht um Eroberungen willen, sondern lediglich zur Verteidigung unserer eigenen Lebensrechte den Krieg führen, dass unsererseits einem baldigen Frieden der Verständigung nichts im Wege steht und dass, wenn trotzdem kein solcher Friede zu erlangen ist, die Schuld lediglich auf der Seite der Gegner ist.

*Zit. nach: Ebenda. S. 211 ff.*

## Fragen und Anregungen

1. Erkläre die Sehnsucht nach Frieden, die in Q1–Q4 sowie in Q6 zum Ausdruck kommt.
2. Beschreibe die unterschiedlichen Vorstellungen über den Weg zu einem Frieden und diskutiere deren Erfolgschancen (Q2, Q6).
3. Erkläre den Zusammenhang zwischen Eberts Forderung nach einem „Verständigungsfrieden" und „Volksrechten" (Q4).
4. Suche nach Erklärungen für die Haltung Westarps und die der SPD-Reichstagsfraktion (Q5, Q7).

# 10. Totaler Krieg und gesellschaftlicher Wandel

**„Totaler Krieg"**

Am 11. November 1918 notierte die Frau eines Bonner Steinmetzmeisters in ihrem Tagebuch: „Um 11 Uhr ist der Waffenstillstand unterzeichnet. Gott sei Dank. Besser ein Ende mit Schrecken als ein Schrecken ohne Ende." Die große Mehrheit der Menschen dachte ähnlich. Die anfängliche Kriegsbegeisterung war längst verflogen. Der Alltag hatte schnell deutlich gemacht, dass der Krieg nicht wie von der Reichsleitung versprochen Weihnachten zu Ende sein würde. Angesichts der großen Verluste an der Front mussten Frauen immer mehr Tätigkeiten in Rüstungsbetrieben und anderen „Männer"-Berufen übernehmen. Kinder sammelten Obstkerne und Kaninchenfelle, Altmetalle und Frauenhaar. Diese ersetzten wichtige Rohstoffe, die wegen der englischen Blockade nicht mehr eingeführt werden konnten. Seife, Leder und andere Güter des täglichen Bedarfs waren dennoch bald Mangelwaren. Für den Mangel an Lebensmitteln gab es hingegen kaum „Ersatz". Viele Menschen hungerten daher seit 1916/17, fast 70 000 starben an Unterernährung.

**Wachsende Verbitterung**

Dieser „totale Krieg", der alle Teile der Wirtschaft und Gesellschaft erfasste, um das Millionenheer an der Front mit immer neuen Waffen zu versorgen, zermürbte die Menschen zunehmend. Hinzu kam die Sorge um Ehemänner und andere Angehörige. Die immer höheren Verluste trafen bald jede Familie. Der Tod von Familien-

Q1 Deutsche Propagandapostkarte aus dem Jahre 1918

Q2 Aufruf zur Arbeit in der Rüstungsindustrie

vätern und Verwandten verschärfte die ohnehin große materielle Not nahezu aller Teile der Bevölkerung. Gleichzeitig wuchs die Verbitterung über die Regierenden. Diese schienen unwillig und unfähig, die versprochenen Reformen zur Beteiligung aller Parteien an der politischen Willensbildung und zur gerechteren Verteilung der Lasten in Angriff zu nehmen. Alte Eliten und militärische Führung verhinderten vielmehr mit allen Mitteln die Umwandlung des Kaiserreiches in eine moderne parlamentarische Monarchie. Seit dem „Steckrübenwinter" 1916/17 kam es daher zu immer mehr Massenprostesten nicht nur für Frieden und Brot, sondern auch gegen die bestehende politische Ordnung.

**Die Niederlage steht bevor**

Nach dem Sieg über Russland wollte die Oberste Heeresleitung auch im Frühjahr 1918 im Westen einen entscheidenden Sieg erringen. Nach anfänglichen Erfolgen scheiterte die neue Offensive jedoch. Die deutschen Truppen mussten sich im Laufe des Sommers immer weiter aus Frankreich und Belgien zurückziehen. Sie waren kriegsmüde und wollten nicht mehr kämpfen. Die Verbündeten, Österreich-Ungarn, Bulgarien und das Osmanische Reich standen ebenfalls am Rande der Niederlage und baten um Frieden. Ende September forderte die militärische Führung daher die Reichsleitung zum baldigen Abschluss eines Waffenstillstands und zu politischen Reformen auf.

**Ist die Revolution noch zu vermeiden?**

Anfang Oktober 1918 wurde die Regierung umgebildet. Selbst ehemalige „Reichsfeinde" wurden nun Minister im Kabinett von Prinz Max von Baden. Dieses nahm Verhandlungen mit den Alliierten über einen Waffenstillstand auf. Die Änderung der Verfassung, die das Kaiserreich Ende Oktober in eine parlamentarische Monarchie umwandelte, kam jedoch zu spät. Die Menschen hatten nach der Ankündigung der bevorstehenden Niederlage kein Vertrauen mehr in die Monarchie.

**Revolution und Zusammenbruch**

Das Misstrauen der Bevölkerung war berechtigt. Ohne Wissen der neuen Regierung befahl die Führung der Marine Ende Oktober weiterzukämpfen, um die Ehre der Offiziere zu retten. Die Matrosen weigerten sich jedoch auszulaufen und verbündeten sich mit unzufriedenen Arbeitern. Soldaten, die die Meuterei und die Demonstrationen unterdrücken sollten, schlossen sich diesen an. Am 9. November 1918 erreichte diese „Welle" auch Berlin. Reichskanzler Max von Baden verkündete die Abdankung Kaiser Wilhelms II. und übergab die Regierung dem Führer der SPD, Friedrich Ebert. Zwei Tage später unterzeichnete eine deutsche Delegation in einem Wald bei Paris den Waffenstillstandsvertrag. Der Erste Weltkrieg war zu Ende.

**Eine Katastrophe für Europa**

Am 9. November 1918 brach nicht nur das Kaiserreich zusammen. So wie es der englische Außenminister vorausgesehen hatte, war der Erste Weltkrieg auch eine menschliche und politische Katastrophe für Europa: Das Deutsche Reich hatte 1,8 Millionen, Russland 1,7 Millionen, Frankreich 1,4 Millionen, Österreich-Ungarn 1,2 Millionen und Großbritannien 1 Million tote Soldaten zu beklagen. Mehr als 20 Millionen waren im Laufe der Kämpfe verwundet, teilweise für den Rest ihres Lebens verkrüppelt worden. Große Landstriche waren verwüstet. In Frankreich und Belgien waren allein 350 000 Häuser zerstört. Hinzu kamen die Veränderungen der politischen Landkarte Europas vor allem auf dem Balkan und im Osten. Die Zeit der Kaiserreiche – Russland, Österreich, Deutschland und des Osmanischen Reiches – war endgültig vorbei. Neue Nationalstaaten traten an die Stelle alter Großreiche. Zugleich begann damit aber auch ein Jahrhundert der Instabilität und der Revolutionen. Der Eintritt der Vereinigten Staaten in den Krieg signalisierte zudem, dass Europa seine führende Rolle in der Welt verloren hatte.

**Q3 Georg Ebert.** Foto, 1915.

**Q4 Das Leid in einer Familie**

*beschreibt die 17-jährige Amalie Ebert, Tochter des SPD-Vorsitzenden, in ihrem Tagebuch:*

10. Dezember 1916

Weihnachten steht vor der Tür, es wird ein trauriges Weihnachten werden. Mutter wünscht, wenn nur erst die Festtage vorüber wären. Ich wollte heimlich mit Karl einen Baum kaufen und ihn dann Heiligabend in die Stube stellen. Wenn unsere lieben Eltern dann am Weihnachtsmorgen mit traurigen Gedanken in die Stube treten, wo Jahre hindurch alle ihre Lieben zu dem Fest der Freude und der Liebe vereint waren, um zu beglücken und um beglückt zu werden, dann sollen sie sich an diesem Bäumchen erfreuen. Ich fragte unsere liebe Mutter heute noch einmal, ob sie denn keinen Baum haben möchte, der Baum sei doch gerade das Rührende und Erhebende an dem Fest, da lehnte sie ganz entschieden ab. Mit Tränen in den Augen antwortete sie mir: Ich will kein Fest. (...)

3. Januar 1917

(...) Weihnachten war niemand von unseren Feldgrauen [Heinrich Ebert, 19, und Georg Ebert, 20 Jahre alt] auf Urlaub. Unsere lieben Eltern haben doch ein Bäumchen gekauft, und es war ganz schön an den Festtagen. Neujahr waren wir auch allein. (...) Um 12 Uhr, als wir draußen Geschrei und Gejohle hörten, unterbrachen wir das [Karten]spiel. Meine Mutter weinte bitterlich, und Vater versuchte sie zu trösten. (...)

12. Februar 1917

Nach langer, langer Zeit habe ich in der Schule geweint. An drei Tagen hintereinander. Heinrich ist am 26. [Januar] schwer verwundet worden. Ein Granatsplitter drang in den Rücken und verletzte die Lunge. Nun liegt er so mutterseelenallein in der weiten Ferne, vielleicht bei unsäglichen Schmerzen. Das hat mich so furchtbar bedrückt, dass ich förmlich krank wurde (...)

15. Februar 1917

Heute Morgen erhielten wir ein Telegramm. Ich beachtete es gar nicht und legte es fort. Da stand meine Mutter auf. Plötzlich hörte ich einen Schrei; sie hat das Telegramm geöffnet. Unser guter Heinrich ist gestorben. Ich kann es nicht glauben, ich kann nicht weinen, denn ich begreife das Wort gestorben nicht. (...) Warum soll er gestorben sein. Er, der keinem Menschen etwas zu Leide getan hat; der so sprühte vor jugendlicher Lebenskraft. Wer weiß, was er sich vorgenommen hatte. (...) Schon lange Wochen freuten wir uns auf die Wiederkehr. Es sollte so schön werden. Wir wollten ihn pflegen und mit Liebe umgeben. Und er selbst schrieb: Liebe Mutter! Es wird schon wieder werden, nur Kopf hoch!

*Zit. nach: W. Mühlhausen/B. Braun (Hg.): Friedrich Ebert und seine Familie. Private Briefe 1909–1924. München 1992, S. 95 ff.*

**Q5 Die Spannungen wachsen**

*Der Chronist eines westfälischen Dorfes berichtet 1916/1917:*

Klagebriefe aus der Front ließen die Stimmung sinken. (...) Die politischen Parteien waren sich in den Zielen über das Kriegsende nicht mehr einig. Das wirkte sich ungünstig auch in unserm Dorfe aus. Hier die Kriegsverlängerer, wie der Pfarrer und sein Anhang bezeichnet wurden, dort die Kriegsmüden, wie man die Anhänger des sofortigen Kriegsendes nannte. Was erreicht werden sollte durch die gewaltsamen Versuche bzw. durch das Friedensangebot, wurde nicht erreicht. Das Jahr ging zu Ende, ohne dass die Friedensglocken erklangen.

*Zit. nach: H.-U. Kammeier: Der Landkreis Lübbecke und der 1. Weltkrieg. Alltagserfahrungen in einem ländlichen Raum Ostwestfalens. Leidorf 1998, S. 264.*

Ein fleischloser Tag in Berlin.

„Nur wer die Sehnsucht kennt, weiß, was ich leide."

**Q6 Ein fleischloser Tag in Berlin**
„Nur wer die Sehnsucht kennt, weiß, was ich leide."
Karikatur aus „Der wahre Jacob", 1915.

### Q7 Hunger und Krankheit

*Die Frau eines Soldaten bittet 1917 um offizielle Unterstützung:*

Meine älteste Tochter Sophie, 15 Jahre alt, ist lungenkrank, muss aber, um nur einigermaßen durchzukommen, mitarbeiten und verdient wöchentlich 9 M. Einen Antrag auf Zuweisung von mehr Fett, Eier und Fleisch für meine Tochter habe ich nicht gestellt, weil ich die Ausgaben hierfür nicht bestreben kann. Dies kann ich umso weniger, da ich nur 12 M monatlich Mietsunterstützung erhalte, während die ganze Miete (...) 17 Mark beträgt. Durch die mangelhafte Ernährung und das unaufhörliche Mitarbeiten trotz meines großen Haushaltes (5 Kinder) bin ich nun vollständig entkräftet und bettlägerig krank und werde auch wohl nie wieder Erwerbsarbeit treiben können. Meine traurige Lage ermöglicht es nicht, Arzt und Apotheke selbst zu bezahlen. Ferner ist es mir nicht möglich, die gekauften 20 Zentner Kohlen sowie 40 Mark Rest von den gekauften Kartoffeln bezahlen zu können. Infolge der Schweineseuche musste ich 2 Schweine schlachten, wovon mir wegen der Hitze ein großer Teil verdorben ist. Mittel zum Ankauf eines neuen Schweins habe ich nicht. Dies alles macht mich völlig hoffnungslos, dazu der stete Gedanke, dass mein Mann immer in Lebensgefahr ist und ein Verschulden unsererseits nicht vorliegt.

*Zit. nach: H.-U. Kammeier: Der Landkreis Lübbecke und der 1. Weltkrieg. Alltagserfahrungen in einem ländlichen Raum Ostwestfalens. Leidorf 1998, S. 29.*

### Q8 Friede um jeden Preis

*Auszug aus einem Bericht der Postüberwachungsstelle der 6. Armee vom 4. September 1918:*

Kriegsmüdigkeit und Gedrücktheit ist allgemein. Die Briefschreiber haben sich mit der für sie nackten Tatsache: „Wir können nicht siegen" abgefunden und knüpfen daran sogar zum Teil die Anschauung, dass Deutschland unterliegen müsse. Eine gewisse Anzahl mahnt wohl zum Durchhalten, und manche Zeilen zeugen neben den vielen Stimmen des Missmuts und der Unzufriedenheit von Königstreue und unveränderter Liebe zum Vaterlande, das aller Opfer wert sei. Die Ziffer der Briefschreiber, die dem Vaterland offen den Tod wünschen, ist indes nicht viel geringer. Sie sagen: „Durch etwaige weitere Erfolge Deutschlands könne der Krieg nur verlängert werden, durch eine Niederlage hätten wir den ersehnten Frieden!" „Wir haben den gleichen Verdienst, ob unter französischer, englischer oder deutscher Herrschaft nach dem Kriege!" (...) Das Interesse des Einzelnen am Kriege ist in den Hintergrund getreten; der Mann steht fast durchgehend auf dem Standpunkt: „Ich drücke mich von der Front, so gut ich kann!"

*Zit. nach: B. Ulrich/B. Ziemann: Frontalltag im Ersten Weltkrieg. Wahn und Wirklichkeit. S. 203 f.*

### Q9 Des Vaterlandes heilige Not

*Aus der Süddeutschen Zeitung vom 17. 10. 1918:*

Die Stunde ist da, vor das Volk zu treten und es zu flammender Empörung aufzureißen, im ganzen Lande die Flammenzeichen anzuzünden zum Freiheitskampfe, zum Kampf auf Leben und Tod, zum Verzweiflungskampfe. Wo sind die Männer, die handeln, die den letzten waffenfähigen Bürger herausholen, damit er, ob jung oder alt, schulterte zur Wehr für Heimat und Herd, für Weib und Kind, wo sind unsere Führer, die uns die Sturmfahne vorantragen, zu Sieg oder Untergang (...)

*Zit. nach: W. Stöckle: Das Deutsche Kaiserreich. Ansichtskarten und Texte aus der wilhelminischen Zeit 1888–1918. Stuttgart 1985, S. 58.*

**Q10 Gefallene deutsche Soldaten im Schützengraben an der Westfront**

Englisches Foto, das während des Krieges nicht veröffentlicht werden durfte.

**Q11 Ist der Krieg noch zu gewinnen?**

*Oberst v. Thaer schrieb nach einem Gespräch mit General Ludendorff vom 1. Oktober 1918 in sein Tagebuch:*

Furchtbar und entsetzlich! Es ist so! In der Tat! Als wir versammelt waren, trat Ludendorff in unsere Mitte, sein Gesicht von tiefstem Kummer erfüllt, bleich, aber mit hoch erhobenem Haupt. Eine wahrhaft schöne germanische Heldengestalt! Ich musste an Siegfried denken mit der tödlichen Wunde im Rücken von Hagens Speer. Er sagte ungefähr Folgendes: Er sei verpflichtet uns zu sagen, dass unsere militärische Lage furchtbar ernst sei. Täglich könne unsere Westfront durchbrochen werden. Er habe darüber in den letzten Tagen S(eine)r M(ajestät) zu berichten gehabt. Zum 1. Mal sei der O(bersten) H (eeres)l(eitung) von S(eine)r M(ajestät) bzw. vom Reichskanzler die Frage vorgelegt worden, was sie und das Heer noch zu leisten im Stande seien. Er habe im Einvernehmen mit dem Generalfeldmarschall geantwortet: „Die O. H. L. und das deutsche Heer seien am Ende; der Krieg sei nicht nur nicht mehr zu gewinnen, vielmehr stehe die endgültige Niederlage wohl unvermeidlich bevor. Bulgarien sei abgefallen. Österreich und die Türkei am Ende ihrer Kräfte, würden wohl bald folgen. Unsere eigene Armee sei leider schon schwer verseucht durch das Gift spartakistisch-sozialistischer Ideen. Auf die Truppen sei kein Verlass mehr (...) Er habe sich nie gescheut von der Truppe Äußerstes zu verlangen. Aber nachdem er jetzt klar erkenne, dass die Fortsetzung des Krieges nutzlos sei, stehe er nun auf dem Standpunkte, dass schnellstens Schluss gemacht werden müsse, um nicht noch unnötigerweise gerade noch die tapfersten Leute zu opfern, die noch treu und kampffähig seien (...) Es sei ein schrecklicher Augenblick für den Feldmarschall und für ihn gewesen, dieses S(eine)r M(ajestät) und dem Kanzler melden zu müssen. Der Letztere, Graf Hertling, habe in würdiger Weise S(eine)r M(ajestät) erklärt, er müsse daraufhin sofort sein Amt niederlegen." (...) Exc(ellenz) Ludendorff fügte hinzu: „Zur Zeit haben wir also keinen Kanzler. Wer es wird, steht noch aus. Ich habe aber S(eine) M(ajestät) gebeten jetzt auch diejenigen Kreise an die Regierung zu bringen, denen wir es in der Hauptsache zu danken haben, dass wir so weit gekommen sind. Wir werden also diese Herren jetzt in die Ministerien einziehen sehen. Die sollen nun den Frieden schließen, der jetzt so geschlossen werden muss. Sie sollen die Suppe jetzt essen, die sie uns eingebrockt haben!"

*A. v. Thaer: Generalstabsdienst an der Front und in der O. H. L. Göttingen 1958, S. 234 f.*

## Fragen und Anregungen

1. Beschreibe die Auswirkungen des Krieges auf den Alltag der Menschen (VT, Q2–Q4, Q8, Q9).
2. Erkläre den Wandel der Stimmung unter den Soldaten (Q5, Q10, Q11).
3. Analysiere Q1 und Q6 und erkläre die Wirkungslosigkeit der Propaganda für eine Fortsetzung des Krieges.
4. Schreibe einen Zeitungsartikel zum Thema „Totaler Krieg".
5. Der Erste Weltkrieg wird oft als „Urkatastrophe des 20. Jahrhunderts" bezeichnet. Diskutiert diese Meinung.
6. Nach dem Kriege wurde oft behauptet, der Krieg sei nur durch die Revolution im Innern verloren worden. Setze dich damit auseinander.

# Eine Ausstellung gestalten



Ausstellungen sind Stätten der Erinnerung, die vergangene Epochen und das Leben bedeutender Persönlichkeiten, soziale und wirtschaftliche Entwicklungen oder den Alltag der „kleinen Leute" veranschaulichen. Wir finden sie in der Regel in Museen. Daneben gibt es Wanderausstellungen zu besonderen Themen von allgemeinem Interesse oder Sonderausstellungen, die zumeist an Jahrestagen zur Erinnerung an bedeutende Ereignisse präsentiert werden. Eine solche Sonderausstellung – beispielsweise über die Geschichte eurer Stadt während des Ersten Weltkrieges – könnt auch ihr im Unterricht entwickeln, um sie anschließend in der Schule euren Mitschülerinnen und Mitschülern, aber auch euren Eltern und der Öffentlichkeit in eurer Stadt zu präsentieren. Das Entwickeln und Präsentieren einer Ausstellung ist auch eine Form des Lernens. Nur wer das Gelernte „beherrscht" und sicher anwendet, kann anderen Menschen Neues „beibringen".

Um dieses Thema zu bearbeiten, müsst ihr eine Gliederung entwickeln. Dabei solltet ihr zunächst allgemein bedeutende Aspekte der Zeit des Weltkrieges berücksichtigen. Das Schulbuch wird euch dabei helfen. Von besonderem Interesse ist aber die Geschichte eurer Stadt und der dort lebenden Menschen in dieser Zeit. Konkret bedeutet das beispielsweise zu untersuchen, wie diese auf den Kriegsausbruch reagierten, wie der Alltag aussah, was die Soldaten von der Front berichteten und wie die Revolution in eure Stadt „kam".

Zur Recherche besorgt ihr euch am besten Lokalgeschichten aus der Stadtbibliothek sowie Zeitungen, Chroniken und andere schriftliche Quellen aus dem Stadtarchiv. Ihr solltet euch aber auch nicht scheuen, in der Presse über euer Projekt zu berichten und um Mithilfe zu bitten. Viele Menschen haben heute noch Briefe und Fotos, Plakate und Erinnerungsstücke wie Orden, Lebensmittelmarken, Soldatenarmbinden, Fahnen und Urkunden, Münzen und Geldscheine usw. zu Hause, die sie gerne zeigen und die eine Ausstellung interessant machen. In vielen Städten und Dörfern gibt es auch heute noch Denkmäler, die an die Gefallenen erinnern.

Wenn ihr die Recherche beendet habt, schreibt ihr die Texte zu den einzelnen Themen. Sie sollten verständlich und anschaulich sein. Fotos und Zitate aus Briefen, Zeitungsausschnitte und Plakate sind wichtige Formen der Illustration. Interessante Objekte solltet ihr in Vitrinen legen und mit erläuternden Texten versehen.

Zur Präsentation eignen sich einfache Holztafeln. Um je nach Thema einen besonderen Eindruck zu vermitteln, könnt ihr diese auch in unterschiedlichen Farben streichen. Größere Objekte könnt ihr frei aufstellen, kleinere in Vitrinen anordnen. Zur Eröffnung solltet ihr – eventuell in einer kleinen Gruppe – das Thema eurer Ausstellung in einem Vortrag vorstellen. Der Lernerfolg, aber auch der Applaus eurer Mitschülerinnen und Mitschüler, Lehrer und Eltern wird nicht ausbleiben.

Der **Absolutismus** hat sich in Europa als vorherrschende Regierungsform durchgesetzt. Einer der bedeutendsten Vertreter ist der französische **König Ludwig XIV.,** der **1643–1715 regiert.**

**1649** wird der englische König Karl I. hingerichtet, England wird vorübergehend Republik, ab **1660** ist England eine konstitutionelle Monarchie. **1689** besteigt Wilhelm von Oranien den Thron und anerkennt die „Bill of Rights".

Am **4. Juli 1776** erklären die Vereinigten Staaten von Amerika ihre Unabhängigkeit. Die Verfassung wird **1789** unterzeichnet.

Am **14. Juli 1789** beginnt mit dem **Sturm auf die Bastille** die Französische Revolution. Im August verabschiedet die Nationalversammlung die Menschen- und Bürgerrechte.

**1792** wird Frankreich Republik, Ludwig XVI. wird **1793** hingerichtet.

**1804** krönt sich **Napoleon** zum **Kaiser von Frankreich**. In Eroberungskriegen lässt er große Teile Europas besetzen.

**1813** enden die Befreiungskriege gegen Napoleon mit dessen Sturz.

**1815** wird Europa auf dem **Wiener Kongress** neu geordnet; u. a. entsteht der Deutsche Bund.

**1650** — **1800**

Die **europäische Aufklärung** bricht sich Bahn.

**Friedrich II. von Preußen** regiert **1740–1786** als „aufgeklärter Herrscher".

Der **Merkantilismus** setzt sich als Wirtschaftsform des Absolutismus durch.

**1807–1814** werden in Preußen Reformen eingeführt, die das Land modernisieren.

Die **industrielle Revolution** beginnt zunächst in England und breitet sich auf dem europäischen Kontinent und in den USA aus:

**1764** – Spinnmaschine „Spinning Jenny"

**1782** – Dampfmaschine von James Watt, die andere Maschinen antreibt

um **1800** – mechanischer Webstuhl

**1835** – Die erste deutsche Eisenbahnlinie zwischen Nürnberg und Fürth wird eröffnet.

# ZEITTAFEL GESCHICHTE GESCHEHEN

Absolutismus – Antisemitismus – Arbeiterbewegung – Aufklärung – Byzanz – Chauvinismus – Dualismus– Europa – Heiliges Römisches Reich deutscher Nation

Imperialismus – Industrialisierung – Kapitalismus – Klassengesellschaft – Kolonialismus – Kommunismus – Legitimität – Liberalismus

**1848/49** erschüttern Revolutionen Europa.

**1848** tritt in der Frankfurter Paulskirche das erste deutsche Parlament zusammen. Es beschließt **1849** die erste gesamtdeutsche Verfassung, die aber nie in Kraft tritt.

Am **18. Januar 1871** wird nach dem deutsch-französischen Krieg in Versailles das Deutsche Kaiserreich proklamiert.

Das imperialistische Machtstreben der Großmächte führt zur Aufteilung der Welt – große Kolonialreiche entstehen.

Das **Attentat von Sarajewo** am **28. Juni 1914** löst den Ersten Weltkrieg aus, der im August beginnt.

Im November **1918** endet der Erste Weltkrieg.

**1850** ... **1900** ... **1920**

Bürger ringen um einen demokratischen deutschen Nationalstaat:
**1817** – Wartburgfest
**1832** – Hambacher Fest

Die Restauration unterdrückt die demokratischen Bestrebungen:
**1819** – Karlsbader Beschlüsse schränken Lehre und Pressefreiheit ein.

Frauen fordern gleiche Bildungs- und Berufschancen wie Männer sowie politische Mitbestimmung. Die **bürgerliche und proletarische Frauenbewegung** entstehen.

Übersteigerter **Nationalismus, Militarismus und Antisemitismus** beeinflussen die Gesellschaft im Deutschen Kaiserreich.

In Europa und den USA setzt die **Hochindustrialisierung** ein. Die Elektrotechnik und Chemieindustrie tritt ihren Siegeszug an, Massenproduktion führt zu Massenkonsum und bringt die Massengesellschaft hervor (Fließbandarbeit, Warenhäuser, Lichtspieltheater usw.):
**1867** – Werner Siemens entdeckt das dynamo-elektrische Prinzip.
**1883** – Gottlieb Daimler und Wilhelm Maybach bauen einen Benzinmotor.
**1893** – Rudolf Diesel entwickelt den Dieselmotor.
**1895** – Carl Benz baut das erste Auto mit 4-Takt-Motor.

Verschiedene **Anstrengungen zur Lösung der sozialen Frage** werden unternommen:
- Gewerkschaften werden gegründet.
- Die Arbeiterbewegung organisiert sich (1875 Gründung der Sozialistischen Arbeiterpartei Deutschlands, 1890 der Sozialdemokratischen Partei Deutschlands).
- In den 1880er Jahren werden in Deutschland Sozialversicherungen eingeführt.
- Unternehmer lassen Arbeitersiedlungen errichten.
- Kirchen unterbreiten Hilfsangebote (z. B. Kolpingwerk).

**Menschen- und Bürgerrechte – Moderne – Moderner Staat – Nation – Nationalismus – Nationalstaat – Ökologie – Privilegien – Proletariat – Rassismus**

**Restauration – Revolution – soziale Frage – Sozialdarwinismus – Sozialismus – Verfassung – Vielvölkerstaat – Weltmacht**

**In den einzelnen Kapiteln dieses Buches, aber auch schon in den Bänden 1–3 von „Geschichte und Geschehen" wurden dir Methoden vorgestellt, die dir helfen, in Geschichte selbstständig und erfolgreich zu arbeiten.**

**Alle methodischen Arbeitsschritte aus den Bänden 1, 2 und 3 sind auf den nächsten Seiten noch einmal zusammengestellt, damit du sie übersichtlich und auf einen Blick jederzeit nachschlagen kannst. So ein Verzeichnis zum Nachschlagen nennt man Glossar.**

**Zunächst findest du die Methoden zur Untersuchung von Text-, Bild- und Sachquellen. Im hinteren Teil des Glossars sind die Methoden aufgeführt, mit denen du verschiedene Darstellungen von Geschichte (Schaubilder, Geschichtskarten u. a.) auswerten kannst.**

## Textquellen auswerten und vergleichen

**(Band 1, Seite 78/79, Band 2, Seite 34/35)**

**Aus Texten, die die Menschen hinterlassen haben, kannst du viel über die Geschichte „herausholen". Beim Vergleich verschiedener Textquellen lernst du verschiedene Sichtweisen (Perspektiven) auf ein historisches Ereignis kennen.**

### Eine Textquelle auswerten

1. Lies den Text genau, am besten einmal laut, und stelle fest, worum es überhaupt geht. Beachte, welche Orte, Personen oder Gruppen genannt werden.
2. Kläre alle dir unbekannten oder nicht verständlichen Wörter und Wendungen. Benutze dafür ein Wörterbuch oder frage deinen Lehrer.
3. Unterteile den Text in Sinnabschnitte, die jeweils einen einzelnen Gedanken ausdrücken. Schreibe für jeden Abschnitt eine kurze Überschrift.
4. Fasse mit deinen eigenen Worten zusammen, was in dem Text mitgeteilt wird.
5. Stelle fest, wer den Text verfasst hat (Autor) und an wen er sich damit wandte (Publikum). Ist erkennbar, warum er geschrieben hat?
6. Kläre, mit welchem zeitlichen Abstand vom Geschehen der Autor schrieb und woher er seine Kenntnisse darüber hatte.
7. Suche im Text selbst und in deinem Wissen über den Autor nach Hinweisen dafür, ob dieser sehr einseitig schrieb oder persönliche Wertungen deutlich zur Geltung brachte. Hilfreich ist es, den Text mit anderen Quellen zu vergleichen.
8. Abschließend muss die Quelle in den größeren Zusammenhang eingeordnet werden. Informiere dich dafür im Verfassertext oder in anderen Darstellungen.

### Textquellen vergleichen

1. Arbeite heraus, was die gemeinsamen Themen der Texte sind.
2. Schreib auf, welche Informationen du jeweils in den beiden Texten zu den gemeinsamen Themen findest. Ein Tipp: Es ist leichter die entsprechenden Informationen zu finden, wenn du die gemeinsamen Themen als Fragen formulierst.
3. Halte fest, welche Gemeinsamkeiten, vor allem aber, welche Unterschiede du zwischen den Informationen der Quellen zu ein und demselben Thema erkennst.

## Textquellen hinterfragen
**(Band 2, Seite 194/195)**

**In manchen Texten vertreten die Verfasser sehr einseitige Ansichten, z. B in öffentlichen Aufrufen. Darum solltest du alle Textquellen kritisch hinterfragen.**

1. Mache dir klar, was im Text steht (Arbeitsschritte 1–4, Eine Textquelle auswerten).
2. Zeige auf, inwiefern es sich bei dem Text um einen öffentlichen Aufruf handelt. Stelle dazu fest, wer der Autor ist, an wen er sich wendet und in welchem Rahmen und warum er das tut.
3. Gibt der Autor Tatsachen wieder, die jeder anerkennen kann, oder Meinungen, die mit seinen Überzeugungen zusammenhängen?
4. Welche Absichten verfolgt der Autor mit seinen Aussagen? Ordne jede Aussage einem oder mehreren der folgenden Begriffe zu: „etwas rechtfertigen“, „unerwünschte Ansichten/Verhaltensweisen tadeln“, „erwünschte Ansichten/Verhaltensweisen loben“, „Ängste/Hoffnungen/Wünsche wecken“.
5. Welche Gedanken und Gefühle könnten die Aussagen bei einem Anhänger ausgelöst haben?
6. An welchen Stellen würde ein Gegner wohl protestiert haben?
7. Welche Aussagen würdest du als zweifelhaft, übertrieben oder Schwarz-Weiß-Malerei bezeichnen? Wenn möglich, solltest du zur Lösung Vergleichsmaterialien heranziehen.

## Tagebücher als Quelle nutzen
**(Band 4, S. 152/153)**

**Tagebücher ermöglichen besondere Einblicke in die Geschichte. Da sie in den meisten Fällen etwas sehr Persönliches und nicht für die Öffentlichkeit bestimmt sind, geben sie Gefühle, Stimmungen, subjektive Meinungen des Verfassers oder der Verfasserin wieder.**

Auch bei dieser Art von Textquellen müssen zuerst Inhalt und Aussage ausgewertet werden (Arbeitsschritte 1–7). Für Tagebuchtexte sind zusätzlich die folgenden Arbeitsschritte von Bedeutung:

1. Kläre ob das Tagebuch echt ist und wann die Eintragungen verfasst wurden?
2. Finde heraus, welche gesellschaftliche und politische Stellung der Verfasser oder die Verfasserin hatte.
3. Welche weiteren Zeugnisse für das Geschilderte gibt es?
4. Wie beurteilen andere Zeitgenossen die beschriebenen Ereignisse?
5. Wie beurteilen Historiker die Eintragungen? Stimmen sie überein oder wo und warum weichen ihre Urteile voneinander ab?
6. Ordne – wie bei anderen Textquellen – die Aussagen des Tagebuchs in dein bisheriges Wissen ein und stelle fest, welche Fragen der Text aufwirft. Informiere dich in anderen Darstellungen über diese offenen Fragen.

## Lieder als historische Quellen auswerten
**(Band 4, Seite 44/45)**

**Lieder sind eine besondere Form historischer Quellen. Zum einen sind sie eine Textquelle, denn der Liedtext spricht genau so zu uns wie andere Texte. Zum anderen bringt auch die Melodie viel über die Zeit oder das Ereignis, das sie beschreibt, zum Ausdruck.**

1. Formuliere die zentrale Aussage jeder Strophe.
2. Ordne die Informationen des Liedes in ihren historischen Zusammenhang ein.
3. Stelle fest, wer das Lied geschrieben hat (Autor) und zu welcher Melodie es gesungen wurde. Ihr könnt in Büchern über historische Lieder nachsehen oder im Internet. Bei Informationen aus dem Internet ist es immer wichtig, dass man weiß, von wem sie kommen.
4. Überlege, welchen Standpunkt der Autor zu den besungenen Ereignissen hatte.
5. Charakterisiere die Sprache des Liedtextes.
6. Überlege, wer das Lied gesungen haben mag und welche politische Einstellung man mit dem Singen des Liedes zeigen wollte.
7. Überlege, ob sich die Stimmung des Liedes von der ersten bis zur letzten Strophe ändert. Benennt Merkmale, die die Stimmung beschreiben. Beziehe in deine Überlegungen auch den Refrain mit ein.
8. Hör dir das Lied an. Um die Wirkung des Liedes zu ermitteln, ist es hilfreich, ein „Polaritätsprofil" zu erstellen. Dazu sollst du beim Hören die Fragen beantworten: Ist das Lied eher

| | sehr | ziemlich | ein wenig | ein wenig | ziemlich | sehr | |
|---|---|---|---|---|---|---|---|
| froh | | | | | | | traurig |
| düster | | | | | | | sorglos |
| lebhaft | | | | | | | müde |
| beruhigend | | | | | | | anregend |
| sorglos | | | | | | | jammervoll |
| gehemmt | | | | | | | schwungvoll |
| vergnügt | | | | | | | ernst |
| kräftig | | | | | | | gedämpft |

9. Überlege nun, wie Text und Melodie zusammenpassen. Charakterisiere die musikalischen Mittel, die dazu dienen sollen, die Aussage des Textes zu unterstreichen.

## Symbole erschließen
**(Band 2, Seite 68/69)**

**Symbole sind bildhafte Zeichen, die sich auf vielen Bildern oder an Bauwerken aus unterschiedlichen Zeiten finden. Darum musst du entschlüsseln, was Symbole jeweils bedeuten.**

**Symbole und Abbildungen unterscheiden**
1. Beschreibe: Welche Personen, Tiere, Gegenstände, Zeichen sind dargestellt?
2. Welche Elemente haben eine symbolische Bedeutung? Lege eine Liste mit den für die entsprechende Zeit und das Thema gebräuchlichen Symbolen an.

**Die Bedeutung der Symbole erkunden**
3. Was bedeuten die einzelnen Symbole jeweils? Achtung: Symbole können in unterschiedlichen Zeiten oder Zusammenhängen Verschiedenes bedeuten. Wenn du nicht darauf kommst, schlage unter dem entsprechenden Stichwort in Lexika oder speziellen Nachschlagewerken für Symbole nach.
4. Wenn ein Bild mehrere Symbole enthält: Welche Gesamtaussage ergibt sich aus den verschiedenen Bildelementen und Symbolen?

## Ein Bild zum Sprechen bringen

**(Band 1, Seite 66/67 und Band 2, Seite 112/113)**

**Bilder liefern wertvolle Informationen über historische Ereignisse oder Personen. Du kannst auch Hinweise erhalten, wie diejenigen, die die Bilder hergestellt haben, gedacht oder was sie mit ihrem Bild beabsichtigt haben.**

**Einzelheiten beschreiben**

1. Welche Personen, Tiere und Gegenstände sind zu sehen? Wie sind die Figuren gekleidet, was halten sie in den Händen? Beschreibe ihre Körperhaltungen und Gesten.
2. Wo spielt die Szene?

**Zusammenhänge untersuchen**

3. Welche Verbindungen gibt es zwischen einzelnen Figuren?
4. Gibt es besonders wichtige Szenen; was steht im Mittelpunkt des Bildes? Stelle dar, woraus du das schließen kannst (Farben, Größe usw.).
5. Erkennst du einen Ablauf oder eine Aktion in der Darstellung?
6. Wie wurden die Bildmittel (Farben, Linien, Größenverhältnisse, Perspektive) eingesetzt? Was lässt sich anhand der Bildgestaltung über die Bedeutung der Bildelemente ableiten?
7. Welche der Bildelemente könnten symbolisch zu verstehen sein? (siehe auch „Symbole erschließen")

**Erklären, warum es so dargestellt ist**

Wenn das Bild eine Legende hat, lies sie genau durch. Kläre dann folgende Fragen:

8. Für wen ist das Bild gemalt worden? Wann und zu welcher Gelegenheit ist es entstanden?
9. Wer hat es in Auftrag gegeben? Warum?
10. Wo wurde/wird es gezeigt?
11. Überlege, was mit dem Bild erreicht werden sollte.

## Herrscherbilder interpretieren

**(Band 3, Seite 88/89)**

**Eine besondere Form der Bildquellen stellen Herrscherbilder dar. In der Regel entstanden sie im Auftrag des Herrschers selbst und geben so einen Einblick in dessen Vorstellung von Herrschaftsausübung.**

Du kannst die Arbeitsschritte 1–7 verwenden, die links aufgelistet sind. Achte zusätzlich auf folgende Besonderheiten:

1. Achte vor allem auf Körperhaltung und Blickrichtung der dargestellten Person sowie auf die Blickrichtung des Betrachters.
2. Arbeite die im Bild verwendeten Symbole und Zeichen der Herrschaft heraus.
3. Stelle Informationen über den dargestellten Herrscher zusammen.
4. Formuliere zusammenfassend die Wirkung, die das Bild auf die Mitmenschen des Herrschers (Zeitgenossen) erzielen sollte und mit welchen Mitteln dies erreicht werden sollte.
5. Vergleiche mit deinen eigenen Eindrücken und erkläre Übereinstimmungen sowie Unterschiede.

## Historienbilder untersuchen

(Band 4, S. 100/101)

**Historienbilder sind eine besondere Art von Bildern. Sie stellen Ereignisse und Situationen aus der Geschichte dar. Der Künstler oder die Künstlerin wussten oft gar nicht, wie sich die dargestellten Ereignisse genau abgespielt hatten. Sie wollten auch gar nicht wirklichkeitsgetreu malen, sondern ihre Sicht auf die Vergangenheit darstellen. So erfährt man meist wenig über die dargestellte Vergangenheit, sondern viel mehr über die Zeit, in der das Bild entstand, welche Ideen und Wunschvorstellungen Künstler und Auftraggeber hatten.**

Zunächst solltest du dir das Bild genau anschauen und die Arbeitsschritte 1–3 (Ein Bild zum Sprechen bringen) erledigen. Danach untersuche:

1. Der Künstler/die Künstlerin und das Thema: Aus welchem Grund hat der Künstler/die Künstlerin gerade dieses Thema gewählt? Hat er/sie einen Auftrag für das Werk erhalten und wie lautet dieser? Wie groß ist der zeitliche Abstand zwischen dem dargestellten Ereignis und der Entstehungszeit des Werkes? Was konnte der Künstler/die Künstlerin über das historische Ereignis tatsächlich wissen? Was wurde hinzuerfunden, was bewusst beiseite gelassen oder verändert?
2. Die Art der Darstellung: Welche Personen stehen als historisch Handelnde im Mittelpunkt? Wie sind diese Personen dargestellt? Wie wird das historische Ereignis insgesamt gewertet und gedeutet?
3. Vergangenheit und Gegenwart: Welche Verknüpfung des historischen Ereignisses und der Gegenwart legt das Bild nahe? Welche Botschaft oder Lehre für die Gegenwart und Zukunft soll der Betrachter dem Bild entnehmen.

## Ein Spottbild interpretieren

(Band 3, Seite 56/57)

**Im Mittelpunkt von Spottbildern standen oft Personen oder Erscheinungen, die lächerlich gemacht werden sollten. Die im Bild verwendeten Übertreibungen und Anspielungen müssen wir heute entschlüsseln.**

Bevor du ein Spottbild interpretieren kannst, beschreibe zunächst die Einzelheiten des Bildes (Arbeitsschritte 1+2, Ein Bild zum Sprechen bringen) und stelle dann Zusammenhänge zwischen den Bildelementen her (Arbeitsschritte 3–7, Ein Bild zum Sprechen bringen). Nun untersuche die Besonderheiten des Spottbildes:

1. Spottbilder auf Flugschriften wurden oft mit Begleittexten versehen. Welche Aussagen kannst du aus entsprechenden Beschriftungen ablesen? In welchem Zusammenhang stehen Bild und Text?
2. Um die Aussage des Spottbildes zu entschlüsseln, brauchst du weitere Informationen: Wann wurde es hergestellt? Wer ist der Künstler? Manches erfährst du aus der Bildlegende.
3. Kläre, auf welche Situation oder welches Ereignis sich das Spottbild bezieht.
4. Wie beurteilt der Künstler die Ereignisse? Wie urteilt er über Personen? Vergleiche dazu das Spottbild mit anderen zeitgenössischen Bildern oder Texten oder mit Darstellungen aus heutiger Zeit.
5. Erkläre, welche Übertreibungen in dem Bild verwendet werden.
6. Wen wollte der Künstler mit seiner Darstellung ansprechen? Was wollte er damit erreichen?

## Karikaturen verstehen und deuten
**(Band 4, S. 16/17)**

**Karikaturen sind für uns wichtige Quellen, weil sie sich immer mit bestimmten Ereignissen oder Erscheinungen in der jeweiligen Entstehungszeit kritisch auseinandersetzen. So erfahren wir einerseits etwas über diese Ereignisse oder Erscheinungen, andererseits können wir ablesen, wie man damals darüber dachte.**

(Karikaturen werden ganz ähnlich ausgewertet wie Spottbilder, die in Band 3, S. 56/57 beschrieben wurden.)

1. Beschreibe die gezeichneten Personen, Tiere und Gegenstände sorgfältig. Achte dabei auch auf die Größendarstellungen und verbindende Elemente.
2. Wenn eine Beschreibung oder Beschriftung vorhanden ist, stelle eine Beziehung zwischen dem Abgebildeten und dem Text her.
3. Oft ist es schwierig, die Dinge zu verstehen, die für die Menschen zur Entstehungszeit der Karikatur selbstverständlich waren. Finde daher so viel wie möglich über den geschichtlichen Hintergrund, über die abgebildeten Personen oder wichtige Gegenstände, über das Entstehungsjahr, den Ort der Veröffentlichung (bei einer Zeitung oder Zeitschrift auch, wer diese gelesen hat) heraus.
4. Entschlüssele die dargestellten Personen und Gegenstände und versuche zu klären, auf welche Ereignisse oder Zustände sich der Karikaturist bezogen hat. Welche persönliche Meinung wollte der Zeichner mit der Karikatur verbreiten?
5. Fasse zusammen, was die Karikatur aussagt. Beziehe Stellung zu dieser Aussage.

## Sachquellen untersuchen
**(Band 1, Seite 18/19)**

**Überreste wie Münzen, Werkzeuge oder Kleidung verraten viel über den Alltag oder die technischen Fertigkeiten von Menschen in der Vergangenheit.**

1. Schaue dir zuerst den Gegenstand genau an: Aus welchem Material ist er? Sind Gebrauchsspuren oder Zerstörungen zu erkennen? Notiere alles, was dir auffällt – auch Fragen!
2. Versuche herauszubekommen, wie alt der Gegenstand ist und wie er genau benutzt wurde. Befrage dazu Besitzer oder Experten. Aus Lexika, Sachbüchern und dem Internet kannst du zusätzliche Informationen erhalten.
3. Sachquellen sind unmittelbare Überreste aus der Vergangenheit. Sie müssen zeitlich eingeordnet werden: Wie haben die Menschen sie damals benutzt? Welche Bedeutung hat (oder hatte) der Gegenstand für das tägliche Leben der Menschen? War er im Alltag wichtig oder spielte er einmal bei einem konkreten Ereignis eine besondere Rolle? Welchen Wert besaß der Gegenstand im Guten wie im Schlechten für die Menschen?
4. Benutzen wir heute noch den Gegenstand oder wurde er durch einen anderen, „moderneren", ersetzt? Im Vergleich mit ähnlichen Gegenständen bekommst du auch heraus, ob technische Entwicklungen ihn überflüssig gemacht haben.

## Historische Karten untersuchen

**(Band 3, Seite 40/41)**

**Historische Karten geben Auskunft darüber, wie die Menschen in vergangenen Zeiten die Welt gesehen haben, was sie von ihr wussten und welche Vorstellungen sie von der Gestalt der Erde besaßen.**

1. Welches Thema behandelt die Karte?
2. Welcher Raum und welche Zeit sind dargestellt?
3. Welche geografischen Kenntnisse enthält die Karte?
4. Was wird hervorgehoben bzw. weggelassen? Vergleiche mit einem heutigen Atlas.
5. Welche religiösen, kulturellen oder politischen Vorstellungen lassen sich aus der Karte ablesen?
6. In welcher Absicht, zu welchem Zweck ist die Karte angefertigt?
7. Welches Weltbild wird in der Karte deutlich?
8. Welche Bedeutung hat der Raum/die räumliche Darstellung für den Kartenhersteller besessen?

## Ein Bauwerk untersuchen

**(Band 2, S. 180/181)**

**Aus der Anlage und dem Baustil von Gebäuden wie Kirchen, Burgen oder Rathäusern kannst du mehr über das Leben und Arbeiten in früheren Zeiten erfahren.**

**Aussehen und Erscheinungsbild**

1. Bestimme die Länge, Breite und Höhe des Gebäudes. Stelle fest, aus welchen Materialien es erbaut wurde.
2. Untersuche die Lage des Bauwerks in der Stadt und das Größenverhältnis zu anderen Gebäuden. Suche eine Erklärung für die Lage bzw. Platzwahl.
3. Beschreibe die einzelnen Teile des Bauwerks und stelle anhand einzelner Merkmale fest, in welchem Baustil es erbaut wurde.
4. Finde heraus, ob das Bauwerk in späteren Zeiten erweitert, umgebaut oder renoviert wurde.

**Verwendung und Funktion**

5. Stelle die Daten zur Bauzeit und -dauer zusammen.
6. Informiere dich, wer das Bauwerk errichten ließ und ob es einen bestimmten Anlass dazu gab.
7. Erkundige dich, wer die Bauarbeiten bezahlte und wie sie organisiert waren.
8. Bestimme die Funktion (Aufgabe, Zweck) des Bauwerkes, evtl. mithilfe eines Grundrisses.
9. Finde heraus, ob sich die Verwendung und Nutzung des Bauwerks geändert hat.
10. Diente das Bauwerk über die reine Nutzung hinaus anderen Absichten der Erbauer?

## Zeitzeugen befragen
**(Band 1, S. 12 / 13)**

**Um etwas über den Alltag in einem geschichtlichen Zeitraum zu erfahren, der noch nicht so lange zurückliegt, kann man Menschen befragen, die damals schon gelebt haben. Allerdings solltest du bei einem Zeitzeugeninterview einige Punkte beachten.**

**Vorbereitung**

1. Überlege, welche Person etwas über ein von dir gewähltes Thema berichten kann.
2. Formuliere deine Fragen und überlege, in welcher Reihenfolge du sie stellen willst.
3. Sollen Tonband oder Kamera mitlaufen oder reichen Stichwortnotizen? Wer soll mitschreiben?

**Tipps zur Gesprächsführung**

4. Bleibe während des Interviews freundlich und ruhig. Ihr könnt das Gespräch auch zu zweit oder zu dritt führen; mit einer größeren Gruppe solltet ihr einen Zeitzeugen aber nicht „überfallen".
5. Auf viele Fragen kann man nur „Ja" oder „Nein" antworten. Formuliere darum lieber offene Fragen, z.B.: „Wie waren die Aufgaben in Ihrer Familie früher verteilt?"
6. Manchmal kommen Zeitzeugen „ins Erzählen". Oft sind „Abschweifungen" interessant. Versuche jedoch immer die Erzählenden durch deine Fragen zum Thema zurückzuführen.
7. Wenn du die Reihenfolge deiner Fragen ändern musst oder nicht alle Fragen stellen kannst: Überlege, welche Fragen am wichtigsten sind.

**Das Gespräch auswerten**

8. Ordne deine Aufzeichnungen und ergänze, was du nicht mitschreiben konntest und welche neuen Fragen sich aus dem Gespräch ergeben haben.
9. Vergleiche die Interviewaussagen mit Darstellungen in Geschichtsbüchern oder auf alten Fotos.
10. Nun solltest du die Ergebnisse deinen Mitschülern präsentieren. Finde dafür eine geeignete Form.

## Jugendbücher kritisch lesen
**(Band 1, Seite 38/39)**

**Historische Romane vermitteln lebendige Vorstellungen über das Leben der Menschen früher. Beim Lesen ist aber wichtig, die ausgedachte Handlung und historische Informationen auseinanderzuhalten.**

1. Wer sind die Hauptfiguren? Charakterisiere sie mit passenden Adjektiven. Lassen sie sich bestimmten gesellschaftlichen Gruppen zuordnen?
2. Aus wessen Perspektive wird die Handlung geschildert? Warum hat der Autor diese Figur(en) gewählt?
3. Wird die Geschichte zeitlich genau eingeordnet? Welche Informationen geben Hinweise auf die historische Epoche, in der sie spielt?
4. Welche Konflikte stehen im Mittelpunkt der Handlung? Was scheinen die Ursachen dieser Konflikte zu sein? Liegen sie eher im Charakter der Figuren begründet oder in den gesellschaftlichen Bedingungen?
5. Was sagt die Erzählung über die Zeit aus, in der sie spielt? Welche Deutung der historischen Ereignisse oder Probleme wird dem Leser nahe gelegt? Welche Werte und Überzeugungen liegen der Deutung zugrunde?
6. Wie gefällt dir die Geschichte? Begründe dein Urteil.

## Fachliteratur auswerten

(Band 3, S. 180/181)

**Wenn man sich über Geschichte informieren will, kann man nicht immer alle Quellen aus der betreffenden Zeit studieren. In der Regel greift man zu Darstellungen, d. h. zu Büchern oder Aufsätzen, die von Historikern über eine zurückliegenden Epoche geschrieben wurden. Dort findet man Fakten, Erläuterungen über Zusammenhänge und auch Beurteilungen. Vor allem diese Beurteilungen sind aber oft strittig, so dass man häufig mehrere Darstellungen lesen und miteinander vergleichen muss.**

1. Gib mit deinen Worten wieder, welche Position der Autor oder die Autorin vertritt.
2. Erläutere, wie die Auffassungen begründet werden. Find heraus, ob dabei Pro- und Contra-Argumente abgewogen werden.
3. Beachte, wie die Wertung stilistisch dargelegt wird. Schreibt er/sie sachlich oder polemisch?
4. Überprüfe, welche Interessen, Standpunkte oder Überzeugungen des Autors/der Autorin in die Beurteilung mit einfließen.
5. Lege dar, ob der Autor/die Autorin dich überzeugen kann bzw. nenne Gründe, warum du seine/ihre Auffassung nicht teilst.
6. Formuliere nun, welche Position du selbst vertrittst.

## Ein Schaubild erklären

(Band 1, S. 56/57)

**Schaubilder stellen geschichtliche Informationen übersichtlich und auf einen Blick dar. Hier ein paar Tipps, wie du ein Schaubild auswerten kannst:**

### Das Thema feststellen

1. Stelle fest, welches Thema das Schaubild behandelt. Die Legende gibt dazu Informationen.

### Die Form der Darstellung untersuchen

2. Untersuche, warum einzelne Teile des Schaubildes in verschiedenen Farben bzw. größer oder kleiner dargestellt werden.
3. Arbeite heraus, an welchen Stellen Pfeile/Linien verwendet werden. Was sagen sie über die Beziehungen zwischen Personen und Gruppen aus?
4. Welche Form wurde gewählt? Überlege, welchen Zusammenhang es zwischen dem Thema und der Form des Schaubildes gibt.

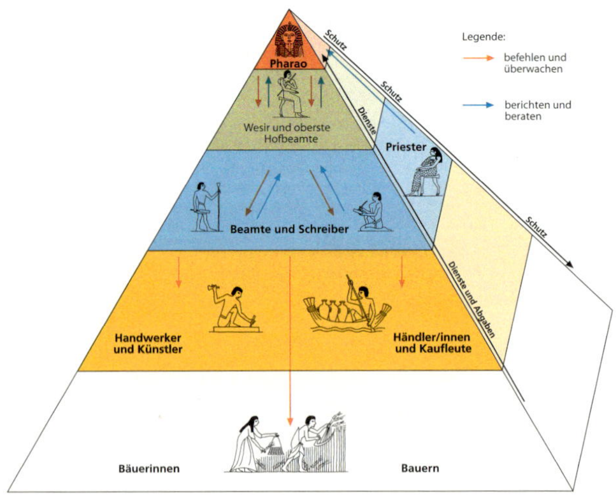

## Verfassungsschaubilder auswerten
**(Band 3, S. 142/143)**

**Schaubilder sind eine besondere Form der Darstellung. Um z. B. einen schnellen Überblick über den Aufbau von Staaten zu vermitteln, wird deren Verfassung häufig in Schaubildern dargestellt. Auch wenn ein solches Schema die Verhältnisse nur ganz grob wiedergeben kann, so gibt es doch wichtige Anhaltspunkte dafür, wie die Verfassung funktioniert.**

1. Stelle fest, wer wählen und wer gewählt werden darf und wie oft Wahlen erfolgen.
2. Finde heraus, wie die drei staatlichen Teilgewalten jeweils aufgebaut sind.
3. Beschreibe, welche Beziehungen zwischen dem Volk und den Teilgewalten sowiel unter den Teilgewalten selber bestehen. Pfeile helfen dir dabei.
4. Erfasse, worüber das Schema keine Auskunft gibt und informiere dich darüber in weiterführender Literatur.

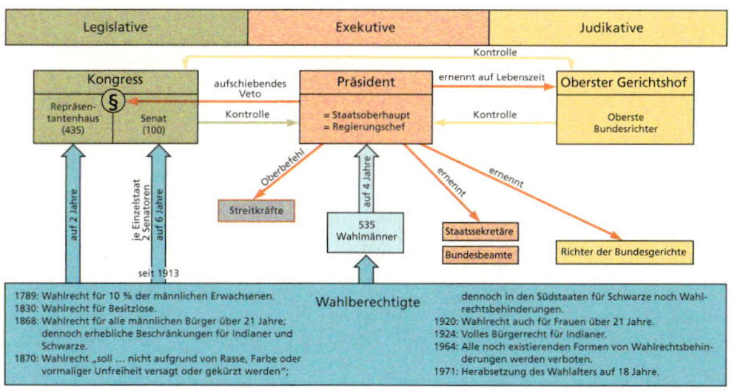


## Statistiken analysieren
**(Band 4, S. 64/65)**

**Historische Tatsachen und Zusammenhänge, die in Zahlen ausgedrückt werden können (z. B. Wirtschaftsdaten oder Wahlergebnisse usw.), werden oft als Statistik dargestellt. Auch wenn statistische Daten und die auf ihrer Grundlage angefertigten Tabellen und Diagramme oftmals den Eindruck strenger Sachlichkeit und Objektivität erwecken, so müssen sie auch wie jede andere Quelle oder Darstellung genau analysiert werden.**

1. Versuche herauszufinden, wie und von wem die Daten erhoben wurden. Achte darauf, ob es sich um verhältnismäßig einfach zu erhebende Daten handelt oder ob sie aus anderen Daten errechnet worden sind.
2. Beachte die Zeitpunkte und Zeiträume, für die die Daten genannt werden. Zwischenräume können zu groß sein, so dass wichtige Entwicklungen übersehen werden. Durch eine zeitliche Begrenzung einer Tabelle können wichtige Tendenzen ausgeblendet werden.
3. Fasse die auffälligsten Entwicklungen in eigene Worte. Hierzu gebraucht man meistens vergleichende Formulierungen. („…ist ungefähr doppelt so groß wie …“)
4. Beurteile, ob die Statistik einen Sachverhalt erfasst, der für die historische Fragestellung, die dich interessiert, wirklich wichtig und aussagekräftig ist. Finde heraus, mit welchen anderen Faktoren die Entwicklungen zusammenhängen könnten. Überlege, welche Informationen dazu noch eingeholt werden müssen.
5. Fasse die Aussage der Statistik zusammen.

| | Großbrit. | Frankreich | Deutschland | Russland |
|---|---|---|---|---|
| 1800–14 | 248 | 200 | – | 200 |
| 1820–24 | 418 | 150 | 75 | – |
| 1830–34 | 700 | 244 | 111 | 167 |
| 1840–44 | 1465 | 395 | 160 | 184 |
| 1850–54 | 2716 | 561 | 245 | 231 |
| 1860–64 | 4219 | 1065 | 613 | 297 |
| 1870–74 | 6480 | 1211 | 1579 | 375 |
| 1880–84 | 8295 | 1918 | 2893 | 477 |
| 1890–94 | 7402 | 1998 | 4335 | 1096 |
| 1900–04 | 8778 | 2665 | 7925 | 2773 |
| 1910–13 | 9792 | 4664 | 14836 | 3870 |

## Einen Grundriss auswerten

(Band 2, S. 142/143)

**Grundrisse sind stark vereinfachte Pläne von Bauwerken oder Parks und Gärten. Aus einem Grundriss lässt sich ablesen, wie Gebäude und Anlagen ursprünglich aussahen und wie sie genutzt wurden.**

1. Kläre, was auf dem Grundriss dargestellt ist. Handelt es sich um ein einzelnes Gebäude oder eine große Anlage mit verschiedenen Teilen?
2. Informiere dich, aus welcher Zeit der Grundriss stammt und evtl. wer ihn angefertigt hat. Handelt es sich um einen Entwurf oder wurde die Anlage tatsächlich nach diesem Plan erbaut? Oder handelt es sich um die Nachzeichnung eines bestehenden Gebäudes?
3. Um dich orientieren zu können, musst du die „Sprache" der Grundrisszeichnung entziffern: Wie sind Mauern dargestellt, woran erkennst du, wo sich Eingänge oder Türen befinden? Wie werden verschiedene Stockwerke markiert, wie Türme usw.?
4. Nun kommt die Auswertung: Welche Gebäude oder -teile kannst du auf Anhieb erkennen? Welche Teile erscheinen besonders wichtig? Unterscheide z.B. Haupt- und Nebengebäude, Wege.
5. Beschrifte auf einer Nachzeichnung des Grundrisses die verschiedenen Bestandteile.
6. Untersuche, ob der Grundriss Auskunft über die Größe der Anlage oder die Abmessungen einzelner Teile gibt.
7. Nun kannst du die Bedeutung der Anlage erschließen: Wie wurden die einzelnen Teile des Gebäudes genutzt? Welche Funktion erfüllte die Gesamtanlage? Erkläre, welche Bedeutung die Anlage für die Menschen in der damaligen Zeit hatte.

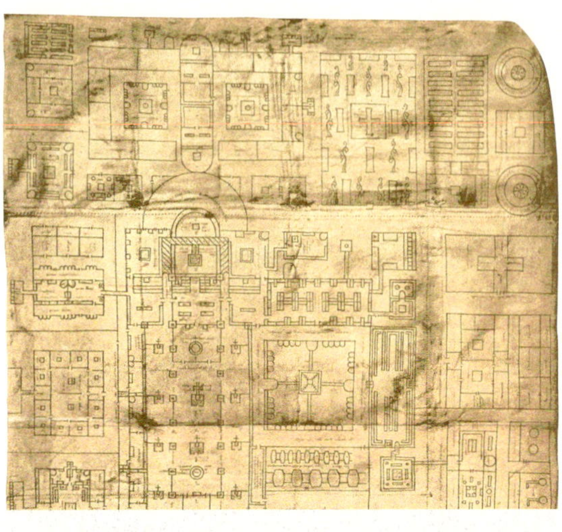

## Geschichtskarten verstehen

Band 1, S. 90/91

**Aus einer Geschichtskarte kannst du schnell und anschaulich Informationen darüber bekommen, in welchem Raum der Welt, an welchem Ort und zu welcher Zeit sich Ereignisse, Entwicklungen und Beziehungen abspielten.**

1. Über welches Thema informiert die Karte? Beachte dabei die Unterschrift und die Legende.
2. Welcher Raum wird dargestellt? Welche Orte werden hervorgehoben? Vergleiche mit dem Geografie-Atlas, um welches heutige Gebiet es sich handelt.
3. Stelle fest, wie die Karte zeitlich eingeordnet ist. Bezieht sie sich auf ein bestimmtes Jahr, auf einen kurzen oder langen Zeitabschnitt? Werden unterschiedliche Zeitstufen dargestellt?
4. Mache dich sorgfältig mit der Legende vertraut. Welche besonderen Bedeutungen haben die Farben und Zeichen der Karte?
5. Suche einige der Zeichen auf der Karte und stelle fest, welche Informationen ihr zur historischen Situation erhalten könnt.

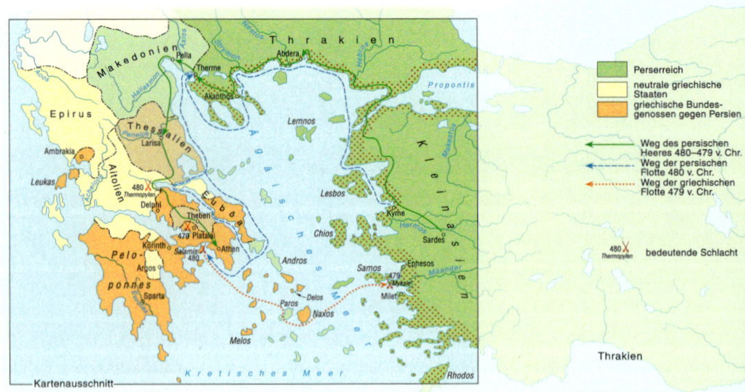

# Verzeichnis der Namen, Sachen und Begriffe

Verwendete Abkürzungen:
Abb. = Abbildung, amerik. = amerikanisch, bosn.-serb. = bosnisch-serbisch, brit. = britisch, bürgerl. = bürgerlich, dän. = dänisch, dt. = deutsch, engl. = englisch, evang. = evangelisch, frz. = französisch, geb. = geboren, Jh. = Jahrhundert, kathol. = katholisch, kenian. kenianisch, mechan. = mechanisch, milit. = militärisch, österr. = österreichisch, polit. = politisch, poln. = polnisch, preuß. = preußisch , russ. = russisch, sächs. = sächs., schles. = schlesisch, schott. = schottisch, schweiz. = schweizerisch, senegal. = senegalesisch, sozialist. = sozialistisch, techn. = technisch

Hinweise:
▷ Verweis auf ein anderes Stichwort
~ ersetzt das Stichwort bei Wiederholung

**Halbfett** gesetzt sind historische Grundbegriffe, die im Buch in einem Kasten erläutert werden. Die halbfette Seitenzahl gibt den Fundort an. Bei Herrschern und kirchlichen Amtsträgern werden soweit möglich die Regierungs-/Amtsdaten, bei allen anderen Personen die Lebensdaten angegeben.

# Bildnachweis

**Umschlag:** AKG (Berlin)
3, Siegesgöttin: Picture-Alliance [dpa/ZB/Hubert Link] (Frankfurt), Lokomotive: BPK (Berlin), Wappen: AKG (Berlin)
4, Siegesgöttin: Picture-Alliance [dpa/ZB/Hubert Link] (Frankfurt), Lokomotive: BPK (Berlin)
5, Wappen: AKG (Berlin), Kaiserproklamation: AKG (Berlin), Buchcover: Otto-von-Bismarck-Stiftung (Hamburg)
8, Siegesgöttin: Picture-Alliance [dpa/ZB/Hubert Link] (Frankfurt), Göttinger Sieben: AKG (Berlin), Grundrechte: AKG (Berlin)
9, Parlamentssitzung: AKG (Berlin), Barrikaden: aus: Chronik des 19. Jahrhunderts, Chronik Verlag, Güterloh 1997, S.376, Germania: DHM (Berlin), Aufruf: DHM (Berlin)
11, Q1: BPK (Berlin)
14, Q1: AKG (Berlin)
15, Q2: AKG (Berlin)
16, Q3: BPK (Berlin)
19, Q8: AKG (Berlin)
21, Q1: AKG (Berlin)
22, Q3: Artothek (Weilheim)
23, Q6: AKG (Berlin)
24, Q1: Sächsische Landesbibliothek [Regine Richter] Dresden
25, Q3: Staatliche Kunstsammlungen [Kupferstichkabinett] Dresden
26, Q1: BPK [Elke Walford/Hamburger Kunsthalle] Berlin, Q2: Klett-Archiv [Dr. Klaus Helbig, Freital] Stuttgart
28, Q3: Sächsische Landesbibliothek [Abt. Deutsche Fotothek] Dresden, Q4: AKG (Berlin)
29, Q5: AKG (Berlin)
30, Q1: AKG (Berlin)
31, Q2: AKG (Berlin)
33, Q4: AKG (Berlin)
34, Q8: ullstein bild (Berlin)
35, Q1: Wisconsin Historical Society, Q2: ullstein bild (Berlin), Q3: AKG (Berlin)
36, Q4: DHM (Berlin)
37, Q1: AKG (Berlin)
38, Q2: AKG (Berlin)
43, Q1: AKG (Berlin)
44: Stadtarchiv Karlsruhe [Signatur 8/PBS V 338]
46, Q3: aus: Ludwig Pfau Blätter (LPB), Stadtbücherei Heilbronn, Heilbronn 1992, Ausgabe 2, S.33
48, Q1: DHM (Berlin)
49, Q2: BPK (Berlin)
50, Q3: Corbis (Düsseldorf), Q4: BPK (Berlin)
52, Q1: AKG [Hoppe] (Berlin)
53, Q2: AKG (Berlin)
55, Klett-Archiv (Stuttgart)
56, Lokomotive: BPK (Berlin), Plakat: BPK (Berlin), Werbeplakat: Dietz Verlag (Berlin), Kristallpalast: AKG (Berlin)
57, Motorkutsche: DaimlerChrysler AG (Stuttgart), Werbeplakat: Museum Industriekultur (Nürnberg), Stechuhr: AKG (Berlin), Eisenwalzwerk: BPK (Berlin)
58, Q1: BPK (Berlin) Q2: Heritage-Images (London)
59, Q3: BPK (Berlin)
61, Q6: AKG (Berlin)
68, Q4: AKG (Berlin)
69, Q1: AKG (Berlin)
71, Q2: Rheinisches Industriemuseum (Oberhausen), Q3: Deutsches Technikmuseum [Historisches Archiv] (Berlin)
72, Q4: Siemens Forum (München)
73, Q6: Royal Collection Enterprises Ltd.
75, Q9: BPK (Berlin)
76, Q1: Rheinisches Industriemuseum (Oberhausen), Q2: DHM (Berlin)
77, Q3: ullstein bild (Berlin)
78, Q4: AKG (Berlin)
80, Q1: AKG (Berlin)
81, Q2: ullstein bild (Berlin), Q3: AKG (Berlin)
82, Q4: BPK (Berlin)
85, Q1: Karl Stehle (München)
86, Q3: ullstein bild [ADN] (Berlin)
87, Q6: DHM (Berlin)
88, Q2: Stadt Bochum [Presseamt] (Bochum)
89, Q3: Landesarchiv (Berlin)
90, Q4li: BPK (Berlin), Q4re: aus: J. Boberg und T. Fechter (Hrsg.): Exzerzierfeld der Moderne, Industriekultur Berlin im 19. Jahrhundert, München 1984, S.226
91, Q7: Landesarchiv (Hamburg)
93, D1: Sammlung Gesellschaft für ökologische Forschung (München), D2: aus: Ulrike Gilhaus: „Schmerzenskinder der Industrie“: Umweltverschmutzung, Umweltpolitik und sozialer Protest im Industriezeitalter in Westfalen 1845-1914. Schöningh, Paderborn 1995, S.132
94, Q4: AKG (Berlin), VG Bild-Kunst (Bonn 2004)
95, Spears: AP [James D. Decamp] (Frankfurt am Main), Schellack- und Langspielplatte: Deutsches Museum (München), Phonograph: BPK (Berlin)
96, Wappen: AKG (Berlin), Berlin: BPK (Berlin), Parade: BPK (Berlin)
97, Karikatur: BPK (Berlin), Arbeiterversammlung: Interfoto (München), Kaiserproklamation: AKG (Berlin), Postkarte: DHM (Berlin)
98, Q1: AKG (Berlin)
100, Q2: AKG (Berlin)
102, Q4: BPK (Berlin)
103, Q9: BPK (Berlin)
104, Q1: DHM (Berlin)
105, Q4: AKG (Berlin)
106, Q1: Heimatverein Crimmitschau e.V. (Crimmitschau)
107, Q2 und Q4: Stadtmuseum (Dresden), Q5: ullstein bild (Berlin)
109, Q1: BPK (Berlin), Q2: ullstein bild (Berlin)
110, Q4: aus: Hamburger Anzeiger vom 24.01.1900
111, Q9: Archiv Gerstenberg (Wietze), Q10: ullstein bild (Berlin)
113, Q1: Mauritius (Mittenwald), Q2: BPK (Berlin)
115, Q10: ERES EDITION Horst Schubert (Lilienthal)
116, Q1: DHM (Berlin)
117, Q2: Wilhelm Stöckle (Filderstadt)
118, Q3: AKG (Berlin)
119, Q8: Karl Stehle (München)
120, Q1: Wilhelm Stöckle (Filderstadt)
121, Q2: ullstein bild (Berlin)
123, Q1: DHM (Berlin), Q2: AKG (Berlin)
124, Q3: AKG (Berlin)
125, Q7: Staatliche Museen zu Berlin, Kunstbibliothek [bpk/Dietmar Katz]
126, Q8: Süddeutscher Verlag [Scherl] (München)
128, Karikatur: BPK (Berlin), Ehepaar: Bundesarchiv Koblenz, Signatur 183-25684-0004
129, Gemälde: AKG (Berlin), Soldat: ullstein bild (Berlin), Cover: Friedrich-Ebert-Gedenkstätte (Heidelberg)
131, Q1 und Q2: Otto-von-Bismarck-Stiftung (Friedrichsruh)
134, Q1: aus: Niall Ferguson: Empire. How britain made the modern world. Penguin Books, London 2003, S.224
135, Q1: aus: Lawrence James: The rise and fall of the British Empire. First St. Martin's Griffin Edition, New York 1997, S.354

**136,** Q2: Getty Images [Hulton Archive] (München)
**137,** Q3: ullstein bild (Berlin), Q6: Hachette Livre/Photothèque (Paris)
**139,** Q12: AKG (Berlin)
**140,** Q1: Wehrgeschichtliches Museum (Rastatt)
**141,** Q2: Karl Stehle (München)
**142,** Q5: BPK (Berlin), Q7: Basler Mission [Johannes Leimenstoll]
**143,** Q1: AKG (Berlin)
**144,** Q2: SPIEGEL-Verlag (Hamburg)
**145,** Q3: Karl Stehle (München)
**147,** Q8: AKG (Berlin)
**149,** Q1: AKG (Berlin)
**151,** Q5: AKG (Berlin)
**152,** Q7: Otto-von-Bismarck-Stiftung (Hamburg)
**153,** Q11: ullstein bild (Berlin)
**154,** Q1: AKG (Berlin), Q2: BPK (Berlin)
**156,** Q8: DHM (Berlin)
**157,** Q9: Karl Stehle (München)
**158,** Q1: aus: H. Strachan: Der Erste Weltkrieg. Eine illustrierte Geschichte. C. Bertelsmann, München 2004, S.289, Abb.18
**160,** Q4: Süddeutscher Verlag [Scherl] (München)
**161,** Q7: Wilhelm Stöckle (Filderstadt), Q9: aus: Chronik 1914. Tag für Tag in Wort und Bild, Chronik Verlag, 2. Aufl. Dortmund 1989, S. 171
**162,** Q10: Corbis [Swim Ink.] (Düsseldorf)
**163,** Q1: ullstein bild (Berlin) VG Bild-Kunst, 2004
**164,** Q3: Karl Stehle (München)
**165,** Q5: Friedrich-Ebert-Gedenkstätte (Heidelberg)
**166,** Q1: AKG (Berlin), Q2: aus: R. Spiker/B. Ulrich (Hrsg.): Der Tod als Maschinist. Der industrialisierte Krieg 1914-1918. Rasch Verlag, Bramsche 1998, S.200
**168,** Q3: Friedrich-Ebert-Gedenkstätte (Heidelberg)
**169,** Q6: aus: Udo Achten (Hrsg.): Der wahre Jacob. Ein halbes Jahrhundert in Faksimiles. Dietz Nachf., Bonn 1994, S.158
**170,** Q10: aus: Rainer Rother (Hrsg.) im Auftrag des Deutschen Historischen Museums: Die letzten Tage der Menschheit. Bilder des Ersten Weltkrieges. Ars Nicolai, Berlin 1994, S.186 oben
**171,** 1: AKG (Berlin), 2: aus: R. Spiker/B. Ulrich (Hrsg.): Der Tod als Maschinist. Der industrialisierte Krieg 1914-1918. Rasch Verlag, Bramsche 1998, S.200, 3: aus: H. Strachan: Der Erste Weltkrieg. Eine illustrierte Geschichte. C. Bertelsmann, München 2004, S.289, Abb.18
**172,** Napoleon: AKG (Berlin), Manufaktur: Ets J. E. Bulloz (Paris), Hambach: AKG (Berlin), Streik: AKG (Berlin)
**173,** Wappen: AKG (Berlin), U-Boot: ullstein bild (Berlin) VG Bild-Kunst, 2004, Frau: DHM (Berlin), Motorkutsche: DaimlerChrysler AG (Stuttgart)
**174,** Scala, Antella (Firenze)
**175,** 1: AKG (Berlin), 2: Otto-von-Bismarck-Stiftung (Hamburg)
**176,** 1: Scala, Antella (Firenze), 2: Corbis [Elio Ciol] (Düsseldorf)
**177,** 1: Scala, Antella (Firenze), 2: RMN [Gerard Blot] (Paris)
**178,** 1: AKG (Berlin), 2: Interfoto (München)
**179,** 1 und 2: BPK (Berlin), 3: AKG [Erich Lessing] (Berlin)
**180,** 1: Bridgeman Art Library (London), 2: ullstein bild (Berlin), 3: AKG (Berlin)
**181,** 3: Arena Verlag GmbH (Würzburg)
**182,** 1: AKG (Berlin), 2: Klett-Archiv (Stuttgart)
**184,** 1: AKG (Berlin)

Nicht in allen Fällen war es uns möglich, den Rechteinhaber der Abbildungen ausfindig zu machen.
Berechtigte Ansprüche werden selbstverständlich im Rahmen der üblichen Vereinbarungen abgegolten.